献给奋斗在教学一线的广大教育工作者

项目赋能
向高品质课改深度前行

——江苏省响水中学"125"课堂教学模式构建的十年实践探索

张大春　于从明　主编

明德　崇智　健体　立人

江苏省响水中学

线装書局

图书在版编目（CIP）数据

项目赋能，向高品质课改深度前行：江苏省响水中学"125"课堂教学模式构建的十年实践探索 / 张大春，于从明主编 . -- 北京：线装书局，2023.11
ISBN 978-7-5120-5806-4

Ⅰ.①项… Ⅱ.①张… ②于… Ⅲ.①课堂研究－教学研究－中学 Ⅳ.① G632.421

中国国家版本馆 CIP 数据核字（2023）第 254181 号

项目赋能，向高品质课改深度前行：江苏省响水中学"125"课堂教学模式构建的十年实践探索

XIANGMU FUNENG, XIANG GAOPINZHI KEGAI SHENDU QIANXING: JIANGSUSHENG XIANGSHUI ZHONGXUE "125" KETANG JIAOXUEMOSHI GOUJIAN DE SHINIAN SHIJIAN TANSUO

主　　编：张大春　于从明
责任编辑：崔　巍
出版发行：线装書局
　　　　　地　址：北京市丰台区方庄日月天地大厦 B 座 17 层（100078）
　　　　　电　话：010-58077126（发行部）010-58076938（总编室）
　　　　　网　址：www.zgxzsj.com
经　　销：新华书店
印　　制：三河市中晟雅豪印务有限公司
开　　本：787mm×1092mm　1/16
印　　张：24
字　　数：325 千字
版　　次：2023 年 11 月第 1 版第 1 次印刷
定　　价：99.90 元

线装书局官方微信

序 言

盐城市教育科学研究院院长　顾俊琪

课堂教学改革一直是学校教学工作的重要内容，许多学校都在推进课堂教学改革工作，但从何处着手、如何深度推进、持续推进、如何创新，却是一些学校不得不思考却又很难解决的问题。

我们现在的课堂教学改革实际上来源于课改新政的推动：《国家中长期教育改革和发展规划纲要（2010—2020 年）》提出要深化课程与教学方法改革，改进教学方法，倡导启发式、探究式、讨论式、参与式教学，帮助学生学会学习，增强课堂教学效果。

2016 年 9 月《中国学生发展核心素养》总体框架——"核心素养"一词迅速火热起来。

2017 年教育部长陈宝生撰文《努力办好人民满意的教育》——"课堂革命"这一概念吹响了课堂教学改革的号角。

2019 年初教育部陈宝生部长在全国教育工作会议上指出："今年要……发挥课堂的主渠道作用，打造高效课堂。"——"高效课堂"引发了教育工作者的热议。相继还有"智慧教室""翻转课堂"等新模式掺杂其间。

在此大背景下，全国各地纷纷开展了以打造高效课堂为目的的课堂教学改革，各种课堂改革应运而生，课堂教学模式"琳琅满目"，涌现出了诸如江苏洋思、山东杜郎口等课改典型学校。新课堂倡导将"教学"设计变为学生的"学程"设计，从"教学"到"学程"的转变更能体现新课堂是以学生为主体的课堂，新课堂更关注教师的"教"的转变和学生的"学"的转变。但是，由于实施过程中的种种限制，许多学校在课改过程中都遭遇了不少困惑和问题，导致课改往往"雷声大，雨点小"，重课堂表面形式的改革，未能触及课堂"教与学"方式改革的根本，其中不乏摆摆架子、变变（座位）形式的，改头换面复制他人的，大多数课堂改革的状况是虎头蛇尾。各地的课改实践都在说明一个结论，真正的课改都不是一蹴而就的演习，更不是简单快速的模仿，往往都是伴随师生教与学的心酸和汗水的真枪实干过程。

"125"课堂教学模式改革伴随江苏省响水中学师生的成长已经走过了多年的发展历程。近十年来，师生们从开始的好奇、兴奋、激动到困惑、疑问、纠结再到理性、思考、坚守。无论开始的兴奋、困惑还是现在的理性、执着，都是新事物发展、成长、成熟过程中的必然情状。鉴于江苏省响水中学课堂教学改革的成功和影响力，2017 年 12 月 19 日，盐城市"让学引思"课堂教学改革推进会在响水中学召开。我有幸和盐城市所有高中学校的校长们，同与会领导和相关专家一起，现场见证了40 多节"125"新课堂展示课，对"125"课堂教学模式给予了充分的肯定，大家赞不绝口。2018 年至今，我多次深入响水中学高一到高三不同学科、不同层次班级感受"125"课堂，每次都使我有新的收获，不断为响水中学课改的进步感到惊喜。

我们高兴地看到这几年响水中学师生呈现出全新的面貌，表现在教师的教育观念、在课堂中的角色转化以及在课堂上学生的积极表现、师生之间的和谐互动等各个方面，同时全校教师的研究和合作意识有了长足进步，校园文化由内而外发生着深刻的变化。

本书从项目化建设的角度，为我们逐一呈献了响水中学近十年来不凡的课改历程，操作可行且具体翔实，有本有据，有理论有实践，有组织有计划，有过程有总结，有思考有提升，对同类学校和广大教学同仁有许多启示，是致力于课堂教学改革的教育教学工作者不可多得的好教材。

本书的编写，正是围绕课堂教学改革如何持续深入科学发展这一深层话题展开的，其编著的整个过程，实则是为广大一线教育教学工作者徐徐打开了一扇厚重的课堂教学改革大门。展现了本书描述的主体——江苏省响水中学，举全校之力坚定实施课堂改革的发展思路、路径和对策，向我们全程既展示了十年课改的实施过程。文字描述拒绝靠华丽辞藻来哗众取宠，也轻视表达的文学与艺术，尤其重视理念、思路和决策的形成与实施过程，力求真实地记录课改之路，既包括开启和阶段演变等基本过程，也包括课改实施征程中的阶段性反思调整、阶段性成果，并及时作了适当的总结和反思。

　　本书的出版得到了诸多教改精英的支持，凝结着诸多辛劳的师生们的心血，也牵动着课改领导者的心绪，"125"新课堂作为一种新的教学模式，已经成为课堂教学的一种常态，是盐城市课堂教学改革的一面旗帜，是响水教育的一张靓丽名片。如何让"125"课堂教学改革不懈怠、不停滞、有质效、有创新，不断显示勃勃生机，需要我们每一位践行者、支持者、关注者本着对事业的追求和发展，深度进入教与学的高位研究，让"教与学"持续展现它改革与创新的魅力，让我们不断享受奋斗过程中的成功和快乐！

　　我们共同祝愿"125"新课堂走得更高，行得更远！

2023 年 7 月于盐城

目　录

第一章　课改前奏曲

第一节　前期探索 002

第二节　高品质高效课堂建设 016

第二章　课改实践征程

第一节　吹响号角 022

第二节　课改一期行动 025

　　打造学生自主、合作、探究学习的高效课堂模式实施方案 027

　　江苏省响水中学联合"金太阳"打造高效课堂实施步骤与时间安排 030

　　江苏省响水中学打造高效课堂领导小组成员及分工 033

　　响水中学——金太阳打造高效课堂活动 036

　　金太阳刘所长来响听课反馈意见整理稿 038

　　江苏省响水中学2014赴昌乐二中学习方案 040

　　"打造高效课堂"青年教师新课展评工作方案 042

　　注重细节　至臻至善 044

　　关于课改相关工作的阶段性汇报 046

　　江苏省响水中学打造高效课堂一期课改总结 048

第三节　课改二期行动 053

　　江苏省响水中学打造高效课堂二期方案（2016年春学期） 056

江苏省响水中学 2016—2018 年教育教学质量提升

    三年行动计划   061

江苏省响水中学联合当代好课堂打造"125"课堂教学

    模式行动方案   072

江苏省响水中学第三批赴昌乐二中学习方案   079

高一年级部"125"课堂教学模式推动方案   081

高三年级春学期高效课堂推进方案   084

江苏省响水中学导学案的编制及使用规定   087

江苏省响水中学 2017 对外开课活动方案   091

2017 年盐城市让学引思课改现场推进会在江苏省

    响水中学召开   093

2018 年春学期江苏省响水中学联合金太阳教育集团开展

    "同题异构"活动方案   097

江苏省响水中学"125"高效课堂模式量化考核方案（试行） 100

第四节   课改三期行动   105

江苏省响水中学打造"125"课堂教学模式（三期）

    领导小组成员及分工   107

江苏省响水中学军训及暑期培训班级建设方案   110

江苏省响水中学"125"课堂教学模式实验项目 2020 年度

    工作方案   114

第五节   课改四期行动   118

江苏省响水中学、响水县清源高级中学第一届"学术节"

    活动方案（讨论稿）   119

江苏省普通高中高品质发展"七校创新联盟"

    成立暨第一次理事大会活动方案   124

江苏省响水中学第十一届"求实杯"课堂教学竞赛决赛组织方案 127

2022 年秋学期江苏省响水中学对外开课暨"同课异构"活动方案 130

张大春校长在首届"学术节"闭幕式上的讲话 132

第六节 课改推进活动 134

以开放促提升 以反思求进步 134

聚焦课堂谋高效 创新改革谋发展 139

当代好课堂江苏响水项目 2020 年度工作方案 144

江苏省响水中学 2020 春学期"课改推进月"活动方案 147

江苏省响水中学推进"125"课堂教学模式考核方案（试行稿） 149

"125"课堂教学模式推进考核细则（年级部） 151

江苏省响水中学 2023 年课堂教学改革工作推进方案 152

第七节 课改实践部分公众号 157

坚定课改之路 精研教学之效 157

让学引思促内涵 开放交流促发展 159

河北省海兴中学来我校参观交流 161

当代好课堂助力"125" 163

景仰大师风范 臻于学高德正 167

春暖花自开 有朋远方来 172

深耕课堂教学改革 最美的风景在路上 175

沐春日暖阳 赏课改花开 177

研究 提升 创新 多元 181

聚焦课堂改革 发挥骨干引领 184

第三章　课改论文与优秀教学案例

第一节　课改发表论文专版　187

　　"让学引思"引领下"125"课堂教学模式的校本建构　187

　　打造思想政治"让学引思"真课堂　194

　　"让学引思"引领下课堂教学模式改革的背景、理念、成果　197

第二节　《响中教研》专版及教师部分论文选　200

　　《响中教研》"125"课改专刊精选文章　200

　　《响中教研》20—25 期部分论文选翠　225

第三节　课改优秀教学案例　248

　　于从明老师 2019 年在《地理教育》发表的教学设计　248

　　曹相月老师 2021 年江苏省优质课评比一等奖作品　254

　　赵娜娜老师 2018 年江苏好教育联盟特等奖作品　259

　　杨吉华老师 2020 年江苏省高中物理教学优课评比一等奖作品　264

　　张馨文老师 2020 年"求实杯"课堂教学竞赛一等奖作品　270

　　周婷老师 2021 年"求实杯"课堂教学竞赛一等奖作品　276

第四节　"125"同题异构教学设计　284

　　《包身工》教学设计 1　284

　　《包身工》教学设计 2　288

　　The Old Man and the sea 教学设计 1　292

　　The Old Man and the sea 教学设计 2　297

　　《细胞的增殖》教学设计 1　303

　　《细胞的增殖》教学设计 2　307

　　《中国特色社会主义道路的开辟与发展》教学设计 1　311

　　《中国特色社会主义道路的开辟与发展》教学设计 2　316

　　《自然灾害的成因——洪涝》教学设计 1　326

《自然灾害的成因——洪涝》教学设计 2　　　330

第四章　课改成效、成果及其推广

第一节　理论成果　　　336

第二节　实践成效与成果　　　337

第三节　课改成果展示与推广　　　347

第四节　当代好课堂——冯恩洪校长在"125"课堂交流活动
　　　　中的讲话　　　355

结束语　　　364

后　序　　　366

编后记　　　369

第一章　课改前奏曲

　　自 2009 年起，江苏省响水中学为提升课堂教学质量，就从开展课堂有效教学年活动开始，在全校开展"先学后教、师生互动、共同提高"的课堂教学研究活动，并通过校内视导、对全市开设公开课等方式，促进教师转变课堂教学理念和教学行为。依次打造了"三讲三不讲"课堂、"四步骤八环节"主体性课堂教学模式，到打造响水中学高品质的"高效课堂"。这些不间断的教学尝试，为"125"课堂模式改革实施打下良好的铺垫，是"125"课堂模式改革的前奏曲。

第一节 前期探索

——响水中学"125"课堂模式改革的前期探索

江苏省响水中学 2009—2011 年开展有效教学年活动实施方案

一、指导思想

为进一步以科学发展观为指导，全面贯彻党的教育方针，深入领会《基础教育课程改革纲要（试行）》精神，深化课程改革，坚持以人为本，为学生的终身发展奠基的办学理念，以向课章教学要效益为核心，加强教师队伍建设，完善教学管理机制，优化课堂教学行为，提高校本教研能力，强化科研课题引领，促进学生在知识与技能、过程与方法、情感态度价值观等方面的和谐发展，根据盐城市教育局《关于在全市中小学开展"有效教学年"活动的指导意见》文件精神，结合我校实际情况特制订《江苏省响水中学 2009—2011 年开展有效教学年活动实施方案》。

二、工作目标

（一）总体目标

1. 构建合理有效的教学管理体系，形成具有响水中学特色的有效教育教学管理模式。

2. 通过专家讲座、校内教师论坛、一报一刊（《明天》报、《响中教研》刊物）等载体，以及购买有效教学理论图书等方式，提高广大教师对有效教学的认知和理解，集中分析排查课常教学活动中"无效、低效教学行为"。

3. 加强对"有效课掌教学"的研究，树立正确的有效教学理念，形成"关注课堂，讲究效益，提高质量"的价值取向，推进有效教学过程管理，整合校内一切资源，推动有效教学研究的深入开展。

4. 注重有效教学环节的组织与落实。认真做好备课、上课、练习、作业批改与辅导"五认真"的管理，突出有效性、互动性、全员性和差异性特征。明确有效课堂教学的各个环节，对所存在的问题提出改进方案，着力提高课堂教学效率和效益。

5. 着力研究有效课堂教学的准备工作，落实集体教学研究活动制度，强化"三次备课"，充分发挥教研组骨干教师的引领示范作用，有效利用各类教育资源，注重对教材、教法和学生的研究。

6. 突出课堂教学过程的有效性研究，科学拟定教学计划，有效利用多媒体教学设备，合理采用教学手段。面向全体学生，有序互动，积极引导，有效调控，创设适宜的教学情境，有效激活学生思维，训练"动脑又动手"的学习习惯，构建充满活力的有效课堂，积极探索学生有效学习方式的转变。

7. 做好课常有效作业的研究，提倡使用一本课堂作业本，确保"题量适中、质量提高"，作业本做到有发必收、有收必改、有改必评，及时反馈，对问题突出者进行个别辅导，分层要求，全面激励。逐步建立、完善学科题库，提高训练的有效性。

8. 提高教师个体发展水平，建设一支高效的一线教师队伍，促进广大教师的教育教学水平和科研能力的提高，保证教育教学质量的稳步提升。

9. 反思、总结、改进，推进有效教学活动的深入开展。

（二）三年安排

2009 年，教学反思整改年。通过组织全校师生大讨论，查找现有教学活动中存在的无效低效教学行为，探寻解决问题的途径，改进教学手段，引导广大教师树立正确的有效教学观。

2010 年，教学质量提升年。营造有效教学的良好氛围，促使广大教师积极投入有效教学活动中去，积极研究有效教学活动的各个环节，形成"百家争鸣"的学术研究氛围，促进教师个体专业成长，教育教学质量在现有基础上迈上一个新台阶。

2011年，教学总结评价年。总结已有经验，反思存在问题，打造具有盐城中学特色的有效教学模式，形成完善的有效教学管理体系，推动有效教学活动的创新发展，扩大学校在全市范围内有效教学研究的影响力。

三、实施原则

1. 理论实践相结合原则：将研究活动贯穿于整个教学过程中，努力在教学研究中发现问题并将研究的成果应用于教学实践活动中去，在实践中领悟，在领悟中升华。

2. 互助学习原则：以学科教研大组为单位，以教研组教学研究活动为平台，组织教师形成学习共同体，积极营造互相听课、评课、平等研讨的氛围，构建互动的研究方式，在思维碰撞中形成共识。

3. 自我评价反思原则：教师个体通过成长记录报告册、教后感、听后感等形式，及时反思课常教学行为，总结问题，找出方法，提高能力。

四、主要内容

（一）加强教学管理队伍能力建设，提升教学领导管理的有效性

1. 深入开展教学工作调研，加强对教学思想和理念的引领，加强对学校课程实施、教学过程的统领，加强对校本教研工作的领导，实现关注教学过程、改善教学环境、改革教学手段，提升教学效益的目标。要从"教、学、考、评"等方面入手，全面加强对教学全过程的研究，为教学质量的提升提供有效的领导保障。

2. 强化教学管理队伍能力素质的提升。加强以校长为首的教学管理者的专业发展培训，促进校长的课程领导力；建立教学分管校长、教务主任、年级主任、教研组长例会制度、教学督导诊断制度和视频录像课制度，提高教学分管校长的领导力和中层干部的执行力，努力构建一支有思想、懂教学、精管理的学校管理队伍。

3.强化特级教师、学科带头人、骨干教师的专业引领和指导能力。进一步发挥学科教研组作用，建立新老教师挂钩结对岗位目标责任制，完善教学研究评价制度，激励广大教师积极投身有效教学研究活动中去，充分发挥其在教学研究、指导、管理和服务等方面的重要作用。要提高教师自我学习、自我思考的能力，广泛获取各种信息，提高研究的深入性和指导的针对性、实效性，切实为一线教学提供有效建议和高效服务。

（二）完善教学管理制度及运行机制，提升教学过程管理的有效性

规范、科学、有效的教学管理制度是有效教学产生积极效应的关键，合理、高效的运行机制是有效教学强势推进的保障。

1.完善有效的学校教学管理制度。要重新认识新课程背景下教学管理制度的价值，进一步完善各类教学管理制度，并强化制度的执行力。

2.建立有效的教学评价、监控与分析制度。充分发挥督导处、教科处在学校教学工作中的督导引领作用，对学校课程方案执行、教学过程运行、教学质量增长等方面强化研究督导；建立教学水平过程性、诊断性与终结性教学效果评价、监控和分析制度。要建立并完善扎实的常规评价制度，建立"三级管理"（授课教师自我质量管理、学科教研组质量管理、教务处质量管理）、"两级监控"（教务处和教研组对任课教师自我管理流程的监督调控与评估），以评价促进教学过程的有效和规范。

3.形成有效的教学管理工作机制。建立校本教学质量保障机制，包括教学信息采集机制、教学过程诊断机制、教学质量评价机制、教学质量预警机制、教学质量激励机制等，形成完整的教学效益管理体系。强化各类教学会议、研讨活动的有效性，培育和建立有效的教学主题例会机制、教学工作议事机制、教学专题研究机制和教学问题研讨机制。注重评价的有效性，建立有效的发展性评价机制，立足起点看变化，着眼基础看提高，注重过程看发展。

（三）抓实课堂教学常规，提升教学关键行为的有效性

课堂是实现有效教学活动的舞台，只有切实加强各项课堂常规的落

实和改进，才能全面提升课常教学效益。

1. 引领教师全力提高课常教学行为的有效性。一是要明确教学目标，提高教学内容的有效性；二是要优化教学过程设计，提高教学活动的有效性；三是活用教学方法，提高教学方法的有效性；四是构建和谐师生关系，提高教学交往的有效性；五是恰当运用教学手段，提高教学媒体介入的有效性；六是锤炼教学语言，提高语言信息交流的有效性；七是精心设计问题，提高主体问题探究的有效性；八是适时进行多元评价，提高教学评价的有效性。

2. 注重学生学法指导与研究，提升学生自主学习的有效性。一是强化学习动机培养，并渗透到教学过程的具体环节；二是强化策略训练，使科学学习策略成为促进学生自主学习的推进器；三是强化心理调节，使学生以积极、乐观、健康的心态投入学习活动；四是强化成功激励，体验成功的快乐，使每一位学生通过自己的努力都能取得新的进步；五是强化习惯培养，使学生逐步养成科学的学习习惯、思维习惯。

3. 指导教师落实练习巩固的有效性。一是加强练习、作业内容的研究与设计，提高练习、作业内容的有效性，尤其要加强重点知识板块和常见错误题型的研究；二是加强作业、练习方式的研究，提高训练方式的有效性，尤其要注重学习成效的及时巩固；三是加强作业、练习量的分层控制，提高各层次作业量的合理有效性，尤其要注重通过量的浓缩实现质的提升的有效性；四是强化作业、练习的批改与辅导，确保作业、练习反馈的有效性。

（四）深入推进校本教研，提升教师实践能力的有效性

有效教学的关键在于教师的有效教学实践，有效地校本教研对促进教师自我反思，促进教师合作与交流，创造性地解决课程实施过程中的新情况和新问题，提升教师的实践能力具有重要的作用。

1. 要完善校本教研的管理制度和运行机制。根据我校的实际情况，进一步完善落实校本最研制度。要积极构建层层管理、逐级落实、全员

参与的教学研究管理机制，整合学校教务处、学科教研大组和备课组的力量，形成校本教研校长负总责，分管校长直接抓，责任部门具体抓的管理模式。

2. 融合教学反思、同伴互助、专家引领三个核心要素。从本校实际出发，形成行之有效的教师反思制度，探索教师层面和教研组内的学校层面的互助互动式反思途径，主动寻求专业人员的帮助，把立足点放在解决新课程改革中所遇到的实际问题上，把着眼点放在新课程理念与教学实践的结合上，注重教学、教研、培训一体化运行，加强校本教研文化建设，不断提高校本教研的质量和品位。

3. 建立教师自我专业成长的规划。修订教师个体成长报告册，根据教师的年龄结构制订符合教师成长规律的发展性培养方案，教师依据方案制订的学校教师发展的总体目标要求和各级教师发展的目标要求、权利和义务，了解自己发展优劣所在，筛选发展的项目内容，制定发展的策略措施，完成个人专业发展规划的制定，并报学校审查通过后存入教师成长"记杀袋"，用作自我评价和年度发展目标达成的参考标准。学校应依据发展性评价方案，加强对教师专业发展的过程管理和评价，在进行横向比较的同时充分考虑教师自我纵向的发展。

4. 树立教研活动的问题意识和实效意识。务实开展"三次备课"教研活动，把"个人备课—集体备课—个人三次备课"的集体备课制度落到实处。扎实开展"三课"教研活动，即教师的示范课、年轻教师的演示课、教学竞赛的研讨课。深入开展"三题"教研活动，即以"问题"开展教研活动，以"专题"带动教研活动，以"课题"推动教研活动。

（五）发挥示范引领作用，提升优质教学资源共享的有效性

第一，进一步创新思路，积极寻找、培育各类优质教学资源，扩大共享辐射面积，在整合层面上实现效益最优化。

第二，要努力深化校际互动、共同发展。努力构建与兄弟学校间结对互动、共同发展模式，探索建立校际间"理念共享、资源共享、方法

共享、成果共享"的学习模式。形成互学近进争一流、齐头并进的格局，实现基础教育均衡发展和整体提升。

第三，加强与盐城师院、南师大等高校的合作交流，共建教学科研联合体。

第四，要积极开展"教学开放周"等典型引领性活动，使各类优质资源在本区域内得到充分共享。

五、组织实施

为保障有效教学行动各项内容的顺利实施，学校成立由校长任组长，分管校长任副组长，教务处等职能处室负责人组成的江苏省盐城中学"有效教学年"活动领导小组，负责整个活动的管理、组织、规划和推进工作。

江苏省响水中学"有效教学年"活动领导小组

组　　长：潘卫伟

副组长：王加云　周业虎　时良兵　魏佳兵　汪洪亚　刘永康

成　　员：张达富　高明华　季克高　陈仕功　张志胜　袁长松

　　　　　韩海治　贾宗明

六、活动安排（略）

《响水中学有效教学年活动》主要实施步骤

1. 构建合理有效的教学管理体系，形成具有响水中学特色的有效教育教学管理模式。

2. 通过专家讲座、校内教师论坛、一报一刊（《明天》报、《响中教研》刊物）等载体，以及购买有效教学理论图书等方式，提高广大教师对有效教学的认知和理解，集中分析排查课常教学活动中"无效、低效教学行为"。

3. 加强对"有效课堂教学"的研究，树立正确的有效教学理念，形成"关注课堂，讲究效益，提高质量"的价值取向，推进有效教学过程管理，整合校内一切资源，推动有效教学研究的深入开展。

4. 注重有效教学环节的组织与落实。认真做好备课、上课、练习、作业批改与辅导"五认真"的管理，突出有效性、互动性、全员性和差异性特征。明确有效课堂教学的各个环节，对所存在的问题提出改进方案，着力提高课堂教学效率和效益。

5. 着力研究有效课堂教学的准备工作，落实集体教学研究活动制度，强化"三次备课"，充分发挥教研组骨干教师的引领示范作用，有效利用各类教育资源，注重对教材、教法和学生的研究。

6. 突出课堂教学过程的有效性研究，科学拟定教学计划，有效利用多媒体教学设备，合理采用教学手段。面向全体学生，有序互动，积极引导，有效调控，创设适宜的教学情境，有效激活学生思维，训练"动脑又动手"的学习习惯，构建充满活力的有效课堂，积极探索学生有效学习方式的转变。

7. 做好课常有效作业的研究，提倡使用一本课堂作业本，确保"题量适中、质量提高"，作业本做到有发必收、有收必改、有改必评，及时反馈，对问题突出者进行个别辅导，分层要求，全面激励。逐步建立、完善学科题库，提高训练的有效性。

8. 提高教师个体发展水平，建设一支高效的一线教师队伍，促进广大教师的教育教学水平和科研能力的提高，保证教育教学质量的稳步提升。

"三讲三不讲"课堂教学模式

"三讲"是指：讲重点；讲难点；讲易错点，易混点，易漏点；"三不讲"即学生已经会了的不讲，学生自己能学会的不讲，讲了学生仍然不会的不讲。具体理解为：

第一个"讲"，其中的重点指的是对今后学习乃至终生发展有基础性作用的内容；从来没有接触过的，与以前联系不大的内容。

第二个"讲"，对于大部分同学不会的问题，就是难点，就应该在课堂上集体讲解，通过知识传授形成技能，节约时间，提高效率。

第三个"讲"。易错、易混、易漏点都是在学习过程中容易出现问题的内容，往往三令五申也得不到有效解决的问题，往往在测试检测时，容易暴露出来，应该引起我们足够重视。

《江苏省响水中学"四步骤八环节"主体性课堂教学模式》

"四步骤八环节"主要操作流程

1. 课前导学（1~3分钟）；

2. 质疑讨论（20分钟左右）；

3. 反馈矫正（10分钟左右）；

4. 巩固迁移（10分钟左右）。

1. 课前导学——以贴切的情境，明确的目标激发学生学习热情，明确学习方向。

创设情境——"快速"进入学习状态。尽可能利用教具、文字音乐渲染、材料分析等，引领学生迅速进入学习状态，以此激发学生学习的积极性、主动性，让学生在美妙的艺术享受中接受教育，从而达到培养学生创新能力的目的。

导思导学——目标引领，让学生明确行动方向。展示教学目标，它的基本功能是把教学目标转化为教与学的共同目标，或者主要是学的目标，从而调动学生的主动性、积极性，节省完成学习任务的时间，提高学习效率，并使学生的情感得到更高的升华。

2. 质疑讨论——以新奇的教学设计激发并维持学生学习的积极性，提高课堂效率。

启发质疑——调动学生学习兴趣，变被动为主动。激发学生的兴趣就是点燃渴望知识火药的导火索；设置悬念，激发兴趣，就是提高课堂教学有效性的秘方。在教学中，要多让学生谈谈自己的看法，教师对学生的回答和疑问要认真对待，学生发表意见时，教师应投以关注和期待的目光，以适当的语言予以鼓励。

合作探究——畅所欲言，创设以学生为主体的教学空间在学习过程中，强调学生畅所欲言，学生表达自己观点的过程实际上就是思索的过程，只有让学生动起嘴，动起脑，才能真正体现学生在学习中的主体地位。

3. 反馈校正——教师总结评价，及时反馈学习效果。

总结规律——师生互动，合作探究，教授方法，评价鼓励，提高效率总结评价，包括对学生活动过程评价和教师授课效果的评价，同时形成本节课的方法规律的总结。

合作交流的形式可以是分组讨论、辩论，演剧，收集资料后以讲心得等形式展示。自主探索、合作交流和操作实践都是重要的学习方式，学生的学习过程不是学生被动地吸收课本上的现成结论，而是一个学生亲自参与的、丰富生动的思维活动，是学生经历的一个实践和创新的过程。

4. 巩固迁移——举一反三，提高能力。

达标迁移——检验学习效果；针对所学所动内容和互动过程，设计有层次的相应练习，针对性训练。

巩固提升——自主学习，扩大视野。巩固提升就是运用所学知识，构建知识网络，拓展知识领域，此环节可由教师通过多媒体展示，也可由教师引导、学生自主完成。新课程的"教学目的"指出：要培养学生的创新意识，以及与他人合作和参与社会实践活动的能力。

凸显新理念　打造新课堂

——江苏省响水中学打造"四步骤八环节"课堂教学实践活动

近年来，我校坚持"以人为本，促进师生共同发展"的办学理念，用科学发展观统领全局，全面贯彻党的教育方针，全面实施素质教育，积极推进基础教育课程改革，走内涵发展之路，教育教学质量稳步提高，学校的办学综合实力显著增强，办学特色进一步彰显，办学的社会效益得到进一步提升。

（一）转变教学理念，打造教师团队

1.为了使新课程理念深入人心，学校采取多种形式加大对教师和学生的培训力度。（1）有计划地组织所有教师参加省、市、县三级新课程培训，先后选派8名骨干教师出国培训。（2）学校依据《新课程校本培训方案》开展校本培训。利用暑期学习和集体备课活动时间，组织教师学习新课程理论。（3）邀请专家到校讲学。姜堰市名师多次到我校讲学、授课。组织教师到南京、南通、扬州、徐州、苏州、盐城等地学习。（4）组织教师参加新课程理论考试6次。从2005年开始，试行教师作业制。这一系列举措，增强了教师的新课程意识，全面提升了教师的整体素质，转变了教师的教学行为和学生的学习方式。有40多名老师发表了学习新课程方面的理论文章。学校还利用《明天》报、校园广播、主题班会、专题报告会等形式，向学生宣传新课程理念，激发学生自主学习的积极性，帮助学生学会自主学习、合作学习、探究学习，在"知识和能力、过程和方法、情感态度和价值观"三方面得到和谐发展。

2.走内涵发展之路，教师队伍建设是着力点。（1）制订三年发展规划。学校制订教师队伍三年发展规划，教师制订个人三年发展规划，根据发展规划定期进行检查验收。（2）组织教师与学生同步考试。着力提高45岁以下的中青年教师的业务水平，规定45岁以下的教师与学生，每周做一份高考卷或高考模拟试卷。（3）创新听课管理。我们把听课作

为培训青年教师的有效方法，立足课堂教学主阵地，全力打造有效课堂，全面提升课堂教学质量。

（二）建构课堂教学模式，推进有效教学开展

为了不断提高课堂教学的质量，不断增强课堂教学的后劲，全面提高课堂教学的整体水平，近年来，结合新课程的推进，我校立足课堂，大力转变教师的教学行为和学生的学习方式，在全校开展"先学后教、师生互动、共同提高"的课堂教学研究活动，并通过校内视导、对全市开设公开课等方式，促进教师转变课堂教学理念和教学行为。在全校开展人人课堂教学过关考核活动，极大地提高了教师驾驭课堂的能力。最近几年逐步形成了"四步骤、八环节"（课前导学：＊创设问题情境；＊激趣导思导学——质疑讨论：＊启发质疑讨论；＊引导合作探究——反馈矫正：＊典题拓展分析；＊知识规律总结——迁移巩固：＊达标迁移训练；＊整体巩固提升）主体性课堂教学模式，学生基本养成了自主、合作、探究学习的良好习惯，极大地提高了课堂教学效益。通过试验、试点，不断总结、完善，并多次在县内推广，在市内辐射。盐城市教科院领导、专家多次来我校视导课堂教学，给予了较高的评价。认为我校课堂教学富有新课程气息，师生精神状态好，课堂教学效率高，学生学习的主动性得到了充分的发挥，师生的教学理念和学习方式有了明显的改变。在省、市、县教学基本功大赛中，我校有100多名教师获得一、二、三等奖。学科竞赛取得了前所未有的好成绩，生物、物理、化学以及科技竞赛，有200多名学生获得一、二、三等奖。我校学生参加省高中生作文现场竞赛连续2年获得特等奖，学生参加数学奥赛获得江苏省赛区一等奖2人。

（三）强化教研管理，提升教科研质量和水平

1. 夯实校本教研。为保证新课程的有效实施，保证有效备课、有效上课、有效训练、有效评价的落实，学校依靠教师的力量，开展了以集体备课为主的校本教研。集体备课做到"一个结合，两个发挥，三定四统一"，"一个结合"即集体备课与个人备课相结合，"两个发挥"即充分发挥集体智慧的优势，充分发挥教师个人的特长；"三定"即定时间、定内容、定主讲人，"四统一"即统一进度，统一教学内容，统一练习题，统一单元测试。个人备课做到"五要五备"，即要研究教学目标，注意预设目标与动态生成相结合；要研究教学规律，积极开展师生对话；要研究重点难点突破，做到胸中有数；要研究培养学生学习兴趣的措施，激发学生学习的内在要求；要研究学生的学习方法，帮助学生转变学习方式，积极主动地投入学习，主动发现，主动发展。

2. 落实"三级"公开课。学校坚持组织"三级"公开课，即备课组研究课、教研组公开课和校级展示课。校级展示课一般分为老教师示范课、中年教师观摩课、青年教师汇报课三种课型。从 2005 年秋学期开始，我校一直坚持每周固定时间（周二上午第 2、3 节课）、固定地点（学校报告厅）为全校教师开设校级展示课活动。每学期开学初，学校将《校级展示课安排表》发放到每位老师，教科处负责对活动进行全程跟踪管理。从 2006—2009 年，学校还组织骨干教师对市内外举行教学开放活动，普遍受到好评。

（四）完善评价机制，确保新课程顺利实施

1. 发挥评价的激励功能，促进教师健康成长。学校建立了《教师校本发展记载表》，全面记录教师的成长过程。建立多元评价体系。调动一切积极因素，参与学校教育教学评价。除了社会、家长、同行、学生共同参与教师的教育教学评价外，还实施专家评价。几年来，我校邀请了以特级教师季德贵为首的专家评价小组，每学年都邀请 5—7 名专家，对全体教师进行常态下的跟踪评价。

2. 对学生的评价，力争全面反映学生的成长历程。不仅关注学业成绩，而且关注学生创新精神和实践能力的发展，以及良好的心理素质、学习兴趣与积极的情感体验等方面的发展；不仅关注教师的评价，还注重学生自评、互评，也尊重家长的评价；不仅注重结论性评价，还注重过程性评价；不仅注重纸质评价，更注重运用观察、交流、实际操作、作品展示等多种方式。

（五）自主管理形成特色，促进学生有效成长

我校坚持学生自主管理的优良传统，形成了"学习自主、生活自理、道德自律、精神自强"的"四自"教育特色。通过多年的努力，德育为先，学生自主管理形成了学校的一大亮点，学生的行为规范了，学校的环境美化了，良好的校风形成了，得到了社会的认可。

通过"四自"教育，有效训练了学生的自主管理能力，促进学生自主能力的全面发展，学生的综合素质大大提高。具体做法是：

1. 学习自主。近年来，我校在学生中开展"每天八必做"活动，促进学生良好学习习惯的形成。"每天必做八件事"，要求学生每天要晨起自警、目标激励、保持安静、告别三闲、抓住课堂、坚持积累、纠错补差、睡前三省。这八件事让每位学生都能明确自己应该做什么，不应该做什么。不仅仅是引导学生学习行为的一种理念，而且已经内化为广大学生的一种自觉要求，转化成为学生学习的一种习惯与能力，使学生充分认识到学习是自己的责任，是与自己的生活、生命、成长、发展紧密相连的一种责任。

2. 生活自理。我们一直坚持用教育引导与制度管理相结合的办法，常抓不懈，培养学生自理能力。（1）通过星级班集体创建制度，提高学生自主管理班级的水平。（2）通过"文明宿舍"评比，锻炼广大住校生的生活自理能力。（3）通过家长学校，形成学校教育与家庭教育合力共进的教育机制，提升学生自理能力。目前实行"五严"规定，规范办学行为，全面推进素质教育，为我们的学生生活自理能力的培养，提供更加广阔的空间。家庭与学校、社会联系更加紧密紧密，有利于促进学生的生活自理能力与学习自主的习惯。

最后，在新课程理念的指引下，我们将群策群力，深入开展新课程背景下有效教学研究，努力探索教学质量的增长点，为实现我校教育教学质量再上新水平，再上新台阶，为振兴地方经济培养更多的建设人才，为高等学校输送更多合格新生，做出我们最大的贡献。

（教科处供稿）

第二节　高品质高效课堂建设

一、研究背景

质量是学校的生存线、生命线，风景线，提升教学质量的关键在课堂。为了不断提高课堂教学的质量，不断增强课堂教学的后劲，全面提高课堂教学的整体水平，近年来，结合新课程的推进，我校领导高度重视，课堂教学改革的力度不断加大，多次组织教师参加省市县新课程培训，在主体性课堂教学模式的校本研究方面做了一些有益的探索和尝试，取得了阶段性研究成果——"四步骤八环节"主体性课堂教学模式。这一模式体现了新课程"自主学习、合作学习、探究学习"的新理念，优化了课堂教学结构，发挥了课堂教学促进学生主动参与、全面发展的功能。

二、模式内涵

我校主体性课堂教学模式是主体教育理论在课堂教学中的集中体现，是在主体教育理论指导下，以全体学生获得主动发展、全面发展为目标，以教师教得主动、学生学得主动为基本要求，以教师精心设计、组织和指导学生学习为基本策略，促进学生自主性、能动性和创造性发展的课堂教学程序。

三、基本原则

我校主体性课堂教学模式，主要体现以下原则：

1. 主体性原则

素质教育是充分弘扬人的主体性，注重开发人的智慧潜能的教育。让学生积极参与课堂教学活动正是唤起学生的主体意识，弘扬人的主体性，使每个学生都在原有的基础上获得提高。

2. 主动性原则

学生是学习的主体，没有学生的学习主动性，就不可能有生动活泼的教学。因此在课堂教学中要激发学生主动学习的动机，教会学生主动学习技能，使学生从被动接受的客体，转化为主动学习的主体。

3. 整体性原则

素质教育的本质是面向全体学生。学生德、智、体、美、劳全面发展，知识与能力、过程与方法、情感态度价值观全面提升。让学生积极主动参与课堂教学活动，亲自参加教学实践，就能使全体学生的思想道德素质、科学文化素质、技能素质得到全面主动地发展。

4. 创造性原则

把学生学习的过程看成创造的过程。学生自主能动地对外来信息进行加工内化，反映了学生的创造性品质。在教学过程中，注重学生的思考过程，启发学生多向思维来寻求正确结论，发展学生的创造潜能。

四、操作流程

1. 课前导学（3分钟）

主要抓住两个环节：（1）创设问题情境，（2）激趣导思导学。在处理这两个环节时必须注意"两个基本点"：一是课前的"导"。教师在新课教学之前，创设与新课内容密切相关的问题情境，启发学生思考，把学生的思维引入课堂，引入文本。也可在课前要求学生自主研习教学案，并将所预习的内容（或问题）呈现在学案上。这样做有利于培养学生养成带着问题思考的习惯，让学生主动参与学习、探究新知。在课前备课时，教师要在"导"上多动脑筋，多下功夫。二是课前的"学"。学的教学目标是让学生学会发展，培养学生的自学能力，养成良好的读书、钻研习惯，达到"乐学"。课堂上，教师能否抓住学生，在很大程度上取决于教师课前导学的问题设计。教师通过研习的内容和情境设计，了解学生学习新知识的能力，使每一个学生都能主动学习，独立思考。通过学生自主学习，对新知识达到初步理解，并能发现问题、思考问题。在新课开始前，通过

"问题情境"来"导思导学"，把学生的思维引入课堂，让学生的思维进入课堂，有利于增强教学的针对性，为课堂有效教学奠定了基础。

在"课前导学"这一环节中，教师必须将自学、思考的要求通过教学案的形式，预先告诉学生，以增强"学"的针对性，提高"学"的实效性。

2. 质疑讨论（20分钟）

教材上一般的、浅显的、绝大多数学生通过课前的自学已经了解并能初步掌握的知识，可以通过学案的方式进行检查。课堂教学的重心是组织学生有效地讨论针对教学重点如何突破、教学难点如何分散解决而设计的问题。这一过程主要明确两点：

（1）启发质疑讨论。教师要学会选择更加有效的教学方法，特别是要运用启发式教学方法，在启发、诱导上多下功夫。教师善于在无疑处设疑，于有疑处激疑；学生要学会质疑。教师在课堂教学中要能驾驭课堂，精心组织并有效开展课堂讨论。通过课堂讨论，达到释疑和创新的目的。

（2）引导合作探究。在启发质疑讨论过程中，教师还要围绕教学目标，进一步引导学生合作学习、探究学习，为学生营造独立思考、大胆质疑、勇于创新和充分尊重学生、师生关系平等和谐的良好氛围。

3. 反馈矫正（10分钟）

立足于课堂教学三维目标（知识、能力、情感态度价值观或知识与技能、过程与方法、情感态度价值观）的达成，精心设题，总结规律，尤其是知识的迁移、学以致用的能力提升。这一步骤，教师主要做好两件事：

（1）典题拓展分析。所选择的试题，一定要具有针对性、思辨性、典型性、创新性。教师要启发学生运用本节课或联系与本知识点相关联的有关知识认真思考、积极思维，充分激发出学生智慧的火花，通过典题分析，不仅要巩固所学知识，还要能拓展、整合所学知识，提升学生的能力。

（2）知识规律总结。这一环节，不能仅仅就题目讲题目。通过对选取的典题拓展分析，教师要善于引导学生对知识进行概括、提炼，形成知识网络；要善于对试题题型、试题特点、审题思路、答题方法进行点拨、指导和总结。

4.巩固迁移（12分钟）

课堂教学中，这一环节必须高度重视。围绕本节课或本节课相关联的知识点，根据本节课的教学目标，精心设计试题，做到当堂讲授，当堂训练，当堂巩固，以全面提升学生的基本技能和基本素质。这一环节主要做好两件事：

（1）达标迁移训练。教师在备课时要充分考虑教学目标、课堂教学实际、学生的基础及教学中可能出现的情况，精心设计试题，进一步巩固反馈矫正中出现的问题，并进行变式训练，实现有效的迁移形成能力。试题要适时适量，要注意科学性、针对性、层递性。试题设计既要立足于本课时教学内容，也要着眼于中高考实际。学生练习时，教师要针对中下等学生进行有目的的行间巡视，及时发现问题。

（2）整体巩固提升。针对学生练习时出现的共性问题，教师要及时发现问题的本质，启发引导，如果是本节课的问题，要及时巩固有关知识点；如果是知识网络出现的问题，要及时补缺，使学生获得整体的知识，不将问题留到课后。

2009 年 3 月 30 日

第二章　课改实践征程

以 2014 年第一次组织教师去山东省昌乐二中交流学习为节点，江苏省响水中学正式拉开了大规模系统化的课堂教学改革项目化实践活动。

从高效课堂演变为今天的"125"生命·生态课堂，历经了十年风雨历程。本篇共分四期，介绍了"125"课堂项目化建设的全部过程，包括各期方案、指导思想、课堂建设理念、课堂特色及组织实施的主要过程和阶段性成果，重点介绍了各阶段实施的方法和对策。

1 个理念：让学引思

2 个关键：学生、教师

5 个环节：预学反馈、讨论释疑、成果展示、师生点评、检测反思

本次行动以项目打造为载体，注重顶层设计，与专业机构持续合作，邀请专家传经送宝，派出教师观摩学习，利用骨干教师及优秀团队示范引领，承办大型教改活动，参与高层次教学竞赛，由"形"到"质"到"效"，注重课改内涵提升和课堂文化建设，从仿模—建模（初版式"125"），到入模（常态化"125"）和优模（优质化"125"），再到出模（生命·生态"125"），分段实施，分层推进，形成一套成熟的"125"好课式建构体系和发展机制（附图）

目前，"125"已完成"仿模—建模、入模、优模"三个阶段的研究，正处在"出模"及推广阶段。经过多年的理论和实践探索，已经取得了

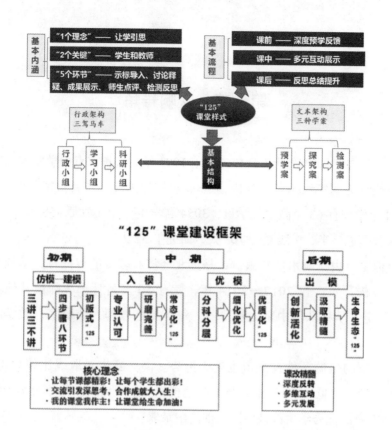

"125"课堂建设框架

许多成效和成果。学校教育教学质量显著提升，教学教研生态脱胎换骨，师生面貌和校园文化焕然一新，课改影响力已经辐射省、市、县30多所学校。学校多次获评江苏省教育工作先进集体、省教科研先进学校，盐城市课堂教学改革先进学校，省市语文、物理、地理学科基地校和大市级学科活动中心等荣誉，为新时期学校内涵发展和高品质高中建设，特别为中学课堂教学改革提供了新途径、新样板。

第一节　吹响号角

江苏省响水中学创建于 1952 年，1993 年通过省重点中学验收，2001年被确认为国家级示范性高中，2004 年被评为江苏省首批四星级高中。2014 年学校有 63 个高中教学班，3054 名学生，专任教师 358 人。其中，高级教师近一半，中级教师 108 人，研究生 32 人。

但是，由于响水位置偏僻，是苏北经济和教育的双低谷，学校骨干教师流失严重。仅 2012—2014 年，就有 50 多名骨干教师被其他学校"挖"走，学科队伍中坚力量薄弱。每年新进教师人数众多，教学经验不足。

学校的生源条件在全市也处于劣势。高一新生录取线比邻县（市）同类学校都要低 60 分以上，与一些名校相比差距更大。每年全县中考前30 名左右的优秀学生都被市区其他高中录取。

教师待遇和教学质量"双低"，严重影响广大教师的工作积极性。课堂教学模式僵化，"满堂灌"盛行，学生学习兴趣和质量不高。

学校发展和教育教学改革陷入瓶颈，社会各界反响很大！

《国家中长期教育改革和发展规划纲要（2010—2020 年）》突出强调："坚持以人为本、全面实施素质教育是教育改革发展的战略主题"，基础教育教学改革全面展开。新课程改革在全面推进素质教育的基础上，确定了基础教育课程改革的三大基本理念：1. 关注学生发展；2. 强调教师成长；3. 重视以学定教。在此背景下，以课堂教学改革为突破口的一大批课改模式应运而生。

而周边学校和本校的前期课改，影响力小，持续性差，多是昙花一现，或者虎头蛇尾。教育教学改革势在必行！

教学是师生共度的美好生命历程，课堂是教学相长的舞台，是教师展示教学艺术的主阵地，是实施素质教育和新课程改革的主战场，是学校展现师生面貌和教学活力的主窗口。响水中学传统的"满堂灌"教学，严重扼杀了学生学习的积极性、主动性和自信心。教师工作内驱力缺失，进取意识和创新意识不强；思想认识存在偏差，认为课堂改革会影响高考成绩；有效组织课堂的方法和经验不足，习惯于照本宣科，课堂缺少情感交流，课堂教学模式僵化，效率低下。

为优化教学策略，破解学校发展瓶颈，提高学校教育教学质量，同时加强教师队伍建设，推动素质教育和新课程改革发展，提升学校内涵。借课改的强劲大潮，2014年夏，学校成立专门的课改领导小组，以课堂改革为抓手，联合江西金太阳研究所、盐城师范学院和中国好教育联盟等3家教科研机构，带领全校师生，奏响了课改实践的序曲，开启了打造新型课堂模式的征程。

项目组以学校曾经尝试的"三讲三不讲课堂"和"四步骤八环节主体性课堂"建设为基础，以山东省昌乐二中的"271"课堂模式为版本，从文化建设、平台打造、评价与推广等方面，立足本土校情、教情、学情科学研究，沿着有效课堂—高效课堂—优效课堂，和活力课堂—张力课堂—魅力课堂的"两线并行"建设思路，反复研讨，制订切实可行方案，强力实施新课改的具体要求，主要解决以下三个方面的问题：

（1）课堂探究时间紧、思维浅，不生动、少生成，质效不高；

（2）课改实施"虎头蛇尾"，系统性、持续性差；

（3）课改与学校教科研发展、教师队伍建设、立德树人脱节。

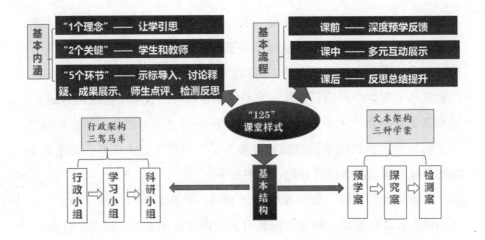

本项目一开始基于深度挖掘师生潜能，提升课堂活力的教学改革理念，融合了反转课堂和建构主义理论的精髓，本着"让课堂活起来，让学生动起来，让效率高起来"的原则，分层次分阶段打造高效愉悦的"125"新型课堂教学模式。力图通过深度、多维而又多元的学习实践和探索，改进传统课堂教学模式，提升基础教育教学质量，促进学生素质和教师能力的协同发展。从而带动学校各项工作跨上新台阶，真正让学校教育教学和教研全面、长足、高效、优质发展！

第二节　课改一期行动

课改一期为仿模——建模阶段（2014.07—2015.12），注重新课堂形式和流程的熟悉、熟练与初步实施，着重解决新课堂模式的初期建构问题。

2014年，宣传培训、学习领悟阶段

1. 2014年8月初，请来了金太阳集团和盐城师范学院专家讲学，确立了课改的初步设想，并结合校情，拟订了《江苏省响水中学联合金太阳集团打造高效课堂的可行性报告》。成立了高效课堂改革领导小组，下设课改办公室（由"课改研究组"和"课改推进督查组"组成），出台《新课堂模式改革初步实施方案》。

2. 9月上旬，先后两次组织学校中层以上干部、教研组长和骨干教师，到山东昌乐二中参观学习。回校后，分组设计高效课堂样板课基本课型。由主备人开设组内公开课，并在教研活动时认真研讨。初步确定了我校《打造高效课堂模式五步骤》，同时出台了我校《高效课堂导学案的编制及使用规定》。

3. 9月下旬，我们请来金太阳集团的领导对班级文化建设、小组建设方案和课堂评价方案进行了进一步优化。高一、高二年级部出台了辅导课编排方案及相关要求，科学合理地安排了学生高效预学和检测的时间。

4. 11月10日至11日，金太阳教育集团专家来我校进行过程性指导。专家走进高一、高二年级高效课堂模式展示课课堂，对存在的问题提出了意见。

5. 11月27日，我校组织了以"深化课堂教学改革，打造优质高效课堂"为主题的面向全市的开放课活动。采用"全面开放"和"重点推荐"

相结合的开课方式，推出了三个年级九门学科共计 59 节课，获得了听课老师的一致好评。

2015 年，示范运作、视导诊断阶段

主要工作是"搭架子建模式"，基本完成高效课堂雏形的构建。

1. 2015 年 1 月，由教科处组织，利用校级公开课时间展示各备课组推荐老师开设的高效课堂模式课。中层正职以上领导，分三个小组，对所有教师进行随机听课，督查高效课堂模式的实施情况。

2. 2015 年 3 月中旬，举办了金太阳集团专家高一学生合作学习指导会，高一、高二教师合作教学报告会。

3—5 月份，还做了校内专项视导和校外课堂展示两件大事。

校内，由教科处牵头，开展高三年级骨干教师高效课堂示范课活动；由督导处牵头，对三个年级的所有文化类学科进行专项视导。

校外，部分骨干教师在金太阳集团的安排下外出展示课堂教学，通过外出锻炼，进一步提升课堂教学能力，为后期课改深入打下基础。

3. 2015 年 9 月最后一次安排大规模的教师学习活动，全校所有没去过昌乐二中的老师前往昌乐二中学习考察。

4. 2015 年 11—12 月，督促各教研组，利用校"求实杯"课堂竞赛预赛，大力推进本组教师听课、评课和合作竞争，有力地促进了高效课堂教学水平的提高。

5. 2016 年 1 月，举办校"求实杯"竞赛决赛，召开全校表彰大会，表彰本期课改过程中的先进备课组和先进个人，编辑优秀课堂教学案例及典型经验材料。

打造学生自主、合作、探究学习的高效课堂模式实施方案

——江苏省响水中学一期课改（试行稿）

一、课堂模式

教师搭台，学生唱戏。

二、活动目标

1. 在老师的培训与指导下，学生学会阅读教材、提出疑惑并通过查阅资料、和同伴讨论、和老师交流中得出问题的解决方案。

2. 初步实现学生在老师的指导和导学案的引导下完成课堂的组织与讲授。

三、活动时间

3个月。

四、理论基础

学习金字塔理论：由学习的金字塔理论可以看出，学生通过听讲、阅读、视听、演示四种形式的学习被称为被动学习，学习内容的平均留存率不足30%，小组间讨论、亲身实践和教授给他人是学生的主动学习，学习内容的平均留存率是50%～90%。其中，留存率最高的即最有效的学习方式就是教授给他人。

五、实施方案

1. 构建班级管理体系

班主任按学生的性别和成绩将学生初步分成8个小组，考虑到性格的原因和学生自愿等因素可做适当的调整（如外向和内向搭配，学生之间的关系等原因）。

小组同学民主选出本小组组长，小组集体讨论制定团队文化，如：组名、口号、组歌等。

班级通过自愿竞选，竞选出班长。具体方法：自愿为全班服务的同学报名，通过演讲等形式向全班同学展示自己的施政纲领，由全班同学投票表决。超过简单半数同学即可当选，如果有多人竞选，所有人均不足半数则实行末位淘汰多轮投票的方式，直到有同学超过半数为止。

班长和八个小组长组成本班行政管理小组。

在不违反中学生守则、中学生日常行为规范及校纪校规的前提下，班长带领小组向全班同学征集班级公约（班规）。

在充分讨论公约条款的基础上，面对全班同学对逐条班规投票表决。超过三分之二票同意的为有效班规，超过半数同意不足三分之二的为待修改班规，修改后再次表决，不足半数同意的班规视为无效班规。

所有的班规通过后，在班级显要位置张榜，要求全班同学签名并按上手印以视为承诺守约。如有违反班规的行为，则可处以为班级或同学服务等社区性质的惩罚。

2.课堂教学的组织与实施

（1）当前背景：现阶段，全国大多数高中在实施学案导学法教学，很多学校取得了比较好的成绩，也有很多学校的学生成绩比预期的效果要差，还有部分学校的实施一段时间后又返回到传统的课堂。

效果比较好的学校的学生自主学习的主动性强，学习习惯好，自主学习的积极性较高。这些习惯的养成得益于老师有效指导。

效果不佳的学校的主要问题也是来自学生的自主学习，要么认为做作业比预学更重要，要么期待老师在课堂上的讲解而不愿意预学，或不知道如何自主学习。

培训学生自主学习的意识和习惯是一期课改中最重要的环节。

（2）任务驱动：即把具体的预学任务交给学生，让学生知道必须做什么、应该做什么等。

（3）上课方式：教师主导下的小组合作学习。

（4）实施要点

① 根据循序渐进的原则，一期课改采用每节课选定一个组学生就一个问题或知识点优先展示本小组的探究结果，其他小组进行反馈互动，教师是合作学习活动的主持人、整个课堂活动的组织者。老师应该组织完成一个完整的高效课堂流程。

注意：这样做的目的不是培训学生做老师，而是培训学生自主学习的意识和习惯，充分体现学生的主体地位，同时积极发挥教师的主导作用，尝试师生间的角色转变、换位思考和有效互动。学习的金字塔理论告诉我们，最有效的学习方式就是"教别人"或者"马上应用"。

② 初级阶段，学生不可能讲得太好，甚至会出现大量的知识性错误，但学生在纠正错误过程中能力提升是很快的。教师的评分标准不能仅限于学生回答内容的对与错，要在培养学生敢于表达自己的思想、见解等方面动脑筋、下功夫，要对敢于暴露出"精彩"错误、典型问题的学生给予激励和表扬，对踊跃回答问题、积极参与互动的小组加分教师态度必须和蔼、亲切、宽容。

③ 小组评价一律按 10 制计分，由任课老师负责打分。

$$小组均分 = \frac{一月总分}{参与次数}$$

④ 任课教师每一节课都要对所参与的小组的活动情况作出评价，所打分数在白板的右侧当堂公布，课后及时记录在册。任课教师按月做好班级小组评价的均分统计，评出当月"明星学习小组"每月评出一个优秀小组予以表扬。班主任负责汇总各学科的小组成绩，每月评出一个综合优秀小组予以表扬。年级部每学期对各班评出的优秀小组予以表彰。

（5）二期课改：学生有了自主学习的意识和习惯后，一定的自学能力与展示能力便会逐渐形成，老师要加强学案的研究，进一步优化导学案和课堂模式，做到"教师搭台、学生唱戏"，老师真正成为导师。

（江苏省响水中学教科处　2014 年 8 月 25 日）

江苏省响水中学联合"金太阳"打造高效课堂实施步骤与时间安排

为进一步贯彻落实《江苏省响水中学联合"金太阳"打造高效课堂可行性报告》中的精神并逐步实现继续推进课堂教学改革，向课堂教学要效益要质量，全面提高我校教育教学质量，并解决课改中存在的问题和不足，逐渐实现优质轻负的高效课堂的目标，拟将具体的实施步骤与时间作如下安排：

（一）准备阶段（2014 年 6 月—8 月）

通过会议进行广泛宣传和发动，为活动开展做好充分的思想准备。学校成立高效课堂实施工作领导小组，拟定符合学校实际的具体实施方案及相关制度规定，采用集中、分组、自学等多种形式，组织全体教师深入学习高效课堂教学理论，正确理解和把握高效课堂教学规律及其基本方法。

（二）启动阶段（2014 年 9 月—12 月）

完成班级"高效课堂"教室、小组文化建设。同时，安装学生学习汇报"展示板"。每位教师都要结合学科特点，对"高效课堂"模式进行初步尝试，本阶段工作的重点与难点是发现问题，解决问题。要求任课教师首先要结合课堂实践进行认真反思、对照、查排、研究对 策与实施补救，然后在教研组会上进行交流，共同研究，确定适合的解决方法。

（三）扩大阶段（2015 年 2 月—7 月）

在初步尝试的基础上，以高一年级年级语、数、外三个学科作为突破口实行高效课堂。骨干教师上好示范课，普通教师上好达标课，问题教师上好过关课。学校高效课堂实施小组不定期进行指导、检查和组织教师观摩其课堂教学。

1. 学校每天召开一次高效课堂业务调度会，实行每天总结本校学科"高效课堂"教学值得肯定的地方及存在的问题、改进意见。

2. 构建"家长、学生、教师高效课堂"体系，做好请学生家长走进"高效课堂"工作。

（四）全面展开（2015年9月—2016年7月）

本阶段目标为：在总结前一阶段高一年级年级语、数、外改革经验的基础上，按照"名师带动、同伴互助、自主发展"的模式，三个年级年级所有学科全面开展高效课堂创建活动，使每位教师明确高效课堂的目标和要求，掌握并运用高效课堂的教学方法和策略，全面提高课堂教学效率。

1. 上好常规课。这是创建高效课堂，提高教学质量的基础和保障。各位老师要结合本校教学条件、师资状况和学生情况，重点搞好常规课的研究，引领教师研究如何上好常规课，如何提高每一节课的效率。教师要深入研读每一课教材，明确每一节课的教学目标和要求，选择科学有效的教学方式和方法，组织引导学生当堂完成学习任务，达成既定目标。

2. 打造精品课。每位教师在本阶段及此后每个学期分别打造2～3节体现先进教学理念、高水平、高效率的精品课，在学校范围内公开执教，以达到互相交流，学习借鉴，共同提高的目的。

3. 强化集体备课研究。在全面推进的过程中，学校要进一步加强集体备课研究，通过集体备课，共同研讨，实现资源共享，智慧共享。

4. 及时反思、总结和提升。教师要坚持写教学反思，及时记录教学中的问题、经验和心得体会，并从理论层面进行分析和阐述。每位教师在本阶段及此后每个学期分别写出1～2篇体现课堂教学改革成果的研究性论文。

（五）总结提升（2016年9月—2017年12月）

本阶段目标为：总结创建活动情况，反思创建活动中出现的问题，认真分析，深入研究，形成促进高效课堂构建的长效机制。

1. 总结反思。学校要分学科召开教师、学生、家长代表等座谈会，认真倾听他们的意见和建议。对于具有推广价值的典型经验和做法予以总结和提升；对于出现的问题，进行深层次研究和探讨，寻找解决问题的方法和策略。

2. 形成长效机制。在总结、反思、研讨的基础上，调整完善实施方案，进一步明确方向和目标，制定出有利于促进教师专业发展，有利于深化高效课堂构建，全面提高教育教学质量的制度和措施，实现高效课堂常态化，并形成创建工作长效机制。

3. 通过"高效课堂"赛、讲活动评出教师课改之星，召开全体教职工大会表彰奖励在"高效课堂"实践中做出较大贡献并取得优秀成绩的教师和班级。

2014 年 7 月 20 日

江苏省响水中学打造高效课堂领导小组成员及分工

组　　长：魏佳兵

副组长：周业虎　时良兵　汪洪亚　张志胜　贾云生　季克高

成　　员：倪锦春　高明华　吴海港　王建祥　陈仕功　顾培文

　　　　　张大春　袁长松　沈从超　卜志明　许利国

职　　责：

魏佳兵　总负责全校打造高效课堂工作。

周业虎　协助校长工作；指导高三年级打造高效课堂的工作。

时良兵　负责在打造高效课堂推进过程中，对各年级部及各教研组、备课组及任课老师的课堂教学情况进行督查、整改与提高。

汪洪亚　负责建立师生评价机制，对考核制度进行增补优化。

张志胜　负责全校打造高效课堂工作的落实和推进；指导高二年级打造高效课堂的工作。

贾云生　负责全校打造高效课堂的后勤保障工作。

季克高　负责对学校"请进来"和"走出去"的相关工作安排；对整个打造高效课堂工作的宣传；指导高一年级打造高效课堂的工作。

倪锦春　做好整个课改过程中的牵头和协调工作；制订课堂模式推进的各项具体工作计划、措施并落实。

高明华　做好打造高效课堂过程中工作落实情况的检查工作，制订课堂模式推进的过程性考核和阶段性考核评价制度。

吴海港　做好打造高效课堂推进过程中的检查与督导工作，促进新模式的入轨与推进。

王建祥　1. 执行学校打造高效课堂的计划，全面负责高一年级的课改工作。

2. 组织对本年级部的教师进行课改指导及培训，督查课改各项工作的落实情况。

3. 指导本年级的班级和小组建设工作，督查各学科导学案的编制、使用情况。

4. 提出有利于课改的合理化建议。

陈仕功　1. 执行学校打造高效课堂的计划，全面负责高二年级的课改工作。

2. 组织对本年级部的教师进行课改指导及培训，督查课改各项工作的落实情况。

3. 指导本年级的班级和小组建设工作，督查各学科导学案的编制、使用情况。

4. 提出有利于课改的合理化建议。

顾培文　1. 执行学校打造高效课堂的计划，全面负责高三年级的课改工作。

2. 组织对本年级部的教师进行课改指导及培训，督查课改各项工作的落实情况。

3. 指导本年级的班级和小组建设工作，督查各学科导学案的编制、使用情况。

4. 提出有利于课改的合理化建议。

张大春　做好校园文化建设和学生宿舍文化建设的创建工作以及各项学生活动的培训与安排。

袁长松　在打造高效课堂推进过程中对所有教学设备使用提供保障。

沈从超　安排做好对学生心理问题的指导；对学生成长过程的培训与指导工作。

卜志明　做好打造高效课堂过程中学生会和团委等学生团体的创建、指导及培训工作。

许利国　做好全校课改各项后勤保障工作。

领导小组下设办公室：

主　任：张志胜（兼）

成　员：倪锦春　高明华　吴海港　王建祥　陈仕功　顾培文

办公室下设课改研究组和课改推进督查组：

课改研究组组长：倪锦春

课改研究组成员：王东方　杨秀润　陈建林　史素君　王加洋

　　黄树林　史成亮　姚　建　李　霞　各学科备课组长

职　责：

1. 调研并撰写《江苏省响水中学打造高效课堂可行性报告》，制定《江苏省响水中学课堂教学模式》及"三年规划"。

2. 组织专家报告会和外地名师示范课，组织好校内研究课和示范课。

3. 组织各类课改培训，特别是导学案的编写、使用及班集体、小组建设等方面培训。

4. 对课改工作进行阶段性总结和提炼，向领导小组提出改进方案以供参考。

课改推进督查组组长：吴海港

课改推进督查组成员：彭贞珍　周仕波　徐广飞　王金宇

职　责：

1. 按照课改总的要求，对三个年级部及个备课组推行课改工作情况进行督查。

2. 每天对课改推行工作进行不定时、高频度检查，并将检查结果汇总上报。

3. 制定教师高效课堂达标细则。

4. 提出有利于课改的建议供领导小组参考。

响水中学——金太阳打造高效课堂活动

日期	午别	内容	时间	学科	地点	班级	牵头人	备注
8月22日	上午	示范课	8：00-9：00	语文	报告厅1	高一（1）	王澜涛	全体语文老师参加
				数学	报告厅2	高一（2）	徐文兵	全体数学老师参加
				英语	合班教室2	高一（3）	姚健	全体英语老师参加
			9：10-10：10	政治	报告厅1	高一（4）	高友朋	全体老政治师参加
				物理	报告厅2	高一（5）	赶方长	全体物理老师参加
				历史	合班教室2	高一（6）	张立伟	全体老师参加
		分科交流	10：20-11：00	语文	报告厅1		王澜涛	全体语文老师参加
				数学	报告厅2		徐文兵	全体数学老师参加
				英语	合班教室2		姚健	全体英语老师参加
				政治	综合楼8楼		高友朋	全体老政治师参加
				物理	综合楼8楼		赶方长	全体物理老师参加
				历史	综合楼8楼		张立伟	全体历史老师参加
	下午	示范课	3：00-4：00	化学	报告厅1	高一（7）	王锟	全体化学老师参加
				生物	报告厅2	高一（8）	陈海军	全体生物老师参加
				地理	合班教室2	高一（9）	林春路	全体地理老师参加
		交流	4：20-5：00	化学	报告厅1		王锟	全体化学老师参加
				生物	报告厅2		陈海军	全体生物老师参加
				地理	合班教室2		林春路	全体地理老师参加
8月23日	上午	讲座	8：30-10：00	学习规划信心	大会堂	高一全体学生	年级主任	高一班主任参加
		班集体建设小组建设观摩	10：20-11：00	小组建设	报告厅1	高一（10）	倪锦春	全体班主任、教研组长、备课组长
	下午	指导教师编写学案和培训教学小组	2：30-3：30	语文	报告厅1	高一（11）	王澜涛	全体语文老师参加
				数学	报告厅2	高一（12）	徐文兵	全体数学老师参加
				物理	合班教室2	高一（13）	方长赶	全体物理老师参加
		培训教学小组预习、讨论、分配任务	3：40-4：40	语文	报告厅1	高一（11）	王澜涛	全体语文老师参加
				数学	报告厅2	高一（12）	徐文兵	全体数学老师参加
				物理	合班教室2	高一（13）	方长赶	全体物理老师参加

日期	午别	内容	时间	学科	地点	班级	牵头人	备注
8月24日	上午	教学小组上课，教师随堂。	8：30-9：30	语文	报告厅1	高一（11）	王澜涛	全体语文老师参加
				数学	报告厅2	高一（12）	徐文兵	全体数学老师参加
				物理	合班教室2	高一（13）	方长赶	全体物理老师参加
		对所上课的课堂诊断与指导	9：40-10：40	语文	报告厅1	高一（11）	王澜涛	全体语文老师参加
				数学	报告厅2	高一（12）	徐文兵	全体数学老师参加
				物理	合班教室2	高一（13）	方长赶	全体物理老师参加
	下午	指导教师编写学案和培训教学小组	2：30-3：30	政治	报告厅1	高一（14）	高友朋	全体政治老师参加
				历史	报告厅2	高一（15）	张立伟	全体历史老师参加
				化学	合班教室2	高一（16）	王锟	全体化学老师参加
		培训教学小组预习、讨论、分配任务	3：40-4：40	政治	报告厅1	高一（14）	高友朋	全体政治老师参加
				历史	报告厅2	高一（15）	张立伟	全体历史老师参加
				化学	合班教室2	高一（16）	王锟	全体化学老师参加
8月25日	上午	教学小组上课，教师随堂	8：30-9：30	政治	报告厅1	高一（14）	高友朋	全体政治老师参加
				历史	报告厅2	高一（15）	张立伟	全体历史老师参加
				化学	合班教室2	高一（16）	王锟	全体化学老师参加
		对所上课的课堂诊断与指导	9：40-10：40	政治	报告厅1	高一（14）	高友朋	全体政治老师参加
				历史	报告厅2	高一（15）	张立伟	全体历史老师参加
				化学	合班教室2	高一（16）	王锟	全体化学老师参加
	下午	总结与反思	2：30-4：00	所有老师	各老师办公室			写好总结材料按组收齐，4：30前交教科处。

（第一阶段工作安排 2014 年 8 月 16 日）

金太阳刘所长来响听课反馈意见整理稿

本次来响水中学共听课六节，分四门学科，以中青年老师为主。本次来听课的主要目的是看看响中的课改推进情况，联系下阶段对外开课相关工作，以及是否可以将我们响水中学的课改成果在更大层面上做推广。为了进一步优化我们在课改中的一些细节问题，发扬优势，克服不足，促进广大教师的迅速发展，现将我这次来听课期间看到的和听到的一些情况小结如下：

一、总体印象

1. 学校对课改的推进工作能按计划有条不紊地进行，具体操作有理有规范，特别是课堂教学方面进步很大。从高一到高三的六节课中，有五节课是按照学校设计的课堂教学五步骤组织教学的，从教学目标的呈现，到最后的检测训练，每一步骤都体现着老师们的精心设计和备课组的统一安排。从前面白板上的小组评价表格，到教室后墙上的各类小组职责分工，不难看出各年级部在不同程度上对小组建设工作的落实情况。从外墙文化的设计，内容的确定与安排，很容易看出各年级对学生的习惯养成和品德培养的重视。

2. 几位老师都有较高的个人教学素养。今天所听的六节课中，大部分老师口齿清楚，语言流畅，课堂教学用语规范。吴之平老师、邵艳红老师课堂上表情丰富，精神饱满，课堂语言富有感染力，对学生循循善诱，注意启发和引导学生积极思维；单春霞老师注重前后知识的联系，对课堂生成问题能及时解决；李春老师声情并茂，将多媒体与学生展示内容科学地结合到一起，引导学生发现问题，从而更好地解决问题；钱波老师课堂教学流程熟悉，特别是对课堂新模式的把握和理解到位，教学组织过程流畅，充分突出学生的主体地位，能把课堂真正变成学堂，完全符合课堂新模式的要求。

3. 方案设计科学实用。查看学校的二期课改方案，我感觉到这份方案在原有的基础上更加实用，更加注重实效。首先，组织机构的成员安排都是课改的直接参与者和领导者。其次，牵头处室和具体承办的年级部各司其职，分工明确，不仅便于上级部门检查和督促，更能使各项工作的安排与落实不出现真空。另外，各项工作的时序安排合理，既有一定的工作缓冲空间，又能做到定人定岗；工作内容既易于操作又便于检查。

二、不足之处

1. 学习小组的功能没有充分发挥出来。具体表现在课堂展示的内容往往是个体的成果而不是小组的智慧。小组代表是否能代表整个小组的所有人的观点和看法。

2. 探究性问题深度不够。（是否值得探究）

3. 课堂学习目标设计不科学。（太大、太空，不具体）

4. 外墙文化内容更新不及时。（时政部分要有新意）

5. 课堂教学任务完不成，时间安排不合理。

6. 教师还是不能放手，讲的嫌多。（三讲三不讲没做好，存在学生讲了老师又讲一遍现象）

7. 教师普通话要加强，教学过程中对突发事件的处理要科学得体。

2015 年 12 月 17 日

江苏省响水中学 2014 赴昌乐二中学习方案

一、时间

2014 年 9 月 14 日下午 1：00 出发。

二、人员

下列 53 人

1. 学校领导（3 人）：周业虎（副校长） 汪洪亚（副校长） 张志胜（副校长）。

2. 处室代表（12 人）：倪锦春（教科处主任） 吴海港（督导处主任） 卜志明（团委书记） 杨秀润（教科副主任） 陈建林（教务处副主任） 孙宝雨（教务处副主任） 王加洋（高一年级副主任） 周仕波（高一年级副主任） 黄树林（高二年级副主任） 徐广飞（高二年级副主任） 沈爱华（政教处副主任） 彭真珍（督导处副主任）。

3. 教研组长（9 人）：王澜涛（语文） 徐文兵（数学） 朱志万（英语） 方长赶（物理） 王锟（化学） 陈海军（生物） 高友朋（政治） 张立伟（历史） 林春路（地理）。

4. 班主任（4 人）：曹亚波 钱波 郑亚军 赵凤路。

5. 备课组长（23 人）：高一：李 霞 白云成 陈新来 王信传 朱虹 赵娜娜 李妍 蒋林仁；高二：董家峰 卞云标 单文明 张维 张学波 李宗来 袁前 邵长坤 殷余堂；高三：朱成兵 孙芳（女） 马兰（女） 殷雄 史素君 邹祝峰。

三、经费

1. 伙食、住宿、参观学习费：许利国主任。

2. 车辆安排：办公室季主席。

四、学习内容

1. 日常管理①学校管理；②年级部管理；③班级管理；④与课程配套辅导课设置。

2. 教育教学。

3. 校园文化建设。

4. 考核方案。

五、学习内容分工

1. 学校领导：①学校办学理念与办学特色；②校园文化建设。

2. 处室代表：①分组合作探究学习"271"具体模式；②考核方案。

3. 年级部代表：①班级行政管理模式；②小组特色建设；③晚自习的安排与管理。

4. 备课组长：①预学案的整合与使用；②收集本学科的预学案和固学案的样板模式；③教师小课题研究；④语文"海量阅读"开展模式。

5. 摄像：①全程拍摄两节不同科目、不同课型（新授课、复习课）的课；②拍摄校园文化特色、班级小组建设特色。

六、日程安排

1. 14日晚到达驻地后，班主任及学校管理人员进入学校查看昌乐二中的自修状况。

2. 15日上午1—3节课全体人员听课，第4节课听二中领导介绍学习小组的创建的相关工作；午饭后乘车回来。

"打造高效课堂"青年教师新课展评工作方案

为了促进青年教师快速成长，使之成为我校提升教育教学质量的生力军，现决定在第17、18周举行高一、高二年级青年教师高效课堂模式展评活动。展评工作分三个组进行。

一、三组成员及工作分工

1. 第一组组长：吴海港

组员：陈建林　王加洋　杨秀润

任务：听数学、化学、政治、历史四门学科计15节课。

数学（5节）高一：姚长城　毛君　董晓斌　梁亮亮；高二：毛继凯

地理（3节）高二：林静　刘加亮　解学文

政治（3节）高一：赵娜娜；高二：陆召娣　董文汇

历史（4节）高一：吴云　黄晓翠；高二：高萍萍、孙国业

2. 第二组组长：王建祥

组员：黄树林　史素君　徐广飞

任务：听语文、生物、地理三门学科计16节课。

语文（7节）高一：李霞　笪亚琴　周跃　刘青青　朱桃红；高二：任青雅　蒋瑶

生物（6节）高一：卜丽萍　朱颖；高二：王丽　时星　曹相月　郑国雁

化学（3节）高一：单玲玲　吴恒青；高二：李英

3. 第三组组长：陈仕功

组员：彭贞珍　周仕波　李霞

任务：听英语、物理两门计14节课。

英语（11节）高一：杨婷　徐云扬　王龙女　卜明娣　严媛；高二：

吴浩然　陈莉莉　张平平　常永兴　李慧敏　季扬

物理（3节）高一：龚财　李铭羽；高二：姜伟

二、工作要求

1.组长负责组内具体工作安排。

2.听课前不得通知上课教师，听课结束要与上课教师交流。

3.每听一节课至少有两人参加，课后及时将记载表交组长。

4.所有听课任务在两周内完成。

5.各小组交一份不少于1000字的小结。

三、总结报道课改研究小组

江苏省响水中学课改领导小组办公室

2014 年 12 月 17 日

注重细节 至臻至善

——一期打造高效课堂目前存在的问题

1.导学案分"预学案""探究案""检测案"三个部分。三个部分必须有明确标题。标题级别符号一定要合乎规范。追求精致。

2.展示前应给一定的时间予以讨论，哪怕是已做好的预习题，应先加加温。

3."学习目标"要写在黑板右边，最好学生集体读一读（以齐读为好），课堂气氛需要预热。

4.展示可以不止一次。"任务栏"必须要有，一定要有。任务分解要明确，保证全员有事做，追求一种饱和学习状态。

5."任务栏"制作要追求精致。一般要有以下几项：①需展示的内容；②展示的组，号；③前板还是后板；④点评的组，号；⑤"展示""点评"要求；⑥台下学生的任务。

注意：展示和点评可采用预先指定和临时指定相结合的方式，以临时指定为主。组，号都一样。要根据题目的难易程度，检测不同类型学生的学习状况，做到胸中有数，以便调整授课方案。一般来说，展示点评人数多好于少，但要根据教学任务而定。就目前状况而言，板上展示应是首要选择，但可以考虑以投影展示辅之。对所有展示者都应有评价。易懂的、从学生反映来看已懂的，可以不点评或由教师一二句话略作肯定或提示，对有一定难度的问题，教师要及时指出存在的问题，即使学生答对了，也应有教师的点评甚至拓展。展示和点评者只代表自己的认知水平，这是极其低效的，不能称之为高效课堂。

6.探究题展示、点评后，提倡有"变式训练"。

7.目前，小组长培训工作普遍不到位，活动中鲜见小组长的影子，这项工作必须要加强。

8.多交流，尤其遇到不懂的问题时。不要自作主张，自以为是，误导教师。

9.应叫得出学生的名字。教会学生点评的方法。

（教科处 2014 年 12 月 17 日）

关于课改相关工作的阶段性汇报

一、前期工作

1. 6月初，我们在金太阳集团第一次来响之后，就结合我校的具体情况，出台了江苏省响水中学联合金太阳打造高效课堂的可行性报告。

2. 暑期，我们请来金太阳集团的专家、老师来我校对课堂模式的改革进行指导和培训。

3. 开学初，我们结合我校实际情况，初步确定了和金太阳联合，打造高效课堂、实施模式改革的步骤和时间安排。

4. 9月初，初步组成响中推进模式改革打造高效课堂的领导机构及分工，出台江苏省响水中学课堂模式改革实施方案（已几番讨论，至今尚未定稿），设计出课堂小组评价表。

5. 9月中旬，和我校同仁一起去昌乐二中参观学习，回来后召开高一高二分管教学的副主任、教研组长、备课组长会议，提出具体要求；落实高一高二年级开设课堂模式改革的样板课（本周正在进行中）。

6. 和金太阳联系，昨天拿到了他们的一些关于小组建设和课堂评价的文稿，目前正在看（小组长培训材料已发给王、黄主任）。

二、近期工作

1. 利用一次全体教师会议，对全体教学人员就小组建设、导学案的编制、课堂结构安排进行理论和实践方面的培训。

2. 编制响中课改的系列材料（备查备用），进一步优化课改方案（目前我们正在梳理头绪，等初步框架弄好，再向校长汇报）。

三、存在问题

1. 教师的备课笔记怎么记？什么样的备课笔记既实用又能便于检查？

2. 集体备课怎么备？特别是预学案的编制怎么办？资料这么多，如何科学合理地整合？集体智慧如何才能真正发挥出来？

3.校级公开课如何开？语数外在合班教室，其他科在教室的话，凳子问题怎么解决？教室的空间受到限制，坐不下人，怎么办？

4.长期坚持新课堂模式，对学生的能力和习惯养成肯定有好处，但短期效应不一定太大，对教师教学成绩的考核方案是否会做微调？

5.学生的班级干部培训、组长培训、学生的整体培训时间如何安排？

6.课程表、晚辅导表、周末值班表如何编排才能保证学生有充分的预学时间，如果有了充分的预学时间，又怎样保证我们的学生能真正投入学习而不浪费宝贵的时间？

江苏省响水中学打造高效课堂一期课改总结

"打造高效课堂,深化教学改革"是我校本学期的重要工作之一,这项工作从准备到一期课改的全面实施历经 5 个月时间,取得了预期的阶段性成果,也暴露出一些需要进一步完善的问题,现在从以下几个方面进行总结:

一、课改进程

1. 2014 年 6 月初,我们请来了金太阳集团专家到我校讲学,初步确立了课改的设想,结合校情,对我校与金太阳教育集团联合打造高效课堂进行了可行性论证。

2. 8 月中下旬,我们利用校本培训时间,请来金太阳集团的专家对我校课堂模式的改革进行指导和培训,并开设观摩课、交流课。

3. 9 月初,我校初步确定了联合金太阳打造高效课堂实施模式改革的步骤和时时序进度,并成立了江苏省响水中学推进课堂模式改革打造高效课堂的领导机构,确定了江苏省响水中学打造高校课堂领导小组成员。领导小组下设办公室,负责课改具体工作,办公室下辖"课改研究组"和"课改推进督查组"两个职能部门,负责确定具体分工和职责,出台课堂模式改革实施方案。

4. 9 月上旬,学校先后两次组织 60 多名学校管理人员和教师到山东昌乐二中参观学习,回来后进行内化吸收,在课改领导小组统一部署下,由各备课组长牵头设计本学科高效课堂样板,由骨干教师在组内开设公开课,教研活动时各备课组对样板课进行认真研讨。课改领导小组在各组研讨的基础上,确定我校打造高效课堂模式五步骤。出台了我校课堂教学导学案的编制方法及使用规定。

5. 9 月下旬,我们请来金太阳集团的专家对班级文化建设和小组建设方案以及课堂评价方案进行了进一步优化。高一、高二年级部出台了辅导课编排方案及相关要求，科学合理地安排了学生高效预学和高效检测的时间。

6. 10月中旬，课改督查组制订了高效课堂督查规定，对高效课堂各个环节作出具体要求，并按照规定进行定期或不定期督查。

7. 10月下旬，高一、高二年级举行"家长开放日"活动，通过活动让家长了解课改进而支持课改，家长们对课改充分肯定并提出了宝贵意见。通过开放活动，我校高效课堂新模式的影响进一步扩大。

8. 11月10日至11日，金太阳教育集团专家来我校进行为期两天的高效课堂过程性指导。专家们听取了我校部分高效课堂模式课，既肯定了成绩，又对我校高效课堂中存在的问题提出了意见。随后专家各开设高效课堂示范课一节。专家们还对我校年级部管理、班级小组建设、导学案编制以及课堂探究等方面提出了合理化的建议。

9. 11月27日，我校组织了以"打造高效课堂，深化教学改革"为主题的对外（全市）开放活动，我校采用"全面开放"和"重点推荐"相结合的开课方式，三个年级九门学科共计推出了59节课，兄弟学校的老师对我校实行的新课堂模式予以充分肯定。

10. 12月上旬（15、16周），我们在高一、高二年级开展高效课堂模式展示课活动，由课改研究组牵头组织，年级部统筹，利用校级公开课时间，由各备课组推荐老师开设高效课堂模式展示课。12月中旬（17、18周），我们在高一、高二年级分别开展高效课堂模式展评课，用两周时间分三个小组对30岁以下青年教师进行全员随机听课，进一步督查高效课堂模式的实施情况。

11. 2015年1月上旬，课改研究小组对高一、高二年级部分备课组进行专题调研，进一步完善高效课堂中的各个细节。

12. 2015年1月中旬，金太阳集团对我校一期课改进行评估，对我校一期课改取得的初步成果给予了充分肯定，并对我校二期课改的推进提出了许多合理化的建议。

二、阶段性成果

1. 确定高效课堂模式五步骤：①呈现目标，导入课题；②小组交流，讨论释疑；③展示成果，探究应用；④师生点评，总结升华；⑤清理过关，当堂检测。

五步骤要求在备课笔记和上课课件上都要有所体现，其中"小组交流，讨论释疑"和"展示成果，探究应用"为重点环节，强调学生学习自主性，坚持"以学生为主体"，以学定教。

2. 制订导学案编制的具体要求和使用规定：文理科采用两种编制方案，导学案大致由"预学案"、"探究案"和"检测案"三部分组成，采用"三案一体"的编制形式，语数外使用 8K 正反面，其他科目使用 16K 正反面。"预学案"分为预学目标、预学内容、问题生成三个环节；"探究案"分为重点学习和难点探究两个环节；"检测案"分为达标检测和归纳反思两个环节。

导学案必须在上课前发到学生手中，先预习后上课，先讨论后答疑，教师在上课前将导学案收上来批阅，并根据学生的问题生成情况调整上课内容。

3. 制订班级小组建设方案：首先确定班级组织管理架构，班级实行班长负责制，各小组实行行政组长负责制，各组设立纪律组长、学习组长、风采组长、劳卫组长、安全组长等。

班级采用"八人围坐"或"六人对坐"等形式（这个由各年级部和班级自行安排），根据性别、性格、学科优势等进行科学分组。

小组文化建设要有个性，每个小组要有奋斗目标、口号、组名、组训等，并制作组牌置于班级学习园地内或小组课桌中间，小组成员共同制订组规，并在平常的实践中不断修订、完善。

小组长培训方面，我们采用年级部、班主任和任课老师共同参与的形式，班主任定期召开小组长会议，任课教师在课前、课中甚至课后对自己的学科小组长进行培训。

4.制订外墙文化建设方案：我们采用年级部统筹和班级个性化设置相结合的方式，由各班级的文化部设计，大致分为"文化天地""学生风采""班级活动""我的梦想"等栏目，要求每月更换一次，由年级部负责督查。

5.学生形成"思考—质疑—讲评"的高效思维模式。

在课前预学、小组讨论、个性点评等环节中，我校学生自主学习、语言表达、质疑辩论、活动安排与组织实施等能力得到了明显提升，课堂上学生经常就某一观点展开激烈辩驳，在思维的碰撞中学生对知识的掌握和拓展自然形成，认知能力和思维能力得到长足的发展。

6.学校形成"学习—实践—反思—提升"课改推进循环链。

课改是一个大课题，我们在学习先进经验的同时，充分发挥我校老师的主观能动性，大家在学习中反思，在实践中探索，一步一步使我校课改方案得以优化，并在做的过程中不断完善。目前高效课堂模式的基本架构已初步形成，正在积极推进各项措施的落实。

三、几点具体做法

1.顶层设计科学合理。课改领导小组从我校的实际情况出发，结合先进学校的成功经验，在班级小组建设和课堂教学改革两大方面设计出了科学合理的改革方案。所有方案的设计都是先征求年级部和备课组的意见，经过多次实践、修改、完善，各主要方案才得以落实并在实际中运用。

2.部门合作及时给力。无论是班级小组建设、导学案编制，还是对外开课、展示课展评课的开展，高效课堂模式的打造都离不开年级部、备课组及我校所有职能部门的通力合作，事实证明，只有全校上下齐心协力，共同探索，我校的课改之路才会走向成功。

3.学习借鉴优化互补。课改初期，我们通过"请进来"和"走出去"，将金太阳集团课程资源和山东昌乐二中、湖北枝江一中、四川北川西苑中学的课改经验结合起来，充分考虑我校校情，制订出了适合我校实际的一期课改方案。学习先进经验的同时，充分发挥我校老师的主观能动性，大家在学习中反思，在实践中探索，一步一步使我校课改方案得以优化。

四、存在的问题

1.目标设置不精准。习目标设置重"知识与技能"，忽视"过程与方法"，缺乏"学法"目标。

2.课堂讨论形式化。学生的讨论流于形式，为讨论而讨论，大部分学生没有在自主学习的基础上进行有效讨论，甚至有人游离于讨论之外。小组长组织作用发挥不力，老师课前对组长的培训不到位。

3.学生点评显粗糙。点评环节大部分学生表现过于拘谨，语言表达缺乏条理，点评补充没有重点。

疑难之处学生点评和教师讲解不能有效融合，课堂生成缺乏质量。

4.高效课堂不常态。大部分老师对高效课堂做不到常态教学，有的学科老师甚至从未实践，故不能形成整体高效科学的高效课堂模式。

2015 年 2 月 1 日

第三节　课改二期行动

本期为入模阶段（2016.02—2019.02），在仿模—建模基础上，突出注重细节研磨和丰富内涵，重点解决新课堂探究时间紧、思维浅，不生动、少生成，细节不够完善，课堂质效不高的问题，打造常态化的"125"新课堂。

2016 年 2 月—2017 年 6 月，重心下移、分层实施、分科打造阶段

1. 2016 年 1 月，主要做好问题诊断、自我剖析两方面工作。各年级部对各学科进行抽样听课调查，对本年级各学科、各类型的高效课堂进行全方位诊断；各年级部将诊断意见进行通报并讨论，各备课组根据年级部的整改意见进行自我剖析整改。

2. 2016 年 3 月，组织年级部之间包括中层干部、备课组长、骨干教师在内的高效课堂模式展评课，并邀请金太阳集团专家来进行现场点评。

3. 2016 年 4 月，和江西金太阳教育集团联合省内其他课改学校，分九个学科对全市四星级高中开展了"同科会课"竞赛活动。

4. 2016 年 7 月 14—19 日，课改领导小组全体成员去江西金太阳教育集团进一步学习考察，为课堂教学改革寻求优化策略。8 月 26—27 日，再次邀请山东昌乐二中领导和老师 8 人，来我校进行课改工作指导。

5. 2016 年 9 月，经我校课改领导小组的广泛调研和集体研讨，集全校老师的智慧，将我校的课改模式正式确定为"125"课堂教学模式，并对其内涵进行了细致分析解读。

6. 2016 年 11—12 月，以学科为单位开展全校大讨论，对我校一期、二期课推进过程中的细节问题进行研究。

7. 2017 年 1 月，组织"求实杯"预决赛，深度检验各年级、各学科课改推进成绩。

2017 年 9 月—2019 年 2 月，深化交流、细致考核、强化常态阶段

1. 组织校内公开课、"求实杯"竞赛课、对盐城市四星级高中开课，

2. 联合"金太阳"集团派教师外出开课等活动促进我校高效课堂改革的完善。检验展示后的学生点评和老师点评应如何处理？独学、对学、群学时机的把握是否合理？探究案有无思维量？希望通过讨论和修正，高效课堂的各个细节问题得到进一步优化。

3. 2017 年 3 月 31 日至 4 月 1 日，在江西金太阳教育科学研究院的组织下，我校钱波、肖敏两位老师赴河南省濮阳市油田二高和濮阳三中各开设两节高效课堂示范课。

4. 2017 年 9 月初，开展观摩课、报告会、演讲等活动对新进教师和高一年级新生进行了"125"课堂模式业务培训。10 月，制订了《江苏省响水中学"125"课堂模式量化考核方案》，分别对有关处室、年级部、备课组长、班主任和全体教学人员就落实"125"课堂模式相关工作情况进行量化考核。

5. 2017 年 11 月，全县校长来响中交流学习和观摩指导。

6. 11 月 5 日，"中国好教育联盟联合体"第三届同题异构教学活动在我校举行，省内 11 所四星级高中的 24 位老师进行了教学大比武，我校师生向来访的专家老师展示"125"课堂的风采。

7. 2017 年 12 月 19—20 日，成功举办盐城市"让学引思"课改现场推进会。

8. 2018 年 3 月，实行全员开门上课，随时接受监督考查。从教务处、督导处、教科处、年级部及备课组多方面开始对每位老师的"125"课堂进行全面考核，重点在课堂，数据每月汇总公示。

9. 2018 年 3 月 24 日，江苏省盐城中学来我校进行教学交流。

10. 2018 年 4 月 10—11 日，江苏省人民教育家培养对象"牵手乡村教育"研训活动在响水中学展开。4 月 20 日，金太阳同题异构教学活动；

江西金太阳教育集团名校研究院院长柏成刚作《核心素养下的高效课堂》专题报告。

11. 2018年9月12日，盐城市第一中学来响中考察交流。

12. 2018年11月5日"中国好教育联盟联合体"第三届同题异构教学活动在我校举行。

13. 2018年12月4日江苏省上冈中学来响中交流。

14. 2018年12月18日我校教师去上冈交流同课异构展示课。

15. 2018年12月14日滨海县獐沟中学来响中交流研讨。

16. 2019年3月12—15日，联合金太阳教育集团细化教学考评细则，深入研究常态化"125"的具体要求和实施方案。

江苏省响水中学打造高效课堂二期方案（2016年春学期）

（讨论稿）

在校党委、校长室、课改领导小组的正确领导下，在各部门及全体师生的共同努力下，我校一期课改已基本实现了阶段性目标，但在课改的推进过程中仍存在诸多细节性问题。为了稳步有效推进我校高效课堂教学改革，解决课改进程中存在的问题，特制订如下方案。

一、指导思想

以教学科研为先导，以课堂为主阵地，以高效课堂模式推进活动为载体，以精细化管理为抓手，以培养学生自我管理、自主学习能力为重点，践行高效课堂新模式，深入探索教学增效的策略、方法和途径，全面提高我校的教育教学质量，为学校发展和学生成长打下良好的基础。

二、基本目标

1. 总体目标

全面推进高效课堂模式，全面提高教学质量，为学生的终身发展奠基。

2. 教师目标

尊重学生主体性，调动学习积极性，全面培养学生自主学习能力；加强教学研究，转变教学方式，学会反思，在不断实践和反思中改进和创新课堂教学方法，全面提高教学效能。

3. 学生目标

学会学习，学会做人，学会生活，发挥特长，提高素质，做课堂的主人，做自我发展与提高的主导者。

三、目前状况

上学期我校围绕"有效教学提高年"这一活动，就高效课堂模式进行了一系列的探索和借鉴，并取得了一定的成效。但是本学期一开学又有部分老师回到了"满堂灌""满堂问"的低效课堂模式，在理解、执行高效课堂新模式的时候，主动性、彻底性还不够，不符合我校高效课堂改革的要求。对学生课前预习的有效性、教案编排的实用性、过程指导的针对性还不够，学生在课堂上参与教学活动的积极性还不够高。

四、健全组织

为加强领导，保证高效课堂推进活动的顺利开展并取得显著成效，特成立响水中学高效课堂推进工作领导小组。

组　长：魏佳兵

副组长：许利国　高明华

成　员：倪锦春　顾培文　王建祥　沈从超　陈建林

五、具体措施

1. 问题诊断

时间：2015 年 11 月、12 月

负责人：许利国　倪锦春　王建祥　顾培文　沈从超

活动内容：各年级部组织中层干部及各科骨干教师两名，联合督导处、教科处，对各学科进行抽样听课调查，对各学科、各类型的高效课堂进行全方位诊断，并将问题汇总，为下一阶段的问题整改提供实践依据。

2. 自我剖析

时间：2016 年 1 月

负责人：各备课组长

活动内容：各年级部召开备课组长会议，将上一阶段的诊断意见进行通报并讨论，各备课组根据年级部的整改意见进行自我剖析整改，组织一个星期的组内听课，相互学习，共同进步。

3. 示范引领

时间：2015 年 2 月

负责人：许利国 王建祥 顾培文

活动内容：各年级部组织中层以上干部、备课组长、骨干教师以高效课堂模式开设示范课，备课组全体教师进行听课、评课，邀请金太阳集团专家来我校进行跟踪督查和评估。

4. 全面推进

1）外墙文化评比

时间：2016 年 2 月

负责人：许利国　王建祥　顾培文

活动内容：由教务处、督导处、教科处牵头，对全校各班级的内外墙布置进行评比，按年级评出一、二、三等奖若干名，并给予奖励。

2）导学案归类整理

时间：2016 年 3 月

负责人：陈建林　倪锦春　沈从超

活动内容：以课堂教学"五步骤"为基础，各备课组进行讨论研究，在原导学案的模板上设计出不同学科、不同课型的导学案模式，再由教科处进行归类，初步形成一套完整的符合我校具体情况的导学案样板。

3）教学沙龙 理论提升

时间：2016 年 4 月

负责人：陈建林　倪锦春　沈从超

举办以提高课堂教学效益为主题的教学小论文评比，各组进行课堂模式改变过程中的小课题研究，利用教研活动时间各教研组进行经验交流、骨干教师畅谈教学心得、教育感悟等活动，在理论上进一步指导高效课堂模式的实施。

4）校"求实杯"竞赛

时间：2016 年 5 月

负责人：高明华　倪锦春　陈建林

活动内容：结合往年的经验，继续举办"求实杯"竞赛，以推广和促进我校的新的课堂教学模式。评出一、二、三等奖各若干名，颁发奖金和证书。全体教师通过观摩、点评再学习、再提高，为下一阶段课堂教学改革的全面实施打好基础。

5）活动总结

时间：2016年7月

负责人：许利国　高明华　倪锦春　陈建林　沈从超

活动内容：召开全校总结表彰大会，表彰二期课改推进过程中的先进备课组和先进个人，编辑优秀课堂教学案例及典型经验材料。

江苏省响水中学课改领导小组

2015年12月

江苏省响水中学二期课改活动安排表

时间		活动内容	负责人
3月	中旬	金太阳集团专家高一学生合作学习指导会	张志胜、倪锦春
		金太阳集团专家高一、高二教师合作教学报告会	张志胜、倪锦春
	下旬	高一年级语数外学科专项视导	吴海港、王建祥
		校内骨干教师高效课堂示范课	倪锦春
		骨干教师外出锻炼	张志胜
4月	全月	校内骨干教师高效课堂示范课	倪锦春
	中旬	金太阳集团与响中联手探讨各种课型高效课堂模式（一）	倪锦春
		骨干教师外出学习锻炼	张志胜、倪锦春
		高一年级理化生学科专项视导	吴海港、王建祥
	下旬	高二年级语数外学科专项视导	吴海港、陈仕功
5月	全月	校内骨干教师高效课堂示范课	倪锦春
	上旬	金太阳集团与响中联手探讨各种课型高效课堂模式（二）	倪锦春
		高一年级政史地学科专项视导	吴海港、王建祥

时间		活动内容	负责人
5月	中旬	高二年级理化生学科专项视导	吴海港、陈仕功
		组织参加金太阳大型活动	张志胜
	下旬	邀请知名专家来校作报告	张志胜
		高二年级政史地学科专项视导	吴海港、陈仕功
6月	全月	校内骨干教师高效课堂示范课	倪锦春
	中旬	金太阳集团与响中联手探讨各种课型高效课堂模式（三）	倪锦春
	下旬	对高一、高二高效课堂及小组建构总结性视导	吴海港、王建祥、陈仕功
7月	上旬	总结二期课改得失	倪锦春
		制订三期课改方案	倪锦春

江苏省响水中学 2016—2018 年教育教学质量提升三年行动计划

根据市、县普通高中教育教学质量提升三年行动计划和配套实施方案，结合我校当前实际和今后进一步发展的需要，特制订江苏省响水中学教育教学质量提升三年行动计划。

一、指导思想

以科学发展观为指导，全面贯彻党的教育方针，以大面积提高教育教学质量和全面提升学生综合素质为目标，以深入推进课堂教学改革为突破口，以优化教育资源和教师队伍、强化目标管理和过程管理、深化课程改革和教育科研为基本策略和主要抓手，加强学校内涵建设，推进学校特色发展，整体提高学校发展水平和办学品位，促进学校各项事业持续、协调、健康发展。

二、工作目标

通过三年教育教学质量提升行动，把我校办成理念先进、管理科学、内涵丰富、质量上乘、特色鲜明的江苏省四星级高中。

1.高质量通过四星级高中复审。2015 年，我校将把迎接四星级高中复审工作作为促进学校发展的头等大事。力求在"完善办学条件，规范办学行为；提升教师素养，促进专业发展；追求精致管理，深化校风育人；推进评价改革，创新激励机制；追求特色发展，提升办学品位"等方面有新的突破，确保高质量通过四星级高中复审，实现"迎评促建，迎评促改"的目的。

2.特色建设成效显著。大力推进教育特色化建设，满足不同潜质和兴趣爱好学生的发展需要，不同层次学生实现错位发展、特色发展。进一步丰富"学习自主、生活自理、道德自律、精神自强"的"四自"教育内涵，拓展"四自"教育外延，提升学生素质和品质，为学生的终身发展奠基。到 2017 年，建成在市内外具有一定影响的省级语文课程基地。

3. 质量管理机制逐步完善。健全和完善学校教学质量监测机制、评价反馈机制和考核激励机制，强化学科教学质量评估，深化课程改革，加大课程实施和管理力度，加强校长教师队伍建设，全面提升校长管理素质和教师专业水平。到 2017 年，学校在内涵发展、文化建设、特色塑造等方面在全市进位争先。

4. 教育教学质量稳步上升。通过薄弱学科"改薄"攻坚，学校学科教学均衡化取得一定成效。坚持三个年级一起抓，高一年级将基础知识和基本原理讲解、训练到位，夯实基础，抓好习惯养成；高二年级注重方法指导，训练学生灵活应用知识的能力，学业水平测试合格率达100%，得 A 率逐年提高；高三年级强化综合思维品质的训练。高考本一、本二、本三上线率逐年递增。力争到 2017 年，高考本一上线率达到18%，本二上线率达到 50%，本三上线率达到 85%，学校教育教学质量在全市四星级高中（中）进位争先。

三、工作原则

1. 统筹规划，整体推进。按照市普通高中教育教学质量提升目标任务及考核评价方案，制订学校目标任务分解表和实施配套方案，确定具体实施路径和推进措施；各部门根据行动计划及相关配套实施方案明确职责和工作重点，制订部门工作计划，协同推进计划的实施。

2. 积极探索，创新机制。完善学校教育管理体制，积极推进（课）课程改革和课堂教学改革，努力探索科学内涵发展之路，创新特色体制。以改革促发展，以创新求突破。

3. 目标引领，分步实施。制定学校教育教学质量提升的总体目标、各部门管理目标和质量指标，把握工作重点，抓住关键环节，分步实施行动计划，确保预定目标和行动计划落到实处。

四、工作重点

（一）学校建设升级行动

1. 主要任务

（1）科学规划，推进学校的可持续发展。从学校发展的实际出发，研究制定科学、务实的学校近、远期发展规划。不断加大投入力度，改善办学条件，提升教育教学装备水平，推动学校从标准化建设向现代化、信息化建设转变。以教育信息化引领教育现代化，优化校园网络资源环境和软件平台建设；充分利用教育资源，建设内容丰富的学习素材、教学课件、网络课程等数字化学习资源网络，实现网上资源共享，形成完善的信息化教育设施体系。

（2）突出重点，高质量通过四星级高中复审。学校要按照四星级高中 A 级指标上报复审材料。对照复审文件要求，认真查找差距和不足，积极解决发展过程中面临的困难和问题。加快通用技术实验室、风雨操场项目和语文课程基地场馆建设，加快"文萃苑"等校园文化景观建设，建立和完善与课改相配套的各项制度，做好迎接复审现场验收的相关准备工作。

（3）提升品位，着力打造"四自"教育特色。

在"四自"教育特色打造上，要从学校文化建设、教学方式改革、育人模式建构、学生活动设计、校本课程开发、创新人才培养等方面统筹规划，积极营造教育氛围，全面落实具体措施，逐步完善运行机制，切实加强策略研究，丰富"四自"教育内涵，拓展"四自"教育外延，培养阳光全面学生。

2. 实施步骤

（1）制定规划。2015 年 3 月，在认真学习、积极开展调研、广泛征求意见和充分研讨论证的基础上，学校初步制订出符合本校校情、切实可行的"学校建设升级行动实施方案"，分解落实到年度，分解落实到部门和人头。

（2）组织实施。2015年4月开始至2017年底，根据学校建设升级行动方案，有目的、分步骤组织实施。把四星级高中复审、推进"四自"教育特色建设等工作渗透到学校工作的各个方面，最终形成独特而有影响力和感染力的校园文化，推动学校整体办学水平的提高和办学品位的提升。

（3）总结提高。每年年底，学校对建设升级行动的情况进行阶段性总结。

（二）课程结构优化行动

1. 主要任务

（1）规范实施三级课程。从2015年秋学期开始，每学年开学前课程设置、课时安排需经县教育主管部门审核同意后在校、县教育网站上公示，自觉接受家长和社会监督。校本教材建设要严格遵守《盐城市校本教材建设规范》。以教材建设引领，加强校本课程的研究，提高校本选修课程与学校、教师和学生的切合度。

（2）深入推进学科改薄攻坚工作。一是加强薄弱课程建设：①要重视体育、艺术、信息、通用技术等必修课程的建设；②要加强学生研究性学习的课题指导；③要加快研发一定数量、较高质量的校本教材，开设丰富多彩的校本课程，使学生在校三年选修2门以上校本课程，且高一、高二年级分别不少于1门；④要全面提高实验开设率。演示实验开设率不低于95%，学生分组实验开设率确保达到100%。二是有效推进改薄攻坚工作：①学校课改工作领导小组要认真分析和研究各学科教学中存在的突出问题，明确三年内各学科教学改革的主攻方向，并制订解决问题的具体方法、步骤和措施；②各学科教研组、学科中心组要精心策划并组织好全校各学科教研活动，保证学科教研活动扎实有效；③建立学科改薄制度，把薄弱学科改造取得明显成效的教研组确定为样本组，在全校范围内推广他们的成功经验。三是发挥示范辐射作用，为县内薄弱学校在课堂教学和校本教研等方面给予引领和指导。

（3）全力推进语文课程基地建设。2015年6月前，基本完成语文课程基地基础设施建设，其他配套实施建设同步跟进。语文课程基地基本完成后，力求做到"教师教研在基地，学生成长在基地"。要充分发挥和放大课程基地的引领、示范和辐射作用，不仅要对本校学生开放，也要尽可能为县内其他学校教师和学生的语文素养提升服务。

（4）加强"双语"阅读推进工作。目前，学校图书馆已参照市教育局下发的《盐城市加强中小学语文和英语课外阅读指导意见》（盐教教科院〔2010〕11号）中推荐的书目配足图书，确保每个学生每学期阅读语文、英语课外读物不少于2本。高中三个年级均已开设了阅读指导课，语文每周2节，英语每周1节。"双语"教师要切实加强课外阅读指导，让学生想读、会读、能读，重点培养学生对经典名篇阅读赏析的能力。学校要利用"灌河文学社""英语角"等学生社团，利用图书馆、阅览室、语文课程基地功能厅等场馆，为学生提供阅读、写作、交流的舞台。每学年都要扎实开展读书竞赛活动，激发学生阅读兴趣，增强学生阅读能力，确保学生课外阅读计划得到有效落实。

2. 实施步骤

（1）落实规范。2015年3月，学校对本校课程开设情况进行总结反思，对照国家、省、市、县教育主管部门的有关要求，排查课程建设方面存在的不足，找出课程实施过程中遇到的困惑。2015年4月，组织学习市教科院印发《盐城市校本教材建设规范》。2015年6月，在全市普通高中课程建设与管理研讨会后，针对课程建设与管理中存在的突出问题积极寻求对策，制订课程设置与管理改进方案并上报。2015年秋学期按照制订的新课程方案设置课程，开展教学活动。

（2）调整提高。2015年秋学期和2016年春学期为课程结构优化试验阶段。要贯彻落实市、县教育局提出的相关要求，严格按照本校课程方案开展研究，总结薄弱课程建设的新经验，及时研究并解决课程建设与管理过程中遇到的新问题。2016年7月申报全市普通高中课程建设先进学校。

（3）全面升级。2016年9—11月，迎接市对课程建设先进学校调研。同时，参加市组织的学习考察活动，根据先进地区课程改革的经验，调整应对新高考改革的思路，为迎接新高考模式的实施做好相应的准备。到2017年底，全面达成《江苏省响水中学教育教学质量提升三年行动计划》提出的课程结构优化的整体要求。

（三）高效课堂打造行动

1. 主要任务

（1）全面提升常态课质量。学校要全面落实"教学五认真"要求，确保学生有足够的自主学习和训练时间，坚决克服"满堂讲、满堂问"的不良倾向。不同科类班级、不同层次班级必须采用不同的教学方案和训练资料。要有效利用现代信息技术手段辅助教学，提高课堂学习效率。要依据《盐城市课堂教学评价标准》提出的要求，对本校所有教师每年进行一次课堂教学达标考核，对不达标的教师要组织培训，促进其教学行为迅速改变。

（2）扎实开展"五步骤"课堂教学模式研究。继续与江西金太阳教育集团合作，积极探索"以探究为中心，以问题为主线，以活动为主轴"的课堂教学改革，努力打造具有响中特色的（的）"五步骤"高效课堂模式（展示课标，导入课题；小组交流，讨论释疑；展示成果，探究应用；师生点评，总结升华；清理过关，当堂检测），力争到2017年我校课改在市内外有一定影响。力争在市级以上课堂教学比赛中获一等奖的人数，在全市有新位次。要充分发挥名师工作室、学科教研组、学科中心组的作用，调动骨干教师力量，精心打磨"五步骤"课堂教学模式精品课，定期组织对全市教学开放活动，力争有更多教师"走出去"上展示课。

（3）科学调控学生作业数量和质量。严格控制高考科目教学课时和学生课外练习数量，把学习的主动权真正交给学生。一要调整高三语文、数学、英语的周课时数，让出更多的时间由学生自觉反思、自我整理和自主领悟。二要根据班级学生的差异，设计有针对性、分梯度、分层次的作业。科学安排学生的练习时间，做到适时、适量、适度。三要合理安排检测，控制考试次数。四要完善符合本校学生学情实际的自编导学案，做好教学资料的年级传承，通过三年努力，形成更加系统的具有学校特色的校本教学资料库。

2. 实施步骤

（1）明确主攻方向。2015 年 3 月，学校对本校课堂教学情况进行总结反思，排查课堂教学方面存在的无效或低效表现，分析梳理问题成因，形成深入推进课堂教学改革的思路和方案。2015 年 7 月，组织全体教师学习《盐城市普通高中课堂教学常态课达标要求》。2015 年 8 月，组织各类课题上报。2015 年 9 月，上报我校"五步骤"课堂教学模式改革方案。同时，积极开展（此处空格删去）以"五步骤"课堂教学模式研究为载体的校本研训活动，构建校、职能处室、教研组三级联动机制，围绕课堂教学改革中存在的突出问题，明确研究主题，组织骨干教师集体攻关，每月组织一次，每次围绕一个重点开展研究，真正发现并解决具体的教学问题，促进教师改进教学行为。相关职能处室要加大对学科教师基本功培训力度，扎实做好优质课和基本功参赛选手的选拔和培训工作。

（2）完善监控体系。自 2015 年 9 月开始，进一步完善教学质量监控体系。高中三年几个重要关口学校将组织进行质量抽测。每年开展两次教学视导工作，及时发现并纠正课堂教学中存在的偏差。每年开展一次教学管理提升月，每年开展一次课堂教学达标情况调研、分析和汇总工作，每年组织一次课堂教学改革和教学管理工作经验交流会，及时总结和推广先进经验和典型做法。

（3）总结提炼经验。2017 年 9—11 月，学校对"五步骤"课堂教学模式形成总结性材料。全面梳理总结三年行动计划实施后全校课堂教学改革取得的经验，形成指导新一轮教育教学改革的意见和建议。

（四）校长教师队伍建设行动

1. 主要任务

（1）教师队伍总量满足发展需要。向上争取教师编制，增加教师总量，逐步降低生师比，配齐配足紧缺学科和薄弱学科教师，适应推行标准化教学和基本实现教育现代化的需要。

（2）教师职业道德素养明显提升。严格遵守《中小学教师职业道德规范》的自觉性不断提高，依法执教，善于从教，学生、家长和社会的满意度明显提高。

（3）教师队伍学历层次明显提高。至2015年，全校专任教师学历达标率100%。其中具有研究生学历或学位、在读研究生（硕士）、有研究生课程班学习经历的教师比例2015年达30人，占比10%；2016年达40人，占比14%；2017年达50人，占比18%。

（4）教师执教能力普遍提高。教师参与专业发展培训和终身学习的自觉性显著增强，专业意识、专业知识和专业技能得到普遍提升，执教能力和水平普遍适应教育现代化和实施素质教育要求。2015—2017年教师参加教学基本功培训与考核，合格率均达100%，优秀率达15%以上。

（5）骨干教师数量不断增加。市教学能手以上骨干教师2015年达到50人，占比18%；2016年达到55人，占比19%；2017年达到60人，占比20%。

2. 实施步骤

（1）建立运行机制。2015年3月，组织学习，宣传发动。职能部门要结合学校实际，制订和完善《校长教师队伍建设行动》实施方案及配套工程建设方案。同时，致力于打造幸福优秀教师团队，要建立"校长教师队伍升级行动"的统筹协调机制、过程监控机制、评价激励机制，保证教师队伍建设持续、协调、高效。

（2）强化有效落实。落实"卓越校长培养工程"，提升学校管理水平。校级班子成员要加强思想政治建设，带头开设公开课和专题讲座，与高三年级对应班级挂钩，（经常）深入教学一线，带头开展教育科研，每个成员每学期听课不少于40节，每年人均在市级以上刊物上发表管理类或学科类研究论文不少于1篇。开展"师德师魂工程"，提升教师队伍形象。学校定期评选学校师德建设先进典型，充分利用橱窗、宣传栏、校报校刊、校园电视台、校园广播、校园网等宣传优秀教师先进事迹，对违反师德行为实行"一票否决"。推进"双提工程"，提升教师队伍整体素质。2015年全校专任教师的学历全部达标，2017年，全校专任教师中具有研究生学历（学位）的教师比例力争达到18%。④深化"三名工程"，培养壮大骨干教师队伍。到2017年，力争在全校普通高中教师中，培养正高级教师1名、省特级教师1名、市名教师2名、市学科带头人3名、市教学能手5名。实施"青蓝工程"，促进青年教师快速健康成长。启动新一轮"青蓝工程"，组建一支以骨干教师为主的导师队伍，明确导师的职责和徒弟的具体要求，定期考核与指导。通过公开课、汇报课、教学比赛等活动，提升青年教师课堂教学能力。通过班主任基本功竞赛、班主任沙龙等形式，提升青年教师学生管理能力；通过课件制作、命题竞赛、论文评比、课题研究等，提升青年教师的教科研能力。

（3）反思总结提升。从2015年3月开始，确定教师队伍建设课题研究方向。每学期参加2次以上的县内校际研训活动，组织骨干教师送教下乡。每学年学科教师参加县级以上集中研训不少于1次，每次研训不少于20学时。学校从校长教师队伍的素质、能力和水平等方面全面总结，为下一阶段校长、教师队伍建设提供有益的借鉴和指导。

五、保障措施

学校三年教育教学质量提升行动计划是一个系统工程，为确保规划的前瞻性、科学性、可操作性，学校将广泛征求各方面意见，形成共识后将按年度分步实施。为此设立以下保障条款：

（一）加强组织领导

1.成立组织机构

组　长：魏佳兵

副组长：周业虎　时良兵　汪洪亚　张志胜　贾云生　季克高

成　员：高明华　倪锦春　吴海港　袁长松　张大春　卜志明

　　　　沈从超　许利国　王建祥　陈仕功　顾培文

领导小组定期开会，充分发挥组织、指导、协调和服务作用；利用校报、校刊、校园网、校园电视台、教师沙龙等，采取多种形式加强宣传，树立正确的教育观、人才观和质量观，努力营造关心教育共谋发展的良好氛围，形成共识，推动教育教学又好又快发展。

分工落实责任（详见工作安排表）

（二）加大投入保障

1.积极争取政府以及财政部门的支持，让有限的资金用于学校的建设和发展上来，使领导的精力转变到抓学校管理和质量提升上。

2.积极争取政府投入，主要用于教学设备的更新与维护和课程开发、文化建设、教师培训等，增强教育发展的活力，进一步促进学校可持续发展。

3.每年用足用好"江苏省响水中学师生奖励基金"，充分调动广大教师的工作积极性。对特级教师、市"三名工程"培养对象、市学科带头人和教学能手、县学科带头人等骨干教师，学校力争每学年按设定岗位考核发放一定的奖励资金。进一步完善"小高考"、高考奖励方案，注重教学过程与教学结果的考核，及时兑现。

（三）提升队伍素质

积极探索教师合理流动机制，让优秀教师进得来，不合格教师及时出。在职称、评优上向一线骨干教师倾斜。学校职能处室、年级部要根据工作需要有计划、有步骤地对教师队伍、教研组长、备课组长、班主任队伍进行培养与培训。

1. 率先垂范提升领导力。校级班子成员要坚持自我研修，积极参加市级以上的培训，更新教育理念，明确办学目标，不断提高在实施新课程方案、学校文化建设、特色办学等方面的理论水平和实践能力。

2. 师德引领凝聚正能量。深入开展职业理想教育，积极宣传师德典范，弘扬立德树人、爱岗敬业、无私奉献精神，营造尊师重教的舆论氛围。严肃处理有偿家教、体罚学生等行为，实行"一票否决"制。

3. 专业发展提高战斗力。加强业务学习，促进教师转变教学理念，提高素养。教师每年要订阅1本专业杂志，每学年阅读2本以上教育教学理念专著。通过专题讲座、教研沙龙、论文评比等多种方式，积极参加教育教学研讨活动。教师每人每学年在市级以上专业报刊发表教学论文1篇以上，每个教研组每学期举办专题教研沙龙（至少在）2次以上，学校每学期组织学术专题讲座3次以上。学校每年定期组织教学比武、基本功大赛。全体教师，特别是中青年教师要积极参加县级以上优课竞赛和教学基本功大赛。

（四）完善评价机制

（1）积极探索学生学业水平立体评价机制，综合评价学生的学业质量，跟踪分析年级管理和教学现状。把过程评估和终结评估、单项评估和综合评估、定量评估和定性评估有机结合起来。

（2）完善教师绩效考核机制，增强激励措施。继续坚持"公平公开，多劳多酬，优劳优酬，责重多酬"原则，进一步完善绩效考核制度，对教师教学工作、班级管理、教科研工作等进行量化考评。进一步完善教育教学质量过程性和终极性奖励方案，并将教育教学绩效与职称评聘、评优、晋升等挂钩，将教师个体的教学业绩与教研组和班集体建设的成果进行捆绑考核，促进教师与团队一起进步，与学校共同发展。

2015 年 4 月 17 日

江苏省响水中学联合当代好课堂打造"125"课堂教学模式行动方案

为了积极响应我县教育"接轨上海"的号召，全面推进我校课堂教学改革，优化教学策略，进一步提高我校教育教学质量，为响水教育提供更优质的服务，努力实现我校高考成绩在"名校"和"本科数"上的双突破。

一、指导思想

针对我校课堂教学模式的特点和近几年来在打造"125"课堂教学模式过程中取得的成绩和存在的不足，实行课改重心向年级部的转移，以及课改重点侧重于"学习小组的科学建设与运行、导学案的合理编制和使用、示范班组和示范课堂建设、管理与评价体系的完善、加强二级分层教学的研究与实施"这五大模块上，设计时间为三年，反复打磨，逐步提升。争取在三年时间内，走出一条真正适合我校校情的能大面积提高学生学习能力的路子；基本构建起遵循学生身心发展规律，体现学生自主学习、合作学习、探究学习、知能并进、乐学善学的鲜活课堂；造就一批有思想、有能力、有学识、具有独特教学风格的综合素质较强的名教师，真正达到促进师生共同发展的目标。

二、基本目标

1.总体目标：全力推进课堂模式打造，全面提高教学质量，为促进师生共同发展奠基。

2.教师目标：彻底改变教学理念，正确处理好导和教的关系；课堂上要善让会引，尊重学生主体性，调动其学习积极性，全面培养学生自主学习、合作学习能力；加强教学研究，转变教学方式，学会反思，在不断实践和反思中善用、巧用"125高效课堂教学模式"，在学校"建模"、老师"入模"的基础上，培养各学科能够"出模"的标杆教师，全面提高教学效能。

3.学生目标：学会学习，学会做人，学会生活，在自学中成长，在合作中提高，发挥特长，提高素质，做课堂的主人，做自我发展与提高的主导者。

三、建立组织

为加强领导，保证"125高效课堂教学模式"推进活动的顺利开展并取得显著成效，成立江苏省响水中学课改工作领导小组。

组　长：魏佳兵

副组长：贾云生　高明华　王建祥

成　员：刘锦兵　史素君　彭贞珍　卜志明　徐广飞　倪锦春

设江苏省响水中学课改办公室

主　任：倪锦春（兼）

四、职责与分工

（一）课改领导小组职责

1.展示课改决心，确保思想统一，政令畅通；

2.营造课改氛围，把握课改方向，进行课改决策；

3.为课改经费和物资提供保障；

4.不断吸取意见和建议，优化顶层设计。

（二）课改办公室（牵头处室：教科处　负责人：倪锦春）职责

1.制订与课改技术指导相关的方案、标准和制度；

2.组织各类有利于课改推进的研究和培训；

3.组织指导校内利于课改推进的各类示范课堂、示范班级的建设；

4.对课改所取得的经验和教训进行汇总和提炼，分阶段提出有利于课改的优化方案供领导小组议定；

5.联系文化类学科教研组长、备课组长做好以下工作

（1）对本学科课改的推进明确目标并履行相关职责；

（2）对本学科导学案的编制和使用进行质量把关，做到分层设计，

合理使用；

（3）组织本组的教研活动，对本学科教师进行课改指导及培训；

（4）建立本学科的样板课堂，对本学科教师进行课改示范；

（5）提出有利于课改的合理化建议。

（三）其他成员所在处室职责

教务处（负责人：刘锦兵）职责：

（1）**完善有利于课改推进的阶段性考核方案及终端评价体系并组织**实施；

（2）负责落实领导小组关于课改的相关决策，并检查课改的推进效果；

（3）对各学科课改推行情况进行不定期检查，并将检查结果汇总考核；

（4）协调各部门有关课改的所有事务，并对各部门推行课改的效果和力度进行评价；

（5）联系备课组，建立每位老师的课改推进评价档案，根据各部门汇总检查情况作详细记载。

督导处（负责人：史素君）职责：

（1）制定并执行有关制度，养成学生良好的行为习惯，对学生的行为习惯进行检查通报（结合到班级）；

（2）制定并执行班级和小组建设制度，对班主任和班级、小组进行培训指导；

（3）坚持每周对各班执行小组评价和学生综合素质评价情况进行考核，并及时汇总通报；

（4）组织校内宣传，营造积极向上的课改氛围；

（5）按课改总的要求对各学科、各部门推行课改情况进行校内视导。

各年级部（负责人：彭贞珍、卜志明、徐广飞）按学校总的要求落实推进本年级课改工作。

五、工作要点及主要措施

（一）落实学习培训，明确课改要求

1. 组织全体教师学习新课程下的学生观、学习观、教师观、评价观和高效课堂基本思想和理念。

2. 组织学习学校"125"课堂教学模式、课堂评价标准、导学案编制及使用规程、班级和小组建设方案等一系列方案制度并组织合格考试。

3. 以"课改推进教师专业成长规划"为主线索，及时、定期开展有针对性的培训，采用请进来、走出去的方式，对骨干教师进行课改理念、操作方式等方面的提升学习。

（二）保证教研时间，提升学科教研时段的有效性

1. 坚持各学科每周三、周四晚固定的教研时间，要求各学科教研组长严格按计划行事，每次教研时段有计划有内容有成效，学科内力求每周教研时间组织相互听、评课，研讨下周导学案编制和使用策略。

2. 教务、教科处加大对各教师听课学习、教研活动的落实检查力度。

（三）规范课堂教学操作

1. 由教科处牵头，结合各年级特点，高一年级组织好示范课、观摩课以及年青老师过关课；高二、高三组织建立样板班级和样板课堂，分学科安排好小组听课；学校层面组织好校级公开课；

2. 坚持并落实学科内课改青蓝结对制度，要明确双方的责任和义务，期末由教科处对青蓝结对情况进行检查验收；

3. 由教科处将《"江苏省响水中学"125"课堂教学模式"解读》印发到所有学科老师手中，并要求将其贴在备课笔记首页；要求逢会必谈课改，逢课必用模式，宣传发动与强势推进并行。

（四）强化课改推进的过程管理

1. 根据导学案编制及使用规程的要求，各学科务必提前一周做好导学案的编制及审阅工作，必须做到分层到位，严禁千篇一律，教务处每

周都应有相应的检查通报。

2.课改领导小组成员每天按制定的课堂评价标准，采用推门听课的方式对各学科教师落实课改情况进行检查，并作详细记载，每周由教科处汇总并进行情况通报。

3.每天的值班领导要对课堂情况有专项纪录，由校长办公室每周进行汇总，并由分管领导在周前会上进行通报。

（五）严格考核评价制度

1.根据领导小组所确定的全面、全员、全程的基本课改推进原则，建立每位教师的课改推进评价档案。

2.研究并制定出教师评优评模、个人绩效、评职晋级与课改推进挂钩的最佳方式，坚持过程评价与终端评价相结合，鼓励全体教师全面积极投入课改。

3.各相应职能处室根据本处室推进课改的考核评价办法，对备课组长、班主任、学科老师进行全方位考核，每周一汇总，每月一累计，由教科处对全校教师（上课教师）情况进行通报并予以一定的经济奖励。

六、推进好课堂实施计划

（一）学习动员阶段（8—9月）

1.组织管理成立推进"125"课堂教学模式领导小组，制定学校推进"125"课堂教学模式相关制度。

2.学习动员组织全校教师参加校内外培训，学习课改的有关思想理念和系列方案制度，统一思想，坚定信心，鼓励教师大胆尝试，勇于探索，在我校前阶段的课改基础上，积极投入推进"125"课堂教学模式实践中去。

3.外出考察请县教师发展中心牵头，组织骨干教师参与课改论坛会议，到课改成功学校学习、观摩、考察，吸取经验，总结反思，坚定信念，落实行动。

4.专家示范聘请课改方面的专家和优秀教师上示范课，通过课堂展示让广大教师直观了解"125"课堂教学模式的教学环节、组织形式、教师学生的角色变化等，感受课改后的新的课堂教学模式的魅力。

5.指导培训充分利用外来资源，聘请当代好课堂等优秀的课改机构对全体教师进行培训，使教师领会"125"课堂教学模式的本质与实效，提升教师理论水平。同时，尽量能做到聘请专家进驻学校，从操作层面进行课堂环节的指导，如导学案的编制、小组建设、课堂形态等，使教师明确"125"课堂教学模式的基本教学步骤。

6.实施准备做好硬件和软件的准备工作。硬件包括教室内黑板、信息化设备、印刷设备等。软件包括优秀的校园文化和班组文化建设、内外墙布置、对教师思想统一的引领、对学习小组的培训、各项制度的建立、指导专家的保障、家长和学生的动员等。

（二）全面实施阶段（10—12月）

1.专家指导利用好各种资源和平台，邀请专家根据我们学校实际情况进行指导。专家通过讲解、交流、示范课、听评课等形式对教师进行"125"课堂教学模式的操作培训，使我校教师深入理解并更加熟练运用"125"课堂教学模式。

2.任务分解。重新修改导学案编制细则，加强英语学科的词汇教学，拟定课堂教学评价机制等。

3.教师临帖组织教师进行"125"课堂教学模式的实际操作，上好各种课（中层干部示范课、年级老师示范课、年级学科观摩课、年青老师过关课等），操作过程中及时发现、记录、总结问题，在专家的指导下努力解决问题。

4.树立典范请专家进课堂听课、评课、指导，做专题讲座，逐步推出实施125课堂模式的标杆人物，树立典范，从而带动全校教师更快更好地实施125课堂模式。

5.落实规范严格按课堂规范操作，人人上好汇报课、展示课，人人过关达标。

6.平台交流围绕125课堂定期召开教师论坛、小课题研究、随笔展示，及时通报 125 课堂的进展情况。

（三）示范展示（1—2 月）

1. 组织校内教师的"求实杯"课堂教学竞赛，积极组织参加市内、省内甚至全国性的课堂教学展示活动，促使全校教师人人参与赛课、听评课，推出观摩课、优质课、示范课等，各学科大力培养能够出模的优秀骨干老师。

2. 开展对外全市四星级高中开课活动，通过重点推荐和全面放开的方式，向全市展示我校的课改成果和课堂教学模式。

（四）完善提升阶段（3—4 月）

1. 提高完善继续研究"125"课堂教学模式，使教师通过反思—实践—总结—再实践—完善的过程，熟练运用"125"课堂教学模式，并跟进调整，守正纠偏，逐步提高完善。在此基础上，由教科处牵头申报关于我校课改的全校龙头课题，动员全校力量深入研究，初步形成方案机制。

2. 分层探究

根据专家布置的任务，依据我校实际情况，立足我校实际资源，积极探讨二级分层，力争摸索出适合我校发展的二级分层教学的方案。

（五）总结表彰阶段（5—6 月）

1. 验收评价请专家对我校新一轮"125"课堂教学模式实践的情况进行全面验收、综合评价，与专家共同制定第二轮课改的方向、步骤与措施。

2. 固化成果进行我校 125 课堂成果展示，展示内容有静态的原始资料、成果出版、导学案、照片、音像资料等；动态的有教师作课、学生展示等。

3. 总结表彰召开总结表彰大会，认真总结第一轮"125"课堂教学模式实施情况，根据相关制度，对在此轮 125 课堂推进过程中涌现出来的教师优秀个人、优秀集体和学生优秀个人、优秀班级、优秀学习小组等进行表彰。

江苏省响水中学第三批赴昌乐二中学习方案

一、学习时间

2015 年 5 月 27 日下午 12：30 出发。

二、参加人员（共 104 人）

1.带队总负责人：季克高

集体负责人：高一年级：王建祥；高二年级：马磊

2.学科老师（各学科具体牵头人为每组第一人）

高一年级：班主任：黄步海　方成　张明柱　周健　潘龙宇　张海涛　周跃　梁亮亮　陈昌友（9 人）；语文组：单春霞　刘青青　茆海燕　沈亚球　孙东东　笪亚琴　吴春霞　朱桃红（8 人）；数学组：严树兵　董小斌　毛君　姚长城　朱成兵（5 人）；英语组：陈善兵　卜明娣　任海霞　戴秀　王龙女　徐云　杨严媛　杨婷　张玲　陈亚芹（10 人）；物化生：周庆田　储明　李铭羽　林浩　姜伟　单玲玲　孙玉龙　顾绍乾　蒋祝兵　时星　王丽（11 人）；政史地：宋刚　潘凯时　董文汇　陆招娣　彭大丰　吴云　黄小翠　徐雪峰　于从明　贺菊青　刘加亮（11 人）

高二年级：班主任：周子松　郑国雁　高成颜　张巧兰　严锦华　孙国业　杨学志　单以林（9 人）语文组：杨帆　马磊　陈辉　陈志彪　蒋瑶　任青雅　沈红丽　王通才（8 人）数学组：黄秋林　吉立武　毛继凯　茆爱平　兴智群　张凤芹　黄玲玲（7 人）英语组：沈加军　李长梅　李慧敏　马祝环　王丽娟　吴浩然　张平平　张子文　黄欣凤（9 人）理化生：李兵　钱莉　肖敏　张树国　李英　李艳　曹相月（7 人）政史组：王正武　房艳霞　张玲玲　熊洁（4 人）

三、学习内容

1.常规管理：（1）学校管理；（2）年级部管理；（3）班级管理；（4）

与课程配套的辅导课设置。

2. 教育教学。

3. 校园文化建设。

4. 课堂模式与结构。

5. 导学案的整合与编制。

四、学习内容分工

1. 学校领导：（1）学校办学理念与办学特色；（2）校园文化建设。

2. 处室代表：（1）分组合作探究学习"271"具体模式；（2）考核方案。

3. 班主任：（1）班级行政管理模式；（2）小组特色建设；（3）晚自习的安排与管理。

4. 学科老师：（1）导学案的整合与使用；（2）收集本学科的预学案和固学案的样板模式；（3）教师小课题研究；（4）课堂活动的安排；（5）特别注意练习课、试卷讲评课和作文课的结构。

5. 报道：（1）全程拍摄两节不同科目、不同课型（新授课、复习课）的课；（2）拍摄校园文化特色、班级小组建设特色；（3）回来后及时将考察学习相关材料上传学校网站。

五、后勤保障

许利国

通信报道：彭大丰

六、日程安排

1. 5 月 27 日下午到达驻地（河北昌乐二中），晚饭后由带队领导安排部分班主任及学校管理人员进入学校查看昌乐二中的自修状况。

2. 5 月 28 日上午 1—3 节课全体人员听课，第 4 节课听二中领导介绍高效课堂模式创建的相关工作；午饭后集体乘车回来。

江苏省响水中学课改领导小组

2015 年 5 月 25 日

高一年级部"125"课堂教学模式推动方案

根据我校进一步推动"125"课堂教学模式的工作要求，结合高一年级部刚走上工作岗位的新教师较多和高一年级学生的实际情况，全力推进"125"课堂教学模式，努力实现促进师生共同发展的目标。

一、指导思想

为尽快打造出体现学生自主学习、合作学习、探究学习、知能并进、乐学善学的鲜活课堂；造就一批有思想、有能力、有学识、具有独特教学风格的综合素质较强的年轻教师，努力促进师生共同发展的目标。

二、基本目标

1.总体目标：全力推进"125课堂模式"打造，全面提高教学质量，促进师生的共同发展。

2.教师目标：改变教学理念，正确处理好导和教的关系；课堂上要善让会引，尊重学生主体性，调动其学习积极性，全面培养学生自主学习、合作学习能力；加强教学研究，转变教学方式，学会反思，在不断实践和反思中善用、熟练运用"125"课堂教学模式，全面提高教学质量。

3.学生目标：学会学习，学会做人，学会生活，在自学中成长，在合作中提高，发挥特长，提高素质，做课堂的主人，做自我发展与提高的主导者。

三、建立组织

组　长：彭贞珍

副组长：郑亚军　梁亮亮

成　员：朱其青　刘启　张平平　沈明　贾秀花　郑国雁　周子松　邵长坤　沈慧

四、职责与分工

1.年级部：负责方案制订，并组织实施；督查各备课组示范课、研讨课、过关课、展示课的开展情况。

2.备课组：落实推动方案安排的各项具体工作，有序组织、开展示范课、研讨课、过关课、展示课等的上课、评课工作，收集、上交各类材料。

五、实施计划

1.示范课（第6周）

星期	节次	班级	学科	上课老师
一	3	19	政治	周子松
一	3	5	地理	沈　慧
二	5	6	生物	郑国雁
四	1	6	语文	朱其清
四	2	5	物理	沈　明
四	5	22	数学	刘　启
四	5	1	化学	贾秀花
四	6	1	英语	张平平
四	7	5	历史	邵长坤

2.研讨课（第8周）

星期	节次	班级	学科	上课老师
二	2	9	物理	高　敏
二	2	26	政治	杨丽涛
三	1	25	数学	王　剑
三	5	2	历史	邹德容
四	2	9	化学	甘雨杰
五	7	15	英语	王译聆
六	2	19	语文	蔡　剑
六	2	26	地理	徐　婕
六	6	14	生物	薛　梅

3.过关课（第9—12周）

年级部组织，备课组以小组听课形式，由备课组长负责实施考核，确保人人过关。

六、成果展示（第13周）

各备课组在过关课考核过程中推荐1—2节优秀课进行教学展示（语文、数学、英语备课组各推荐2节优秀课展示，其他科目推荐1节优秀课展示）。

高一年级部

2020 年 4 月 28 日

高三年级春学期高效课堂推进方案

一、指导思想

为了进一步深化课堂教学改革，挖掘学生潜力，充分发挥学生的主体地位，最大限度地调动学生的学习积极性，提高高三的课堂教学复习效率和备考成绩。根据学校有关课改精神，结合高三年级本学期教学实际，特制订本方案。

二、组织领导

为保证本学期高效课堂推进活动顺利开展并进一步取得显著成效，继续发挥由分管校长、年级部、备课组长等组成的工作领导小组的指导作用。

组　长：贾云生

副组长：顾培文

教师推进组：黄树林及全体备课组长

学生推进组：徐广飞及全体班主任

班级管理推进组：孙宝雨及全体班主任

督查组：姚建及全体班主任

三、前期反思

1. 前期高三高效课堂模式取得了一定的成效，但近期低效的"满堂灌"等传统课堂模式有所回潮。

2. 部分老师对学生课前预习准备的有效性、备课的针对性、过程指导的实用性及学生在课堂上的参与意识调动得还不够。

3. 个别学科备课组对于课堂教学目标有时还不能做到统一，课堂学生的展示方式、时间等有时欠缺科学、高效。

4. 不同学科、课型有时还不能科学合理地运用好课堂教学的五步骤环节。

5.班级学习小组功能的发挥还未达到最大化，还有许多地方可以更进一步细化。

四、实施安排

（一）学生方面

1.召开新学期全体学生会议，统一思想，对预习、展示、点评等学习环节

进行培训，进一步完善《江苏省响水中学高三年级高效课堂四环节规范要求》。

2.召开班级高效学习小组组长会议，对小组如何管理及发挥小组长的核心作用进行培训。

（二）教师方面

1.召开班主任、备课组长及全体任课老师会议，统一思想，明确责任，分解落实任务，对班级管理及小组分工等进行培训。

2.组织安排各备课组高效课堂研讨课。根据高三实际情况，针对两种课型（复习课和讲评课）各备课组组织两节研讨课，组内观摩后组织讨论，研制出不同课型的课堂结构模式。

3.在研讨课的基础上，组织安排各备课组高效课堂示范课。全体老师经过听课观摩、研讨及学习以后，日常上课必须采用备课组统一的课堂教学模式。年级部按照要求逐一对全体教师进行课堂教学考核并指导改进。

五、督查整改

由年级部课改督查小组牵头，有计划地对高三所有老师本学期的课堂进行督查，对改革力度不大或不符合要求的备课组提出限期整改要求，对一些思想观念存在懈怠情绪且仍不符合新模式要求的老师要求加强进一步学习以尽快适应新模式。

六、总结提升

我们要继续加强对"高效课堂"的理论学习和研究，注重对教师的专业引领，强化教师的业务技能培训，依托"导学案导学"和"合作学习小组"，打造高效的复习课和讲评课课堂，提升高三年级备考质量，提高学生综合素质，走出一条具有我校特色的高三复习备考的课堂改革之路。附推进方案序时进度表。

高三年级部 2016 年 2 月 23 日

实施内容	实施时间	牵头人 / 部门
出台方案	第 1—2 周	年级部
组织领导	第 1—2 周	贾云生、顾培文
实施安排	第 3—6 周	顾培文、黄树林及备课组长
督查整改	第 7—8 周	督查组
过程监控	第 7—16 周	年级部
总结提升	第 8—16 周	年级部、各备课组

江苏省响水中学导学案的编制及使用规定

一、导学案的基本组成及具体要求

导学案有三部分组成，具体指课前预学案、课堂探究案和课后检测案，"预学案"分为预学目标、预学内容、问题生成三个环节；"探究案"分为重点学习和难点探究两个环节；"检测案"分为达标检测和归纳反思两个环节。

【注】具体内容及版面可根据不同科目、不同课型和具体教学内容进行调整。

（一）预学案

1. 预学目标

①数量以 2～3 个为宜，不能太多；在目标中将本节课的重、难点和学生自学中会涉及的重、难点等内容作出标注，以便引起学生重视。

②目标内容应明确具体，可操作，能达成。

③预学目标中不要用"了解、理解、掌握"等模糊语言，要用"能记住""能说出""会运用""解决"等可检测的明确用语，并指出重难点。

2. 预学内容

①划定学习范围，指导学习方法。

②基础知识和重点知识以知识梳理或练习的形式出现。

③不同科目采用不同的内容呈现方式，如语文采用做笔记和阅读理解等方式，数学采用概念理解填空和题目变换等方式，物理、化学可采用填空、选择等形式。

3. 问题生成

①明确要求，留有空间让学生把预学中的困惑之处分条梳理出来，上课小组讨论。②根据不同课型设置个性化的要求。形式多样，如"你

的问题是……？""你的困惑有……？"等。

（二）探究案

1. 重点学习

①列出本节课的学习重点。②根据学生预学案中生成的问题以填空、简答等题型呈现，在课堂小组讨论后老师要将重点问题讲透。

2. 难点探究

①各科确定 1~2 个难点，体现分层教学。②可适当提供思考角度以激发学生探究兴趣。

（三）检测案

1. 达标检测

①题型多样，题量适度，难度适中。②内容紧扣本课学习目标，具有针对性和典型性。③规定完成时间，要求独立完成，培养学生独立思考的能力。④具体题型根据不同学科进行性化设置，如语文可用作文素材链接，重在积累；数学可原创提高或链接高考等。

2. 归纳反思

①要求学生归纳出本节课的知识结构，还要引导学生对学习方法进行归纳。②达标训练中的重难点反思。③反思本节课的成功和不足。

【注】不一定每个课时都要有训练案，如语文、英语可以一篇课文一次训练；理、化、政、史、地、生等一框题一次训练；数学最好课课有训练。

二、导学案编写流程（编制必须前置，至少提前一周）

1. 由备课组长根据本学期的教材内容和课程标准制订出课时计划，确定出主备人。

2. 周一由主备人开始"个备"，内容包括预学案、探究案、检测案和课件。

3. 集体备课时返回学科组集中讨论，所有题目每位老师都要做一遍，结合大家的建议再由主备人修订。

4.修改好后由备课组长再次进行审核后方可印刷。

5.分给任课教师，由每个人根据自己的实际情况在此基础上进行二次备课。

6.最后结合各位老师的授课经历，上完课后根据上课使用情况再进行"后备"，对学生的学习和导学案的使用进行研究，对内容进行再修改再总结，便于以后进一步完善。

【注】如何参考"金太阳"导学案和固学案编写，由备课组讨论自主执行。

可先由备课组、教研组研究确定，根据具体学情和实际上课内容进行整合，将金太阳导学案进行划分，一课时分为两课时，或两课时分为三课时等，确定出主备人，再由主备人编制出教师和学生使用的预学案、导学案和训练案模式，最后按上述编写流程进行编写。

三、导学案编写方式

1.采用"三案一体"的编写方式，"三案"（预学案、探究案、检测案）的内容在一张讲义的正反面呈现，语数外使用 8K 正反面，其他科目使用 16K 正反面（具体版面由备课组根据教学内容适当调整，但必须正反面充分利用）。

2.内容要精选精编，可参考金太阳导学案和固学案的相关内容。

四、导学案使用

1.编制好的导学案必须由备课组长进行审核，备课组集体讨论。

2.主备老师要超周备案，不能临教临备，更不能教后补备。

3.教师上课前，必须在备课组编制的导学案基础之上，根据本班学生具体学情基础上认真修、删、改、补进行二次备课。主要包含问题设计、活动设计、板书设计等。

4.每科的导学案要做到有发必收、有收必批、有批必评、有评必纠。

【注】年级部充分发挥主观能动性，合理安排好学生的预学时间及预学案的批改时间。

五、导学案使用策略

（一）以学定教

1. 自主学习：不看不讲。学生先看书，先自主预习，然后老师才讲，没有预习就不要讲。

2. 合作学习：不议不讲。学生先讨论，小组讨论后再讲，没有讨论就不要讲

3. 拓展提高：不练不讲。学生先练习后再讲，没有练习就不要讲

4. 评价激励：日清三思。自评：根据讨论中同学的观点、意见，以及老师的点拨，反思自我。互评与师评：重在激励。

（二）三讲三不讲

1. 三必讲：①重点必讲；②易错易混淆知识点必讲；③生成难点必讲：学生预学中生成的重点问题必讲，学生不理解、经过学生讨论还没有解决的问题必讲。

2. 三不讲：不讲学生已经会的，不讲学生通过自学也能会的，不讲老师讲了学生也不会的。

特别提醒：请各教研组根据市局视导反馈情况，认真组织学习和优化《江苏省响水中学导学案的编制及使用规定》，并将修改意见于10月20日前报4408。

教科处 2015 年 10 月 13 日

【备注】提供文科、理科导学案参考范例各一份见后。

江苏省响水中学 2017 对外开课活动方案

一、指导思想

充分发挥我校教师在课堂教学方面的示范作用，展示我校打造"125高效课堂教学模式"的初期成果，促进教育教学改革，加强我校教学工作的精细化管理，提升办学水平，扩大开放，增进交流，努力实现我校教育教学质量的"双突破"。

二、领导小组

组　　长：魏佳兵

副组长：贾云生　时良兵　许利国　张大春　高明华　王建祥

成　　员：周仕波　吴海港　陈建林　王金宇　卜志明　徐广飞

　　　　　彭珍贞　孙向军　倪锦春　王东方　于从明

三、开放时间

2017 年 11 月 3 日（星期五）上午

四、上课年级与学科

高一年级：语文、数学、英语、政治、历史、地理、物理、化学、生物、体育。

高二年级：语文、数学、英语、政治、历史、地理、物理、化学、生物、体育。

高三年级：语文、数学、英语、政治、历史、地理、物理、化学、生物。

五、活动安排（见安排表）

六、听课安排（见安排表）

七、部门工作分工

1.方案的制订、材料的准备，制作并向各县（市、区）兄弟学校发

放邀请函，统计前来听课的人数并及时通知相关部门，以便及时安排相关配套工作。（教科处）

2. 在综合楼一楼负责来宾接待、登记工作，准备和发放活动材料（学校平面图、活动安排表、3 日上午的各年级课程表、学校宣传材料、课堂评价表等）。（教科处、教务处）

3. 用电子屏幕介绍我校办学特色和办学理念，安排摄像、拍照。（电教处）

4. 制作来宾报到处的指示牌，外来车辆的安排，来宾指引，环境整理。（政教处）

5. 推荐各学科上课人选，督促各备课组精心备课，充分发挥备课组核心成员的骨干引领作用。各备课组全体老师集中研课，确定上课内容，设计导学案，制作课件，印制教学设计，并将电子稿发到 xszxjkc@163.com。（年级部）

6. 编制响中宣传材料，布置相关宣传标语；安排好新闻报道。（办公室）

7. 设计对外开课签到表和课堂评价表。（教科处）

8. 安排听课老师的午餐，安排听课用的凳子。（总务处）

9. 收集《课堂评价表》，并按学科、节次进行分类，集中交教科处存档。

10. 校史馆和陶瓷馆的开放。（办公室）（教科处、教务处）

11. 各类资料的收集、归档与总结。（教科处）

教科处 2017 年 9 月 19 日

2017 年盐城市让学引思课改现场推进会在江苏省响水中学召开

关于召开盐城市"让学引思"课堂教学改革推进会的通知

发布时间：2017-12-13 作者：点击：[1280]

各县（市、区）教育局教研室，开发区、城南新区社会事业局，市直各学校：

为扎实推进"让学引思"课堂教学改革，根据《盐城市中小学"让学引思"课堂教学改革行动方案（2016—2020 年）》安排，经研究决定召开盐城市"让学引思"课堂教学改革推进会。现将有关事项如下：

一、时间、地点

时间：2017 年 12 月 19 日 (星期二) 上午 8：40 报到，会期一天：

地点：响水中学 (响水县珠江东路 1 号)。

二、活动安排

1. 响水中学课堂教学改革情况汇报；

2. "让学引思"课堂教学改革课堂观摩；

3. 专家点评和大会交流发言；

4.领导讲话。

三、与会人员

1.各县（市、区）教育局分管局长、普教（中教、初教）科长、教研室主任、分管主任；

2.各四星高中、三星高中、实验初中、实验小学分管校长；

3.市"让学引思"课堂教学改革试点校校长、分管校长（具体名单见附件）。

请各地各校根据本通知要求，积极组织相关人员参与本次活动。所有与会人员的差旅费回所在单位报销。

推进会活动安排表

午别	具体时间	活动内容	地点	备注
上午	8：50—9：10	观摩韵律操	田径场中心广场	江苏省响水中学校园内
	9：15—9：55	响水中学课改汇报	第二报告厅	
	10：05—10：45	课堂观摩（四号楼：高一年级）	见听课安排表	
	10：55—11：35	课堂观摩（三号楼：高二年级）		
中午	11：55	午餐、午休		
下午	14：00—14：30	微型讲座（专家评课）	东台实小聚亨路小学大丰区初中射阳二中	
	14：30—15：30	交流发言		
	15：30—16：30	领导讲话		

备注：每班听课人数10人左右，请自行掌握。

上午11：35听课结束后，请各位来宾自行驾车直接前往大酒店（双圆东路2号，近204国道）三楼响水厅用餐。

午餐时工作人员统一发放午休房卡。

会务联系人：席加宏（市教科院）134×××××

周仕波（响水中学）139×××××

附：听课安排表

时间	地点	班级	学科	课题	授课人
10：05-10：45	四号楼	高一（1）	数学	向量共线定理	陈波涛
		高一（2）	化学	铁、铜及其化合物的应用（2）	单玲玲
		高一（3）	物理	曲线运动	李婷婷
		高一（4）	英语	M2U3 Project Interviewing an expert	陈新来
		高一（5）	化学	铁、铜及其化合物的应用（2）	陈建林
		高一（6）	地理	地理环境的差异性	沈慧
		高一（7）	语文	一个人的遭遇	张慧
		高一（8）	语文	一个人的遭遇	周婷
		高一（9）	生物	光合作用	卜利萍
		高一（10）	英语	M2U3 Project Interviewing an expert	卜志明
		高一（11）	政治	社会主义市场经济	王建祥
		高一（12）	政治	社会主义市场经济	董文汇
		高一（13）	数学	向量共线定理	钱波
		高一（14）	数学	向量共线定理	孙芳
		高一（15）	英语	M2U3 Project Interviewing an expert	刘建娟
		高一（16）	英语	M2U3 Project Interviewing an expert	杨婷
		高一（17）	数学	向量共线定理	沈爱华
		高一（18）	语文	一个人的遭遇	张丽丽
		高一（19）	英语	M2U3 Project Interviewing an expert	张咪
		高一（20）	英语	M2U3 Project Interviewing an expert	王丽娟
10：55-11：35	三号楼	高二（1）	英语	M7U3 Reading（1）	邵艳红
		高二（2）	语文	看社戏	吴春霞
		高二（3）	数学	导数的综合应用（1）	杨文国
		高二（4）	生物	胚胎工程的应用及前景（一）	朱虹
		高二（5）	语文	看社戏	吴之平
		高二（6）	数学	导数的综合应用（1）	兴智群
		高二（7）	物理	气体的等容变化和等压变化	杨吉华
		高二（8）	物理	气体的等容变化和等压变化	徐广飞
		高二（9）	生物	胚胎工程的应用及前景（一）	曹相月
		高二（10）	物理	气体的等容变化和等压变化	赵荣虎

时间	地点	班级	学科	课题	授课人
10：55-11：35	三号楼	高二（11）	生物	胚胎工程的应用及前景（一）	刘爱凤
		高二（12）	数学	导数的综合应用（1）	刘启
		高二（13）	化学	酚类的应用和基团的相互影响	方成
		高二（14）	语文	看社戏	单春霞
		高二（15）	英语	M7U3 Reading（1）	林芹
		高二（16）	历史	美国首任总统（乔治·华盛顿）	高明明
		高二（17）	政治	唯物辩证法的实质与核心	史素君
		高二（18）	历史	孙中山	李妍
		高二（19）	地理	常见的天气系统	余正平
		高二（20）	地理	常见的天气系统	于从明

2018年春学期江苏省响水中学联合金太阳教育集团开展"同题异构"活动方案

一、指导思想

深入推进课堂教学改革，提高课堂教学质量，搭建同行交流的平台，加强校际交流合作，进一步落实盐城市教科院提出的"**让学引思**"课堂改革行动方案，探讨今后一段时期普通高中学校课程教学改革与发展的基本方向，充分发挥优秀教师在课堂教学模式改革方面的示范引领作用，展示我校打造高效课堂教学模式的阶段性成果，促进课堂教学模式的高效化，提升办学水平，扩大课程开放，保证我校教育教学质量稳步提升的良好势头，实现我校高考成绩的"双突破"。

二、领导小组

组　长：魏佳兵

副组长：贾云生　时良兵　许利国　张大春　高明华　王建祥

成　员：周仕波　吴海港　陈建林　王金宇　孙向军　卜志明

　　　　徐广飞　彭贞珍　倪锦春

三、活动主题

构建高效课堂，发展核心素养。

四、活动宗旨

1.激发潜能，张扬个性，异中求同，同中求异。

促进教师对教材教法的钻研，加强教学理论知识的学习，优化课堂教学结构和模式，提高课堂教学效率。

2.优势互补，集思广益，搭建校际交流平台。

使更多的教育教学思想能够自由地交流与碰撞，百花齐放、百家争鸣，营造更加和谐的教学研究氛围，搭建高效实用的教学交流平台。

3. 促进教师的专业提升，加快教师专业成长。

凝聚广大教师的聪明才智，以打造高效课堂为契机，构建学生自主学习，师生有效互动的氛围，促进广大教师统一思想、更新观念、深化理念，提高自身的职业道德素养、学科专业素养、科学文化素养和艺术修养，通过课改，培养一批教改名师，逐步实现我校教师素质的整体提升。

4. 推进课堂教学改革，促进教学方法与教学手段的更新。

以遵循教育规律、提高教育教学质量为工作原则。发挥学生自主学习和小组合作探究的能力，尝试把课堂变成学堂，把变教师为导师的新课堂模式。以民主、开放、和谐的课堂教学环境为依托，着力使学生短时间自主完成学习目标和要求，提高学习成绩，促进学生在学习兴趣、学习态度、学习习惯、学习能力、学习品质、创新精神等方面的优化和发展。

五、活动聚焦

1. 如何构建科学系统的、符合各校特色的课堂教学模式体系？

2. 如何破解课堂教学中教与学的时间分配的矛盾？

3. 在新的课堂模式下，如何实现不同高考政策下的有效贯通？

4. 在新的课堂模式下，如何实现高一、高二、高三的有效贯通？

5. 如何利用各种平台促进不同区域、不同层次学校教师之间的有效交流与合作？

六、活动方式

本次活动的"同题异构"是指每科 3 位计 27 位来自省内不同的重点中学老师，分别执教高一、高二的课程。课型分别为：

高一年级语文、英语、化学、政治、地理的新授课。侧重夯实基础、掌握方法，养成品质。

高二年级数学、物理、生物、历史的拓展课。侧重构建体系、凸显优势、提升能力。

通过本次活动，旨在汇聚大家的智慧，共同探讨在高考改革的背景下，如何有效进行高中教学的学科规划，系统规划课程建设，提高课堂教学的有效性。

七、专家引领

江西金太阳教育集团名校研究院院长、教科所所长柏成刚先生将就《核心素养下的高效课堂》作专题报告。

课堂展示学科：

高一年级：语文，英语，政治，地理，化学。高二年级：数学，历史，物理，生物。

八、日程安排

1. 来自省内其他学校的授课老师于 4 月 19 日 12 点之前到达江苏省响水县，14：00—17：00 之间到江苏省响水中学和对应学科教研（备课）组长对接，安排好相关事宜；

2. 外市观摩老师于 4 月 19 日 18：00 前到响水亚邦大酒店报到；本市老师于 4 月 20 日上午 8：10 前到江苏省响水中学报到（响水县开发区珠江东路 1 号）。

主办单位：江苏省响水中学

协办单位：江西金太阳教育集团

2018 年 3 月 24 日

江苏省响水中学"125"高效课堂模式量化考核方案（试行）

一、指导思想

为全面贯彻盐城市教科院提出的"让学引思"的教学思想，扎实推进我校课堂教学改革，全面落实、推进"125"高效课堂模式，进一步优化教学策略，促进我校师生共同发展，提升教育教学质量。

二、考核对象

由课改领导小组组长总负责，分别对有关处室、年级部、备课组长、班主任和全体教学人员就落实"125"高效课堂模式相关工作情况进行量化考核。

三、考核方法

学校列出"125"高效课堂模式实施专项量化考核资金，牵头处室、年级部对考核对象每两周检查一次，每月公布一次量化结果，第二个月初根据量化考核结果发放费用。兼职人员按累计打折计算（双职60%、三职40%）。

四、职责分工

1. 课改领导小组组长：全面负责学校课堂教学改革工作，对课改领导小组组成人员就"125"高效课堂模式实施工作的落实、执行情况进行督查。

2. 教科处：牵头制订学校课改总体方案，做好新教师和起始年级学生"125"高效课堂模式理念内涵、运作模式的培训工作。收集课改信息，联系省内外教育教学研究机构，做好导学案的征订、发放和使用指导。设计课改师生调查问卷。按月汇总有关职能处室、年级部的量化考核结果，并及时制表发放考核费用。

3. 教务处：负责课改理论学习的安排和检查，督查各备课组的

"125"高效课堂模式有关工作的落实、执行情况，并对备课组长进行量化考核，按月汇总。每学期完成课改工作先进备课组评选工作。

4.督导处：负责对教学人员落实"125"高效课堂模式有关要求进行检查和督导，并牵头组织备课组长对全体教学人员就"125"高效课堂模式实施工作的落实、执行情况进行量化考核，按月汇总。每学期完成课改工作先进个人评选工作。

5.年级部：好本年级班主任就"125"高效课堂模式实施有关工作的落实、执行的量化考核工作，并按月汇总。落实学校课改工作计划和要求，督查导学案教学法执行情况。

五、量化考核细则

（一）课改领导小组成员量化考核细则

（二）备课组长量化考核细则

序号	项　目	分值
1	按时组织备课组活动，按计划定期学习《高效课堂一本通》等课改理论	10
2	备课组活动记载详细、规范	10
3	按要求使用、批阅导学案（无学案，该项为0分，每有一份学案不符合模式要求扣0.5分，扣完为止）	20
4	统一使用检测和练习（发现组内有一起私印情况扣0.5分）	10
5	定期组织备课组内高效课堂模式课观摩和展示研讨（每少开设一节课，扣0.5分）	10
6	认真选用教学资料，积极开展教学活动，配合处室、年级部、教研组做好各项教学检查工作	10
7	按时上交计划、总结、电子教案等	10
8	客观评价组内老师高效课堂模式执行情况	20

考核总分：100分

（三）班主任量化考核细则

考核指标	考核要素	考核细则	权重	得分
组织机构及制度建设	组织机构	常务班长、值周班长、值日班长、各自主管理团队（各部部长）、学科班长、常务组长（学习小组组长）和学科组长等组织机构齐全	10	
	制度建设	班级公约、小组公约、各部门职责以及相应的管理评价机制齐全并能不断完善	5	
三驾马车	行政小组建设	小组分工：各部门分工明确，事事有人做	5	
		小组督查：各部门能按时督查班级情况	5	
		小组反馈：对所查问题及时记录并反馈	5	
		小组评价：能根据班级公约及时作出评价	5	
	学习小组建设	小组划分：组间同质，组内异质	5	
		小组管理：组名、组规，组内合作机制及监督机制	5	
		小组评价：组内成员评价记录	5	
		小组培训：班主任对组长定期培训	5	
	科研小组建设	问题生成：学科班长与学科组长及时梳理学习问题	5	
		问题反馈：学科班长定期与科任导师交流，反应学习中存在问题	5	
		问题整改：根据反馈问题制定整改方案	5	
		组内帮扶：组员之间相互结对帮扶	5	
目标管理及文化建设	目标管理	班级有目标、小组有目标、个人有目标	5	
	文化建设	班级内外墙文化有内容并及时更新	5	
评价晋级	个人评价	班级对个人每周有评价并公布	5	
	小组评价	班级对小组每周有评价并公布	5	
	班级评价	班级整体定期进行评价晋级并及时公布	5	
师生关系	导师团建设	班级老师目标明确，合作和谐，有良好的师生关系及生生关系	5	

考核总分：100分　　　考核金额：

（四）教学人员量化考核细则

考核指标	序号	考核细则	权重	得分
扣分项目	1	没有示标导入环节，每查到一次扣1分	5	
	2	没有讨论质疑环节，每查到一次扣1分	5	
	3	没有成果展示环节，每查到一次扣1分	5	
	4	没有师生点评、打分环节，每查到一次扣1分	5	
	5	没有检测过关环节，每查到一次扣1分	5	
	6	关注学困生并及时辅导，如没有对学生的个别辅导环节，每查到一次扣1分	5	
	7	每次单元测验，任课老师按小组计算人均分，在班级评比，表扬先进小组，鞭策后进小组，并留下文字材料备查，无此环节，每查到一次扣1分	5	
	8	导学案未按时批改扣1分	5	
	9	单纯老师讲授不超过20分钟，超时，每查到一次扣1分	5	
	10	课堂上学生参与自主、合作学习人数达100%，如有学生不参与，注意力不集中每人次扣1分	5	
	11	学生讨论偏离教学重点，老师不能适时有效调控，导致教学任务完不成的，每查到一次扣2分	10	
	12	高效学习小组组长要充分发挥协调、组织作用，其作用不充分、不明显的每查到一次，扣1分	5	
	13	不能恰当使用或未使用直观教具、演示实验、课件等多媒体手段的少一项，每查到一次扣1分	5	
	14	复习课、试卷讲评课无相应内容扩展设计的扣1分	5	
	15	检测过关正确率低度于80%的，每一次扣1分	5	
	16	不按时上、下课，每查到一次扣2分	10	
	17	每月由督导处提供问卷，备课组长对本组各老师任教班级进行问卷调查，学生反映高效课堂模式使用率低于50%的，扣10分	10	

考核指标	序号	考核细则	权重	得分
加分项目	1	学生在质疑讨论过程中有问题的生成，提出的问题能突出重点内容，有创意的加 1 分		
	2	学生在小组讨论中所有成员都能积极提出问题的加 1 分		
	3	小组成员间能相互帮助，积极为他人解决问题加 1 分		
	4	学生点评环节，点评学生声音洪亮，有感染力，能总结提升，加 1 分		
	5	老师总结点拨适时、适度，能促进学生思维发散创新，课堂效率高的加 1 分		
考核成绩	扣分	加分		合计分

六、本量化考核方案解释权归课改领导小组。

江苏省响水中学课改领导小组

2017 年 5 月 16 日

104

第四节　课改三期行动

本期为优模阶段（2019.03—2020.12），在入模—优模基础上，打造分学科、分课型，既常态又优质的"125"本土化课堂，从"重形"到"重质"到"增效"，突出"125"课改特色和课堂文化建设，从系统性和持续性上丰富"125"内涵。

2019 年，合作优化，创新发展阶段

1. 2019 年，响应我县教育"接轨上海"的号召，与上海浦东当代好课堂教育发展中心开展项目合作，同时推进我校课堂教学改革发展。双方决定以建设"课堂文化"为核心，优化"让学引思"教学模式，共同推进以项目学校为点，带动整个响水县基础教育内涵发展的系列活动。

2. 2019 年 3 月，响水县 2019 届高三二轮研讨专家报告会，现场观摩了"125"高三课堂；2019 年 5 月 22 日，江苏省阜宁中学来响中交流研讨"125"课堂。

3. 2019 年 6 月 19—21 日，上海市嘉定区第一中学部分优秀教师来我校进行新高考改革学习交流活动。2019 年 8 月当代好课堂江苏响水项目推进会；同年 8 月，20 多名教师赴浙江师范大学参加骨干教师研修培训。2019 年 10 月，当代好课堂来响中交流研讨；11 月，河北省海兴中学来响中交流研讨。

4. 2019 年 11 月 15 日，响中参加八滩中学同课异构活动。12 月，县七套中学来响中学习。

5. 陈仕功老师参加了四川省苍溪县城郊中学优质课竞赛活动，并在教学竞赛中担任评委。4 月 17 日，陈仕功老师还为大家开设了《化学能转化为电能》的高效课堂观摩课。

6. 2020 春学期开展了"课改推进月"活动。①第 6—8 周，备课组骨干教师示范引领，树立"125"课堂教学模式的典型示范；②第 9 周，青年教师课堂教学展示。各备课组推荐 1～2 节优秀课进行教学展示；③研讨交流：各备课组利用教研活动时间进行"125"课堂沙龙研讨。

7. 2020 年 8—11 月，深度学习南通，与海门中学、海门市第一中学、通州区平潮高级中学等南通名校进行"同课异构"教学活动。

8. 2020 年 10 月 12—13 日，江苏省响水中学赴如皋市白蒲高级中学学习。

9. 2020 年 11 月，全市思政课骨干教师参加学习南通专题研修培训。

10. 2020 年 11 月 30 日，滨海县八滩中学来响中学习交流。

11. 2020 年 12 月 27—30 日，上海浦东当代好课堂教育发展中心专家团队开展第二次入校指导工作。

12. 2021 年 3 月 8—12 日，开展"125"课堂教学模式出模推进周活动。

13. 2021 年 3 月 22—23 日，承办 2021 届高三年级各学科二轮复习研训活动，邀请南通学科专家、教研员来校做讲座、指导我校教研活动。

江苏省响水中学打造"125"课堂教学模式（三期）
领导小组成员及分工

组　长：张大春

副组长：许利国　高明华　王建祥

成　员：刘锦兵　史素君　卜志明　沈爱华　彭贞珍　倪锦春

职　责：

张大春：总负责全校"125"课堂教学模式的推进工作。

许利国：协助组长工作；负责全校教师的师德师风建设和校园文化的布置与落实；完善学生评价机制，对考核制度进行增补和优化。

高明华：协助组长工作；负责全校教师的业务提升和能力的提高；完善师师评价机制以及教研组、备课组考核条例，对考核制度进行增补和优化。

王建祥：牵头负责在"125"课堂教学模式推进过程中，对各职能处室、年级部及各教研组的工作指导与安排，对全校课改整体工作的部署，特别是对课堂教学情况进行指导性督查并提出问题整改思路。

刘锦兵：做好推进"125"高效课堂过程中各教研组和年级部工作落实情况的检查工作，制订好过程性考核和阶段性考核评价制度；安排好对课改相关材料的学习和考核；制订课改先进教研组、先进备课组以及优秀个人的考核方案。

史素君：做好打造高效课堂推进过程中的检查与督导工作，促进新教师对模式的入轨与推进；制订好督查方案、外墙文化考核等相关制度。

卜志明：

1. 执行学校打造高效课堂的计划，全面负责高三年级的课改工作。

2. 组织对本年级部的教师进行课改指导及培训，督查课改各项工作的落实情况。

3. 指导本年级的班级和小组建设工作，督查各学科导学案的编制、使用情况。

4. 做好校园文化建设和学生宿舍文化建设的创建工作以及各项学生活动的培训与安排。

5. 提出有利于课改推进的合理化建议。

沈爱华：

1. 执行学校打造高效课堂的计划，全面负责高二年级的课改工作。

2. 组织对本年级部的教师进行课改指导及培训，督查课改各项工作的落实情况。

3. 指导本年级的班级和小组建设工作，督查各学科导学案的编制、使用情况。

4. 做好班级文化建设和学生宿舍文化建设的创建工作以及各项学生活动的培训与安排。

5. 提出有利于课改的合理化建议。

彭贞珍：

1. 执行学校打造高效课堂的计划，全面负责高一年级的课改工作。

2. 组织对本年级部的教师进行课改指导及培训，督查课改各项工作的落实情况。

3. 指导本年级的班级和小组建设工作，督查各学科导学案的编制、使用情况。

4. 做好班级文化建设和学生宿舍文化建设的创建工作以及各项学生活动的培训与安排。

5. 提出有利于课改的合理化建议。

倪锦春：负责对学校"请进来"和"走出去"的相关工作的具体安

排；做好"125"课堂教学模式过程中和"中国好课堂"等组织和部门的各项工作的牵头和协调；制订课堂模式推进的各项具体工作方案、措施；为学校加强课改的研究推荐学习资料和传递课改信息；做好对优秀教师的选送和培养工作；收集整理全校课改资料。

江苏省响水中学课改领导小组　2018年

江苏省响水中学军训及暑期培训班级建设方案

一、小组合作的评价机制的制定（试行评价机制）

1.晋级制度：每周小组评价按照所得分数获得铜币，每10分兑换一枚铜币。每周根据各小组积累的铜币购数量换取对应的珠宝。（兑换比例见附表）

2.每周六班会进行升级仪式，由值周班长宣布，小组长亲自更换标志。

3.奖励：月冠军可以从物质奖励、影片选择权、周末活动选择权、品尝咖啡等奖项中选择奖励项目。

二、学习评价

1.展示加分

点评同学根据所展示问题的对错，规范程度适当赋分，满分3分，并把分数公示在黑板上。

2.回答问题加分

（1）声音响亮，回答的准确，语言简练完整，3分。（2）回答错误或不完整的，加2分

3.点评加分

（1）由老师评价打分，满分5分。保底分2分。（2）任课老师保证点评分配的公平性。

4.有效补充质疑加分

（1）对点评同学的问题回答、解释、补充声音响亮、思路清晰、语言简练加5分。（2）对个别双簧现象不予加分。

5.作业扣分

（1）当天作业未交者扣3分。（2）一周积满3次扣小组30分。

三、阶段性学习和单元过关评价

①阶段性学习检测后，依据小组平均分排出名次，依次奖励前五名小组 30 分、25 分、20 分、15 分和 10 分；进步较大，排前三名的小组依次奖励：20 分、15 分和 10 分

②单元过关依据小组平均分排出名次，依次奖励前五名小组 10 分、8 分、6 分、4 分和 2 分。★（注：若发现抄袭或者雷同，本小组扣 5 分）。

评价团队：自主学习建设部

部长：　　　　　成员：　　　　　以及各组组长。

附：兑换比例

等级	图例	兑换比例	内涵
铜币		通用货币	外圆内方。外圆得含义是做事要懂的处事分寸，内方的含义是做人要公平正直
银币		1：10	有韧性，要想成功必须持之以恒。可塑性强，人要学会不断地适应环境，不断地改变自己。会闪光。
金币		1：20	只要你是块真金总有发光的一天
翡翠		1：30	"谦谦君子，温润如玉"，翡翠代表优雅华贵、深沉稳重的品格，与中国传统玉文化精神内涵相契合
红宝石		1：40	红宝石象征着热情似火，意味着一份吉祥。我们要想红宝石一样永远激情似火，生机勃勃
蓝宝石		1：50	蓝宝石给人高远天空、寂静大海的联想，空明而沉寂。蓝宝石是"使人聪明之石"，象征着慈爱、诚实、智慧和高尚的品格
绿宝石		1：60	象征着幸运、幸福，拥有它会给人带来一生的平安
钻石		1：80	钻石是地球上存在时间最长的石头，是天长地久的石头，是永恒存在的标志
皇冠		1：100	人人都可以成功，可是没有人会随随便便成功，只有不断改变、不断奋斗才能获得皇冠的青睐

班员素养建设方案

1. 每天早到教室学习者前十名每人次加 2 分（由值日班长评价记录）；值日班长要不断巡视，对早读效果评价，优秀小组得 10 分，低效小组扣 15 分。

2. 值日班长记录好自习过程，对违反纪律（如讨论问题、外出、上厕所、抬头、喝水）的行为，每次扣个人 3 分，组长 2 分，小组 10 分。

3. 成长日记由值日班长每天晚自习第四节检查，每组随机抽查一名；对小组进行评价，一日不写扣个人 2 分、小组 5 分，优秀每次加 2 分；学习档案由宋希彤统计好，每次不交扣 5 分。赵俊喆在值日班长每天一次检查成长日记的基础上，周六上午课间操进行成长日记大检查，普查一遍，记录加减分，找出问题进行整改。

4. 每天晚饭后值日班长对书桌、书架进行检查评价，不整齐的扣个人 1 分、所在小组 2 分；值日班长发现组牌摆放不规范的，每次扣 2 分。

5. 值日班长每天早自习、晚饭后检查校服，未经证实校服损坏丢失而不穿校服者扣 5 分，不穿上衣者每人 2 分。

6. 值日班长负责最后走，检查教室卫生情况，不干净的扣每人 3 分，逃跑者扣 5 分。

7. ×××、×××负责两操质量，上操不认真、被点名者每次扣 2 分；未请假或者未经批准而不出操者扣 3 分。

8. 每天常规扣分计入当天评价（分值五倍），由值日班长记录，并交纳抵分券。

9. 对于手机、吸烟、谈恋爱、隔墙购物等严重违纪情况，每人次扣 50 分，并且本学年基础素养评价以及发展报告评价全部不合格。

评价团队：班员素养建设部

部长： 成员：

班员自主生活建设方案

1. 宿舍人数：每天舍长清点好本宿舍人数，如发现午休和晚睡不归或者中途外出情况，及时报告×××和×××，将对违反纪律者处以基础素养评价和发展报告评价不合格的处理，若不及时汇报，舍长或者相关负责人同等处罚。

2. 及时休息：值日社长在熄灯前3分钟督促全体同学抓紧时间就寝，值日社长记录好铃声后不按时就寝的，每人次扣3分（宿舍、个人）对于不听从安排的，基础素养评价不合格。

3. 两睡常规：舍长保障本宿舍人员在休息期间不以任何理由违反常规纪律，舍长记录本宿舍两睡情况分别反馈给×××和×××，每人次扣5-10分；政教处检查中出现问题的，按照班员素养建设方案规定分别扣个人、舍长以及宿舍5倍分数。

4. 宿舍卫生：每天安排值班人员最后一个走，将各个宿舍卫生打扫情况认真检查，帮助整改后记录分别交×××和×××；政教处检查中出现问题的，按照班员素养建设方案规定分别扣个人以及宿舍5倍分数，值日社长2倍分数。

5. 门窗：舍长负责门窗卫生、窗台乱挂的问题。

评价团队：自主生活建设部

部长：　　　　成员：

江苏省响水中学"125"课堂教学模式实验项目
2020 年度工作方案

一、工作目标

通过专家讲座、访学互动、峰会交流等活动，对"125"课堂教学模式进行细节优化；通过集中培训、课例研讨形成教师和学生课改共同体建设的基本机制；通过对班情、学情的研究，成立各学科核心备课组，逐步形成分层备课、分层教学的新常态。

二、工作重点

（一）课改领导小组

1. 做好方案的顶层设计，确定具体项目及实施时间和负责人。

2. 做好与"好课堂"项目部的联系和交流对接工作。

3. 建立健全"好课堂"精品课例学习评议制度，在时间、空间、领导、评价等方面推进落实。

4. 做好校级公开课的安排与落实。

5. 打造"课改先锋队"，形成核心团队，实践新课型，发挥示范辐射作用，到年底提供 6 节以上符合本校特点的优秀展示课视频。

6. 负责外出学习参观与考察方案的制定和校际交流相关工作的落实。

（二）教研组、备课组

1. 建立优秀课例定期研讨评议制度，并在教研活动组织实施。

2. 学习实施《好课堂评价量表》（3.0 版本）、《备课评价量表》，结合我校的《课堂教学评价表》，在展示课、示范课、公开课上进行使用，在集体备课中进行研讨和完善。

3. 组织对导学案及课堂"讨论释疑"环节"问题植入"的研讨，提高教师发现问题，提出"合适"问题的能力。

4. 在"好课堂"的指导下进行"互评式"集体备课。

5. 组织"五环节"大讨论，各教研组讨论并确定不同课型（新授课、复习课、讲评课、作文课、实验课等）的个性化"五环节"。

6. 思考分层教学具体思路，拟定行动方案，并在教学中逐步实施。

（三）年级部

1. 组织"青蓝结对"，开展新教师过关课、考核课、展示课。

2. 安排好备课组小组听课、骨干教师示范课、观摩课。

3. 做好"三驾马车"的建设工作，建立健全班级组织。

4. 做好学生小组培训及小组长培训工作。

5. 做好对任课老师的考核工作。

6. 对内外墙文化的布置、落实与检查、评比工作。

7. 组织课改"优秀班级"评选，组织"优秀小组长"评选及经验介绍。

三、工作安排

时间	活动安排	主要任务	负责处室
6月份	课改推进	1. 各年级部组织备课组骨干教师上好课改示范课，并进行经验分享	年级部
		2. 以沙龙研讨的方式组织教研组对示范课进行诊断，并提出问题，分组总结	各教研组长
		3. 迎接"当代好课堂"入校指导	教科处
		4. 组织高一新教师过关展示课	倪锦春
		5. 对班级小组长进行培训	年级部
		6. 备课组研究拟定分层教学方案	各备课组长
		7. 组织教师学习《好课堂评价量表》《备课评价量表》	教研组长
7月中旬	线上研训	1. 课改"优秀班级"小组长撰写经验交流文章并在全年级分享	年级部
		2. 组织观看"好课堂"精品课例并讨论（每两周一次，形成制度）	教科处、教研组

时间	活动安排	主要任务	负责处室
7月中旬	线上研训	3. 撰写评课论文及心得（1500字以上，各备课组三篇以上）	备课组长
		4. 在组织学习《好课堂评价量表》（3.0版本）、《备课评价量表》的基础上发制定出我校的《课堂教学评价表》（2.0版）和新版的《学生素质教育报告书》	教科处 教务处
8月下旬		1. 研学"当代好课堂"的四节培训课	教科处
		2. 组织高一新教师、新学生参加"125"课堂教学模式系列培训（"125"课堂教学模式解读、班级小组建设、学生学习规范、"三驾马车"建设、外墙文化等）	教科处 高一年级部
		3. 请进来：邀请"好课堂"组织江苏新高考一线名师走进响中讲学并上示范课	教科处
9月份	课改先锋评选	1. 安排好校级公开课	教科处
		2. 制定年级备课组小组听课安排表	年级部主任
		2. 年级部组织观摩课并选出课改先锋	年级部
		3. 组织各教研组通过赛课形式推举2名课改先锋并录制视频课例	备课组长 教研组长
		4. 召开好课堂例会，并以"分层备课"为主题进行研讨	教研组长
		5. 开展优秀导学案评比活动（重分层设计）	教科处
		6. 开展小组长演讲比赛，点评示例比赛，选出"优秀评点员"	年级部 教科处
	确立"125"2.0版	1. 组织"五环节"大讨论，各教研组讨论并确定不同课型（新授课、复习课、讲评课、作文课、实验课等）的个性化"五环节"	教研组 教科处
	课题申报	1. 备课组"125"课堂微课题申报	备课组
		2. 市级以上课题申报	教科处

时间	活动安排	主要任务	负责处室
10月份	课改先锋访学及培训	1. 组织"课改先锋"评选与考核	教科处
		2. "课改先锋"示范课录制视频	电教处
		3. 对优秀视频课进行研讨与评选	教科处
		4. 课改领导小组及课改先锋到外地课改学校学习	教科处
		5. 访学教师学习心得汇报交流	教科处
		6. 进行好课堂课例研讨，围绕有效预习、有效提问展开	教研组
		7. 举行高一年级物理、化学、生物技能课的课堂竞赛	物化生备课组
11月份	好课堂专题研讨及优秀课例评比	1. 对"五环节"中"讨论释疑"环节"问题植入"进行专题研讨	教研组
		2. 各教研组组织教学设计评比，在"问题设置"等细节方面考量	教研组
		3. 迎接"好课堂"专家入校指导	办公室
		4. 开展优秀课例和论文评选活动，围绕"问题设置"和"分层教学"展开	教科处
		5. 邀请专家对录制视频课指导评课	教科处
12月份	第十届"求实杯"课堂教学竞赛	1. 通过"求实杯"竞赛，以"好课堂"评价量表评比产生2—3名教师上"好课堂"展示课，参加线上远程研讨	教科处
		2. 形成六节以上"125"展示课视频参加"好课堂"赛课活动	教科处
		3. 所有教师撰写课改心得	备课组
		4. 完成本年度"125"课改总结	教科处
		5. 完成校刊《响中教研》的组稿	教科处

第五节　课改四期行动

本期为出模阶段（2021 年至今），本阶段更特别强调课改与立德树人、学科核心素养培养以及落实"双减"等政策的科学融合，创新开展"125"与"三新""三程"改革的有机结合，着重打造生命·生态化的"125"新课堂。

在深入推进和创新建设"125"课堂模式的基础上，注重项目成果的展示和推广应用。通过与当代好课堂等教育专业机构的深度联合，通过助力兄弟学校合作课改和举办"学术节""七校创新联盟"等大型教育教学交流活动，促进"125"对外交流和推广应用，不断完善、发展"125"，扩大"125"的影响力。

1. 2021 年 5 月 25—26 日，"当代好课堂"项目 5 月入校指导工作，检阅并指导"125"课堂的生态化建设。

2. 2021 年 5 月 31 日—6 月 1 日，"南冯北魏"进响水开展专家讲学活动，高位指导"125"生态课堂。

3. 2021 年 12 月，举行江苏省响水中学第十一届"求实杯"课堂教学竞赛，深度展示成熟的"125"生态课堂。

4. 2021 年 12 月，举行首届"学术节"活动，邀请海门中学盛情参加，并展示"125"与"三新"改革深度融合的新课堂。

5. 2022 年 3 月、5 月和 12 月，当代好课堂教育发展中心专家团队连续开展课堂改革入校指导工作，深度、高位检阅并指导"125"课堂的生态化建设。

6. 2022 年 11 月，与清源高级中学联合开展为期一月的"125"生态课堂的创新建设活动。

7. 2023 年 4 月，云南省宣威一中和陕西省铜川市耀州中学相继来我校观摩学习"125"生态课堂。

江苏省响水中学、响水县清源高级中学第一届
"学术节"活动方案（讨论稿）

一、指导思想

秉承"让教育充满思想，让教学蕴含学术"的理念，根据江苏省响水中学第一届"学术节"的总体指导思想，充分利用我校打造"125"课堂教学模式的良好基础，结合我校办学实情，以"打造幸福优秀的教师团队"和"培养阳光全面的学生"为切入点；立足新高考，研讨新教材，以聘请专家讲学、德育沙龙、教学沙龙、与省内知名学校开展联盟活动、校"求实杯"课堂教学竞赛等校园学术节系列活动为载体，在全校营造乐学、勤学、会学的良好学习氛围，全面提升学生素养；为教师搭建交流研讨平台，提升教研组研修水平，进一步推动我校教育教学向更加合理化、科学化方向发展。

二、活动主题

立足新高考，助力新课堂。

三、活动时间

2021 年 11 月 30 日—12 月 30 日。

四、活动要求

1. 全校教师围绕"立足新高考，助力新课堂"的主题，积极探索基于学科核心素养的有效分层课堂教学模式，优化分层作业设计与试卷讲评，营造浓厚的学科教学研讨氛围。

2. 全体教师积极参与各项教育教学活动，努力营造学术研讨氛围。每项活动结束后，各部门要认真总结反思，为今后组织类似活动积累宝贵经验。

五、活动安排

（一）准备阶段（11 月 23 日—29 日）

1. 成立"第一届校园学术节"工作领导小组，完善组织与管理网络。

组　　长：张大春

副组长：许利国　时良兵　高明华　徐广飞　王建祥

组　　员：周仕波　刘锦兵　王金宇　汪洋　杨学志　陈素勇　史素君　孙向军　吴海港　陈波涛　马磊　宋刚　史成亮　沈爱华　彭贞珍　刘启　范连兵　于从明　倪锦春

2. 组织学习《江苏省响水中学第一届学术节活动方案》，领会学术节主题及内涵，制定《江苏省响水中学第一届学术节工作细则》，开展校园学术节各项活动。

3. 校园学术节各专项活动的组织及筹备。

（二）实施阶段（11 月 30 日—12 月 31 日）

1. 专家讲学（牵头处室：办公室、教科处）

（1）邀请当代好课堂专家入校指导，对重点学科进行把脉诊断，寻找突破良策，扩大提升空间。

（2）聘请专家来我校针对新课标、新教材与新高考开展专题讲座，提升我校教师新课程研究的理论水平和应对新高考的课堂教学能力。

2. 开展"七校联盟"活动（牵头处室：办公室）

与省内知名学校联合，开展"七校联盟"活动，加强校际交流，分享办学经验，取长补短，促进共同发展。

3. 德育沙龙活动（牵头处室：政教处）

组织全校（包括清源高级中学）35 周岁以下青年班主任参加培训，重点对班级管理艺术、学生养成教育两方面加强指导，提高青年班主任的班级管理综合水平。

4. 教学沙龙活动（牵头处室：教务处）

充分发挥老教师优势，展示骨干教师风采，开展学科教学沙龙活动，由教务处制定具体方案：确定参加活动的人选和时间，并提出具体要求，各学科教研组具体负责实施，研讨我校的"125"课堂教学模式，（从教学 5 环节到导学案的编写与使用）进一步完善、提升，"出模""优模"。

5.开展邀请大学教授进响中活动（牵头处室：办公室、教科处）

邀请国家重点大学知名教授来我校介绍我国目前的大学办学理念以及学科配置，让我们的学生了解大学、间接的体验大学生活，从而科学地规划自己的人生。

6.举办"求实杯"课堂教学竞赛决赛（牵头处室：教科处）

为提高广大老师参与课改的积极性和主动性，为老师们提供展示自我和相互学习的平台，巩固我校"125"课堂教学模式的课改成果，努力推动我校课堂教学改革，实现我校高考成绩的"双突破"。

附：系列活动安排

系列活动 I：开幕式

时间：2021 年 12 月 1 日 14：30

地点：响中大会堂

主题：立足新高考，助力新课堂

出席人员：石鑫校长、魏局长、袁局长、张校长及响中其他班子成员响中全体教职员工

主持人：许利国

议程：（略）

系列活动 II：聘请海门中学校长来我校指导（12 月 1 日）

系列活动 III：教师沙龙活动（12 月 7、8、9 日）

教学沙龙活动方案

为全面落实江苏省响水中学、响水县清源高级中学第一届"学术节"部署要求，助力课堂教学模式探索，拟定于 12 月 7 日—9 日开展教学沙龙活动，现将教学沙龙活动相关安排通知如下：

一、活动安排

12月7日—9日晚教研活动时间（18：50～20：20）

12月7日（周二）

语文组第一报告厅，125"课改背景下，如何提升学生的阅读能力？

各教研组长近期召开会议，研讨确定主题，明确主持人、发言人，确定主题报告的相关事宜，报教务处。

物理组第二报告厅，"125"课改背景下，小组长的培养。

历史组1205会议室 "125"课改背景下，课堂的结构与容量的关系。

12月8日（周三）

数学组第一报告厅，"125"课改背景下，教师如何指导小组有效开展活动？

化学组第二报告厅，"125"课改背景下，导学案编写及使用过程中应注意的问题及解决策略。

政治组1205会议室，"125"课改背景下，什么样的课才是好课？

12月9日（周四）

英语组第一报告厅，"125"课改背景下，课堂展示有效性。

生物组第二报告厅，"125"课改背景下，如何提升习题讲评课的效率？

地理组1205会议室，"125"课改背景下，如何凸显教师的主导地位和作用？

二、活动要求

（一）各教研组针对以下几个方面进行教学研讨：

1."125"课改背景下，什么样的课才是好课？（可细化为具体标准）

2."125"课改背景下，如何凸显教师的主导地位和作用？

3."125"课改背景下，教师如何指导小组有效开展活动？

4."125"课改背景下，课堂的结构与容量的关系。

5."125"课改背景下，小组长的培养。

6. "125" 课改背景下，课堂展示有效性。

7. "125" 课改背景下，导学案编写及使用过程中应注意的问题及解决策略。

8. "125" 课改背景下，如何提升学生的阅读能力？

9. "125" 课改背景下，如何提升习题讲评课的效率？

（二）教研组推荐人员参加沙龙研讨

1. 主持人：各教研组组长

2. 围绕以上研讨内容，选定一个主题（各组不得重复），组内明确若干发言人，准备发言稿，教研组长设计发言流程，最后形成主题报告，交教务处备案。

系列活动 IV：七校联盟活动（12 月 10 日）具体安排（由办公室牵头）

系列活动 V：大学教授进校园活动（12 月 15 日）具体安排（由办公室牵头）

系列活动 VII："求实杯"课堂教学竞赛决赛活动（12 月 25 日）方案另附

系列活动 VIII：元旦晚会暨"学术节"闭幕式活动（12 月 30 日）

具体安排（由团委牵头）

江苏省普通高中高品质发展"七校创新联盟"成立暨
第一次理事大会活动方案

一、指导思想

为进一步落实江苏省教育厅有关教育家型校长创新培育计划工作要求，促进联盟学校协调、均衡发展，优化资源配置，分享优质教育资源，缩小校际差距，加强学校过程性管理，南京市雨花台中学、淮安市楚州中学、新沂市第一中学、扬州市邗江区瓜州中学、泰州市第三高级中学、灌云县第一中学、江苏省响水中学等七所学校成立"七校联盟"，通过传播办学理念、交流办学经验、渗透学校文化、互通教育信息等形式，以实现联盟校在办学思想、管理水平、质量提升等方面共同研究、共同学习、共同进步。

二、活动主题

开放　共享　合作　共赢

三、活动形式

通过班子交流、听课观摩、同课异构、专题研讨（校级联考、学科组建设、名师引领、教学沙龙等）、网上交流、资源分享等系列活动，实现联动机制，以达到学生进步、教师成长和学校发展的目的。

四、组织机构

理　事　长：赵光辉

副理事长：李斌　葛光　陈学忠　张乃宝　姚松　张大春

成　　　员：各联盟校分管年级副校长　教务处主任　年级部主任

五、活动安排

时间：2021 年 12 月 24 日

地点：大会堂

出席对象：各联盟校校长 响中校级班子 响中所有中层干部及教研组长和部分老师。

表一：活动议程

日期	午别	时间	活动内容	活动地点	参加对象
12月24日	上午	9：00～12：00	报到	见邀请函	省教育厅领导、各联盟校校长
	下午	15：00～15：30	"联盟"成立仪式（开幕式）	大会堂	联盟校校长、响中所有中层以上干部、教研组长
		15：35～16：05	第十一届"求实杯"课堂教学竞赛决赛启动仪式		省教育厅领导、联盟校校长、响中校级班子
		16：10～17：40	专家报告		响中所有没课老师 响中所有老师
12月25日	上午	7：35～11：35	第十一届"求实杯"课堂教学竞赛决赛	决赛地点	省教育厅领导、各联盟校校长、响中评委老师、听课老师
	下午	14：00～16：35	第十一届"求实杯"课堂教学竞赛决赛（领导、联盟校校长返回）	决赛地点	响中评委老师、听课老师

表二：开幕式议程

时间	程序	活动内容
24日下午	1	嘉宾介绍（主持人响中张校长）
	2	宣布创新联盟成立（省教育厅陈主任）
	3	宣读联盟章程（南京雨花台中学赵校长）
	4	颁发聘书（陈主任发赵校长；赵校长发其他人）
	5	局领导致辞（教育局魏局长）
	6	揭牌仪式（省、县领导揭牌并合影）

表三：第十一届"求实杯"课堂教学竞赛决赛启动仪式

时间	程序	活动内容
24日下午	1	主持人（响中中学张校长）
	2	宣读组织方案（响中中学王书记）
	3	评委代表发言（王丽娟）
	4	参赛老师代表发言（徐娟）
	5	嘉宾致辞（省教育厅陈主任）
	6	宣布竞赛开始（教育局魏局长）

六、部门分工

1. 办公室整个活动的组织安排；来宾接待；材料袋准备；张校长主持稿；魏局长致辞稿；嘉宾致辞稿；活动地点席卡、卫生、茶水；邀请函（电子稿）；公众号；校门口以及综合楼前大屏欢迎标语；求实杯决赛每赛场4个嘉宾评委席卡。

2. 教务处通知相关人员参加活动。

3. 教科处

本次活动方案的制订；活动过程中相关事宜的调控；草拟联盟章程；订做铜牌和证书；安排好发言老师代表及讲话稿的审核。

江苏省响水中学第十一届"求实杯"课堂教学竞赛决赛组织方案

一、竞赛时间

2021 年 12 月 25 日

二、竞赛地点

第一报告厅、第二报告厅、合班教室、清源 3102、清源 3204

三、竞赛基本流程

1. 分组：根据各教研组参加决赛老师的名额，将决赛选手分为语文 6 人、数学组 6 人、外语组 6 人、史政地音体美组 7 人和理化生信组 7 人，进行决赛。

2. 评委：分为 5 个评审组，每组一名校级领导，其他成员由各学科老师组成。

3. 打分：竞赛包括教学设计（20 分）和课堂展示（100 分）两部分。其中课堂展示又分为学生学习情况（50 分）、教师导学情况（50 分）。

实行评委老师现场对教学设计、学生学习情况、教师导学情况分别进行打分，当场计分，按均分从高到低，确定选手获奖等第。

4. 抽签：语、数、外参赛选手于 12 月 24 日上午 9：15 到合班教室抽签决定上课班级和顺序，同时公布决赛课题；理、化、生、政、史、地、信、音体美参赛选手于 12 月 24 日上午 9：15 到第一报告厅抽签决定上课班级和顺序，同时公布决赛课题。

5. 课前指导：12 月 24 日晚自修第一节课（6：50～7：35），各组参赛选手进入授课班级同学生见面，进行组长培训、小组活动等课前指导。为了保证比赛公平，所有选手其他时间一律不与上课班级学生见面。

四、处室分工（略）

五、序时安排

1. 12 月 23 日，校课改领导小组牵头确定评委名单，并上报校长室审核确定；12 月 24 日前做好评委培训工作；

2. 12 月 24 日，督导处确定上课所用年级和班级，各学科类决赛课题；组织参赛选手抽签确定上课节次、上课班级；

3. 12 月 24 日，教科处整理好所有决赛所需材料，并在晚 8：20 前将所有材料发至各组评委负责人，公布决赛安排表。

4. 12 月 24 日，办公室和电教处下午 4：50 前，安排专人到上课地点调试好多媒体；24 日设计好安排好上课地点的电子横幅和学校的大屏标语。

5. 12 月 24 日，办公室、总务处安排好报告厅的卫生，并准备好上课地点红蓝水笔、粉笔和白（黑）板擦，确保电源正常。

6. 12 月 25 日，江苏省响水中学第十一届"求实杯"课堂教学竞赛决赛。

六、注意事项

1. 评委

（1）赛前 20 分钟，各科类评审组负责人到教科处领取评审材料袋。

（2）赛前 10 分钟，各科类评审组负责人召集本组评委按时到相应地点准备评课。

（3）赛前 5 分钟，评审组负责人将参赛选手的《教学设计》分发给评委（共 10 份）。

（4）课堂展示结束后，评委公正、客观地对教学设计、学生学习情况、教师导学情况分别进行打分（保留一位小数），当场计分。并将《成绩评价表》签名后交给评审负责人集中保管。选手的成绩不允许涂改。

（5）下午比赛结束后，评审组负责人立即组织评委做好两件事：①进行成绩汇总，去掉最高分和最低分，然后按均分从高到低，确定选手成绩排序（从高到低），签名后将评审组所有原始材料按参赛老师上课顺序整理好。②对本次组织活动、评审活动进行评价（包括组织、评审过程中存在的问题或不足、建议等）。

（6）评审组负责人在 12 月 25 日下午 6：40 前，将所有材料交教科处。

2. 参赛选手

（1）备课：要按照"125"课堂教学模式精心备课、精心设计。

（2）课前：主动提供 10 份教学设计（8 开纸一张，正反面）给评审组组长，要求项目齐全，科学合理，简洁流畅，富有创意。

（3）上课：①体现我校"125"课堂教学模式的特色，构建同课异构有效教学模式；②坚持让学引思，打造真学课堂的理念；③合理使用多媒体等辅助教学手段；④展示各自教学风格和特色。

（4）参赛选手在自己比赛结束后，方可参加同学科组的听课。

（5）在 1 月 4 日前，每名参赛选手须写一篇 600 字以上的教学反思，连同《教学设计》电子稿（word 文档格式），发送至 343854752@qq.com。

3. 听课老师

（1）按时听课，并履行签到手续。每位老师听参赛课不少于 2 节。

（2）认真记录，不谈论，不走动，不接打手机（全部调成"静音"或关机）。

（3）认真填写听课签到表，不得代签，有事必须请假。

4. 被借用班级

（1）被借用班级的班主任是该班级的第一责任人。

（2）班主任在上课前一天向全体学生讲明有关要求。赛课开始前五分钟，班长要将班级学生带到相应上课地点，带好上课用的水笔、板擦等；设计好学生座位表。下课后，安排好上课地点的卫生工作，整理好环境，擦好黑、白板，有秩序离开。

江苏省响水中学第十一届"求实杯"课堂教学竞赛组委会

2021 年 11 月 30 日

2022年秋学期江苏省响水中学对外开课暨"同课异构"活动方案

一、指导思想

正面新高考，深究新课标，研读新教材，落实新举措，探讨新方向，全面深化课堂教学改革，充分发挥优秀教师的示范引领作用，促进我校课堂教学从"优模"走向"出模"，展示我校打造"125"课堂教学模式的阶段性成果，提升办学水平，增进校际交流，努力实现我校教育教学质量的"北抬头"和高考成绩的"双突破"。

二、领导小组

组　长：张大春

副组长：许利国　时良兵　高明华　王建祥

成　员：周仕波　吴海港　刘锦兵　王金宇　杨学志　彭贞珍

　　　　刘启沈　爱华孙　向军　倪锦春

三、活动主题

学思融通，生师互动；同课异构，共放异彩。

四、活动宗旨

1.激发潜能，张扬个性，异中求同，同中求异。促进教师对新教材钻研，加强对新课标的学习，优化课堂教学结构和模式，提高课堂教学效率。

2.优势互补，集思广益，搭建校际交流平台。

让各位优秀老师的教学风格和课堂教学特色得以充分展示，百花齐放、百家争鸣，营造更加和谐的教学研究氛围，搭建高效实用的教学交流平台。

3.促进教师的专业提升，加快教师专业的成长。

以我校"125"课堂教学模式为平台，凝聚广大教师的聪明才智，以打造高效课堂为契机，构建学生自主学习，师生有效互动的氛围，促进广大教师统一思想、更新观念、深化理念，提高自身的职业道德素养、学科专业素养、科学文化素养和艺术修养，通过"同课异构"等系列活动，培养一批教改名师，逐步实现我校教师素质的整体提升。

4.推进课堂教学改革，促进教师教学理念的更新。

以遵循教育规律、提高教育教学质量为工作原则。提升学生自主学习和小组合作的能力。贯彻把课堂变成学堂，变教师为导师的课堂模式新理念。以民主、开放、和谐的课堂教学环境为依托，着力使学生在规定时间内自主地完成学习目标和任务，促进学生在学习兴趣、学习态度、学习习惯、学习能力、学习品质、创新精神等方面的优化和发展。

五、日程安排

1.各校授课老师和带队领导于12月11日下午5点之前到江苏省响水中学报到（报到时请带队领导收齐同行人员身份证，由响中办公室人员安排好宾馆房间）。18点在校餐厅楼吃工作餐，19：00—20：00和响水中学和对应学科教研（备课）组长对接，安排好上课所用材料的打印、和上课班级学生交流、多媒体的调试等准备工作。

2.外地观摩老师于12月12日上午8：10前，到江苏省响水中学报到，领取本次活动相关材料，登记参加活动人数；本地老师于12月12日上午8：20前到江苏省响水中学报到（珠江东路1号）。

江苏省响水中学

2022年11月22日

张大春校长在首届"学术节"闭幕式上的讲话

老师们：大家下午好！

为期一个月的江苏省响水中学首届"学术节"已经落下帷幕。首先，向在第十一届"求实杯"课堂教学竞赛中获奖的老师表示热烈祝贺。同时，我代表校党委、校长室，向县教育局、县教师发展中心的领导、兄弟学校的同仁们对本届学术节的支持和指导表示衷心的感谢，向参与、精心组织本届学术节的各职能处室和全体老师表示衷心的感谢。

课堂教学是学校人才培养的主渠道，是学校办学最基本、最重要的环节，课堂教学质量是长期以来制约学校教育教学质量提升的最重要的因素。我希望通过这次课堂教学竞赛，能够进一步提升我校的课堂教学效益，巩固和发展我校课堂教学改革的成果，培育更多的教学新秀和教学骨干，培养更多的优秀学生，进一步扩大我校的办学影响，提升办学品位。

一、要立足课堂，追求效益

所有老师要从本次求实杯竞赛优课中寻找闪光点，借鉴先进经验，培植课堂教学增长点，推动全校课堂教学改革再上新台阶，再创新辉煌。

二、要发扬成绩，克服不足

此次竞赛中涌现出来的具有示范作用的课例，要回过头来再加工、再修改、再提高，使之成为我们学校的经典课例，不仅要在校内有良好影响，还要争取走出校门，走向全市，乃至全省、全国。课堂教学过程中，存在的明显不足，要进行深刻地反思，避免同样的问题在教学中重复出现。

三、要加强研究，创新管理

教学无止境，没有最好只有更好。老师们要崇尚科学精神，树立终生学习理念，如饥似渴地学习新课标、新教材、新技术，认真研究新高考，拓宽知识视野，更新知识结构，不断提高教学质量和教书育人本领。

希望所有教师都能静下心来，精心研究这门大学问，并力求精益求精，用自己的热情和忠诚去投入，用自己的责任和心血去作为，共创个人事业、学生成长和学校发展的美好明天！

一个月以来，本届学术节以"研究 提升 创新 多元"为主题，结合校情实际，立足新高考，研讨新教材，以聘请海门中学石鑫校长专家讲学、德育沙龙、教学沙龙、"七校创新联盟"活动、校第十一届"求实杯"课堂教学竞赛、东南大学进校园等系列活动为载体，在全校营造乐学、勤学、会学的良好学习氛围，全面提升师生学术素养。

热烈的场面、美好的画面、精彩的片段，犹如惊鸿掠影。

智慧的大旗、思想的翱翔、技能的展示，犹如诗意飞扬。

前沿的话题分享交流、热烈的全场研习讨论、精彩的导师针对性点评，集众家之所长，拓学术创新之路。

本届学术节是我校教育教学水平的一次大检阅，是我校师生探索精神、创新激情的一场真人秀。

本届学术节立足新时代、聚焦核心素养，参与广泛、多元开放、时代性强、学术味浓，实现了跨年级的学术交流、跨学校的矩阵发力，促进了集思广益，群策群力，实现资源共享，优势互补、合作双赢、共同发展。

让我们以此为契机，形成崇尚精品、严谨治学的优良学风，营造互学互鉴、积极向上的学术生态，推动学校教育教学高质量发展；让我们恪守学术道德，遵守学术规范，努力实现学校高品质发展的奋斗目标。

最后，在元旦这个充满喜悦的日子即将到来之际，愿新年的钟声能带给你一份宁静和喜悦，以及我最真诚的祝福：愿各位岁岁平安，事事顺心，家庭和顺，工作顺利。

谢谢大家！

2021.12

第六节　课改推进活动

以开放促提升　以反思求进步
——响水中学对外开课活动总结

11 月 27 日上午，我校组织了以"深化课堂教学改革，打造优质高效课堂"为主题的教学开放活动，前来参加活动的有全市 15 家四星级高中的 124 名领导和老师，对他们所听的 59 节课给予了较高的评价。为了总结经验，克服不足，更好地做好各方面工作，现将本次活动总结如下：

一、领导重视，团队协作

1. 校领导层面。

此次开课活动是我校近几年规模最大的一次，为了做好本次开课活动，校领导未雨绸缪，精心筹划，提前一个月制订了具体实施方案，又根据校期中考试时间及我校打造高效课堂的具体进度进行多次商讨，最终确定了开课时间和实施方案。

为了保证对外开课的质量，学校分别召开了全校教学人员会议、中层管理人员会议、年级部主要负责人会议以及备课组长会议，级级落实，层层把关，确保各项工作万无一失。

学校的全力支持，领导的亲力亲为，是此次开课活动得以成功举办的重要保证。

2. 处室、年级部层面。

在领导的统一部署下，我校各处室团结协作，积极配合，认真做好实施方案中所分配的每一项工作。办公室精心宣传，教务处全力配合，督导处倾力监督，总务处全力保障，电教处跟踪拍摄，各年级部认真准备……开课过程中，各项工作环环相扣，无缝对接，人人有事做，事事有人做，做了力求最好。

3. 备课组层面。

为了保证每节课的优质高效，各备课组在不影响教学进度的前提下，提前两周确定开课课题，由备课组核心成员制定导学案和课件，教研活动时间认真磨课，大家各抒己见，进一步优化小组交流和课堂探究等环节，确保导学案的科学优质。

全校教师都把这次授课活动看作一次锻炼自我、展示自我的机会，积极参与。尤其是被推荐的 59 名教师更是给予了极大的重视，从准备、组织到授课都投入了大量的时间和精力。教研磨课时各组教师都能踊跃听课，对本组老师的课加以评析，充分发挥集体的智慧，多次修改，确保课课精彩，堂堂优质。

二、得中求进，失中反思

1. 取得的成绩。

① "深化课堂教学改革，打造优质高效课堂"的课改理念进一步得到落实。开学初期，在学校全面推进高效课堂模式的时候，很多老师产生疑惑，甚至有抵触情绪，此次活动我校师生共同展示的新课堂模式获得了听课老师的一致好评，各备课组也从中获益良多，学生在课前预学、小组讨论、展示交流和课堂探究等环节中充分体现了自主合作学习的理念，各方面素质也都得到了提升。老师们欣喜地看到了学生的变化，深感学生学习的主动性提高了，语言表达能力加强了，课堂气氛活跃了。此次开课活动的成功举办坚定了我校实施课改的决心，增强了老师们坚决推进新课堂模式的信心。

②校际交流得到了加强。开课活动中，来自全市各兄弟学校的领导和老师对我校高效课堂模式的改革给予了充分肯定，并提出了很多中肯的建议，比如课堂展示形式可以多样化、总结提升时教师作用的发挥、不同学科的导学案编制等问题。我们一定会根据大家的建议认真思考，

进一步探索，以求高效课堂模式的进一步优化。

③教师的个人业务能力得到了提高，教学风采得到了充分展示。在备课、上课等各个环节中，老师们认真思考，精心准备，从导学案的编制到课件的制作，从探究题型的设置到课堂引导，大家群策群力，研究探讨，即使新课堂模式的运用更加熟练，又切实提高了个人的业务能力的共同提高。

④学生自主学习、合作探究的能力得到了提高。高效课堂模式的最终受益者是学生，课堂上学生精彩纷呈的点评、积极互动的小组讨论、积极思考、大胆活泼的展示，得到了听课老师的高度赞扬。学生们由原来被动接受变为主动求知，综合素质和能力得到了大幅提升。

2. 存在的问题。

①教师对课堂模式理解和运用的水平不平衡。个别教师依然课堂上讲的多，不会、不敢放手让学生活动。

②部分课存在形式化倾向。自主、合作、探究的学习方式流于形式，达不到真正的高效课堂的基本标准。

③开课的科目不全。这次的对外开课只开设了文化类学科的课程，而对音、体、美、信息以及研究性学习（包括主题班会课）等科目的课堂却没有全面地做到对外开放。

④活动方案的设计还可以进一步优化。

三、几点启示

1. 坚定课改决心，促进教育教学质量提高。

课改实施期间，不断听到有人讲，搞这样的课堂模式一定会对教学产生强烈的冲击，教学水平能提高吗？我们认为，课改不是一蹴而就的，需要我们不断探索。目前而言，学生慢慢形成自我学习、主动学习的学习习惯是最重要的，高效课堂模式的各个环节对老师和学生的能力要求非常高，长时间的思维锻炼和主动学习一定会让学生的学习能力有所提升，进而提高学习成绩。当然，在具体实施过程中，我们一定要密切关注学生成绩的变化，积极寻求适合我校学生发展的有效途径，因生制宜，因人制宜，以达到能力和成绩的双重提升。

2. 责任落实要到位，硬性措施要明确。

做好"打造高效课堂"的责任落实，相关处室、年级部、备课组一定要根据学校的统一部署，拿出科学有效的硬性措施，加强督查，并在常规教学管理中做好落实。

3. 加强组内学习，促进共同进步。

从本次开课的情况来看，教师间的差异还比较大，发展还极不平衡。这种情况的形成，除了原有的知识与能力基础这些客观因素外，我们认为主要还在于部分教师主观上的故步自封。新模式面前，谁止步不前，谁驻足观望，谁就将面临挑战和冲击。这就要求不同学段、不同年龄段的教师都要更新观念，转变观念，研究新问题，接受新事物，不断完善自我，不断超越自我。尤其是青年教师必须鼓足勇气，勇敢地迎接挑战。可以说，谁的行动快，谁就能占得先机。

为全面推进高效课堂模式，备课组要加强集体备课，组内要经常组织听评课活动，教师之间要互相学习，取长补短，向高效课堂模式实施较好的同仁学习，促进共同进步。

4. 加大"走出去"力度，促进校际交流。

为提高教育教学质量，全市各个学校都有各自的有效措施，也有很多兄弟学校推进了高效课堂改革。此次我校的对外教学交流活动在全市范围内产生了一定影响，给兄弟学校的教学改革提供了参考，下一阶段，我们要"走出去"，利用其他学校的开课活动加强学习和交流，虚心学习，积极反思，进一步提高我校高效课堂的质量。

打造优质高效课堂，是切实推进课堂教学方式转变、促进教师专业化发展、提升教师业务能力和学生自主学习能力的有效途径，也是提高教育教学质量的现实选择。近年来，我校围绕县委、县政府提出的"双突破"目标，积极推进课堂教学模式改革，把打造高效课堂、提升教育教学质量作为学校工作的重中之重。此次教学开放活动，既是对我校近阶段课改工作的检阅，也是我校打造高效课堂初期成果的一次展示。通过教学开放活动，我校教师的业务能力得到了进一步提升，与兄弟学校之间的交流得到了加强。

我们将以此次教学开放活动的成功举办为契机，结合各兄弟学校的听课反馈意见和活动结束后的自我反思，进一步推进课堂教学改革，优化高效课堂模式，强化教学精细化管理，促进学校教育教学质量不断提高。

（教科处 2014 年 11 月 28 日）

聚焦课堂谋高效　创新改革谋发展

——探究与上海"中国好课堂"合作的可行性方案（2020）

为了进一步深化我县教育"接轨上海"工作，为了继续推进课堂教学改革，向课堂教学要效益要质量，全面提高我县教育教学质量，并解决课改中存在的问题和不足，逐渐实现优质轻负的高效课堂，深度学习冯恩洪名师工作团队的教改实践，结合我校实际情况，拟与上海"中国好课堂"合作推进我县课堂教学改革新发展，现将可行性论证如下：

一、顺应时代　创新发展

（一）习近平总书记在治国理政过程中，面向世界谋划教育格局，高度重视教育在社会主义现代化建设中的地位和作用，高度重视教育在实现中华民族伟大复兴中国梦、促进人类和平与发展中所承载的责任和使命。习近平总书记在北京市八一学校座谈时要求各级党委和政府坚持把教育放在优先发展的战略位置，强化责任意识，及时研究解决教育改革发展的重大问题和群众关心的热点问题。要深化办学体制、管理体制、经费投入体制、考试招生及就业制度等方面的改革，深化学校内部管理制度等方面的改革，深化人才培养模式、教学内容及方式方法等方面的改革，使各级各类教育更加符合教育规律、更加符合人才成长规律。习近平总书记对从教育行政部门到学校教育教学改革的方方面面提出了具体改革要求，为我国教育事业的改革和发展指明了前进的道路。

（二）教育部党组书记、部长陈宝生在《人民日报》撰文，吹响了"课堂革命"的号角。他提出要坚持内涵发展，加快教育由量的增长向质的提升转变。把质量作为教育的生命线，坚持回归常识、回归本分、回归初心、回归梦想。深化基础教育人才培养模式改革，掀起"课堂革命"，努力培养学生的创新精神和实践能力。

（三）2014 年上半年至今，我校致力于课堂教学改革，通过不懈努力，具有响中特色的"125"课堂教学模式，已经成为全市课改工作的领头羊。2017 年 12 月，盐城市"让学引思"课堂教学改革推进会在学校顺利召开；2018 年 3 月和 11 月先后承办了中国好教育联盟第二、第三届同课异构教学比武大赛。目前，"125"课堂教学模式已经成为学校发展的一张新名片，该模式被评为"盐城市优秀教学模式"，广东省雷州市三中、盐城市第一中学、江苏省金湖中学、盐城市明达中学、东台市富腾学校、建湖县上冈中学、滨海县八滩中学等学校计 2000 余人次先后来校参观学习"125"课堂教学模式。学校荣获 2018 年度"江苏省教科研先进学校""盐城市'让学引思'课堂教学改革先进校"。办学成绩实现连年突破。近 5 年来，学校高考连创佳绩，社会美誉度不断提升。2019 年高考，全校文化类文理科本一达线 359 人，本二以上达线 799 人，本一达线人数实现历史性突破，强力续写"低进优出"的独特办学品牌。县委县政府将"奋发进取、永不言败、久久为功、争创一流"总结为新时期响中精神。

（四）2018 年 7 月 27 日，中共盐城市委七届六次全会提出"开放沿海、接轨上海，绿色转型、绿色跨越"的"两海两绿"发展路径。通过学习上海，服务上海，联通上海，加快融入长三角一体化。2019 年 3 月 9 日，全县教育体育工作会议提出聚焦高效课堂，对接冯恩洪名师团队，推动"中国好课堂"项目落实，一着不让提高教学质量。

二、合作进程 初见成效

（一）2017 年 10 月 17 日，响水县教育局局长、县教师发展中心主任等一行 10 人到上海市嘉定一中进行考察交流，江苏省响水中学与上海市嘉定一中签订了合作交流协议。

交流会上，双方介绍了各自办学特色、学校发展愿景，并就教育管理、科研探索、骨干教师培养、办学质量提升、高考新政下的发展策略等方面进行了交流和探讨。根据协议，上海市嘉定一中将选派管理人员、专家、骨干教师到江苏省响水中学开展管理、科研讲座，开设示范课，对其学科教学、科研等进行指导，并接纳响水中学的管理人员、中青年骨干教师来校研修，双方学校将在三年内共同努力，推进长三角教育事业发展。

（二）2018年12月2日至6日，响水县教师发展中心组织县教育局分管领导、教师发展中心分管主任、研训员等15人赴贵州省六盘水钟山区"中国好课堂"实验中心开展"走进中国好课堂，推进响水新课改"学习培训活动。在活动中，参训者感知了"中国好课堂"模式，学习了"中国好课堂"理论，研究了冯恩洪名师团队驻响名师工作室工作方式，探索响水课改新路径。

（三）2019年1月9日，"中国好课堂"冯恩洪名师团队来响进行调研考察，冯恩洪名师团队一行3人先后走进响水中学、实验初中、实验小学，深入课堂，共计听取了六位老师的课。对每一节课作了具体的点评和指导，并与学校领导、上课老师、中小学研训员进行了现场交流，进一步深入推进我县教育"接轨上海"工作。

冯恩洪名师团队的专家通过课堂点评和专题讲座，对六位老师的课堂教学和我县课堂教学改革工作给予了客观评价。冯恩洪校长在报告中指出，课堂教学要放眼国际、结合国情，紧紧抓住"合作"、"问题"和"合适"三个关键词，教学设计要以学生为本，有效解决学生"在哪里"、"到哪里"、"怎么到"和"到了吗"的问题。他与大家一起分享了新课怎么上、实验课怎么上、练习课怎么上、复习课怎么上；他指出课堂上要做到"三讲一不讲"，全部都会的不讲，看书能会的看书，讨论能会的讨论，全班不会的要讲；特别指出课堂开发要"诱发合作需要、组织合作进程、享受合作成果、优化合作管理"。

（四）2019年6月19日至6月21日，上海市嘉定一中部分高三教师在校党总支书记、校长管文洁和副校长陈兴华的带领下，赴江苏省响水中学进行新高考改革背景下的学习交流活动。

上海市嘉定一中党总支书记、校长管文洁为响水中学全体教师做《新高考背景下高中学校的发展定位和行动力》报告。报告从上海高考改革的核心思考、上海高考改革引导学生的发展方向、上海基层高中应对高考改革的积极举措和遭遇的困惑等几个方面展开，向响水中学的老师们介绍了上海新高考的背景、意义，引发了响水中学老师们的思考与共鸣。

上海市嘉定一中语文、数学、英语、物理、化学等高考学科的高三教师们与响水中学的老师们进行了热烈的专题研讨，共同探讨新高考改革背景下课程教学的改进策略与实践。大家畅所欲言，在良好的交流氛围中分享了自己如何根据高考改革的特点及时调整自己的教学方法，以提高教学质量和教学效率，应对新高考改革的挑战。

（五）为进一步推进我县课堂教学改革，今年以来，响水县教育局与冯恩洪教授带领的"中国好课堂"专家团队通过双向交流考察，初步达成了课堂教学改革合作意向。上海浦东当代好课堂教育发展中心主要提供学校教育教学发展诊断评估、技术操作的具体指导、骨干教师集中培训、入校听课评课及培训指导、优秀教师异地访学、名师同课异构、远程咨询、资源提供等教育教学服务。

这次与上海浦东当代好课堂教育发展中心正式签约，是我县全面推进优质教育发展的重要举措，此举必将进一步推进我县教育教学改革全面跃上新的台阶。

（六）我县将与贵州省遵义市对口挂钩小学、初中、高中，利用上海"中国好课堂"平台，帮助我校解决课改工作中遇到的瓶颈，将加大培训力度，通过积极的课堂教学改革实践，推进课程建设，实现学校内涵发展，努力培养学生的创新能力和实践能力。

三、谋划方案 未来可盼

（一）与贵州省遵义市的合作前景。将进一步加强区域交流，促进人文交流，积极参与实施"一带一路"教育行动，推动我县教育教学工作高质量发展。

（二）合作相关路线图（实施方案）。改革是新生事物，任何改革都不是一帆风顺的。课堂教学改革中暂时存在困难是正常的。坚信那句话：前途是光明的，道路是曲折的。只要我们抱着满腔热情，与上海"中国好课堂"合作，提高我校高考质量，提升全县教学质量，提升我县文化发展品味，为实现强富美高新响水作出应有的贡献。

当代好课堂江苏响水项目 2020 年度工作方案

一、项目背景

为贯彻党的十九大深化教育综合改革精神，改变基础教育人才培养模式，落实"立德树人"的根本任务，上海浦东当代好课堂教育发展中心与江苏省响水县教育局开展了基础教育内涵发展项目合作，以建设"课堂文化"为核心，优化课堂教学模式和流程，自 2019 年 8 月至今，通过开展"基线调研""集中培训""入校指导""访学互动"等形式，推动项目学校教育教学改革，项目学校课堂教学发生了可喜的变化。为进一步推进响水项目顺利实施，当代好课堂专家团队认真研究和分析了三所项目学校课改的基础和课堂教学的现状，研究并商定 2020 年度项目工作计划，具体安排如下：

二、工作目标

通过集中培训、入校指导、线上研讨、访学互动、参加峰会、咨询答疑等活动形式，指导项目学校完成"建模、入摸"的阶段任务，引领更多教师"入模"；在教师共同体建设和学生共同体建设两大主题上形成基本制度与机制；小学、初中项目校建立导学案编制、使用规范化、常态化；高中教学初步形成分层备课、分层教学、分层作业的教学常态。

三、工作重点

（一）管理团队：进一步增强管理团队课改理解力和领导力。

1. 县教育局相关领导牵头，教师发展中心负责人与三所项目学校校长组建响水课改项目管理办公室，负责项目的顶层设计，编制项目总目标分解子目标，以及对各项目学校课改工作的领导、指导和督查。2. 项目学校成立由校长担任组长的课改领导小组，负责本校的课改工作实施、指导和督查，本年度工作重点"建模"与"入模"。3. 项目学校建立健全课例研究学习制度，从时间、空间、领导、评价等方面推进落实。4.项目学校组织不少于学校教师总数=三分之一的课改先锋队，实践新课型，引领"入模"，到年底项目学校提供6节代表校级水平的课改展示课视频。

（二）教师团队：进一步提高教师团队课改认识力和操作力。

1.学习实施《好课堂评价量表》（3.0版本）、备课评价量表。2.通过在线学习和课例研究，优化教学设计，引导教师在优化教学设计时实现课前准备的"四个转变"即设计"主体、时间、内容、方法"转变。3.组织"课改先锋队"代表访学学习及参加好课堂大会。4.暑期进行为期三天的课改专题培训。

（三）学生群体：进一步帮助学生提高学习能力、培养良好学习习惯。

1.对学生进行合作学习规范训练培养。2.对学生进行四种学习能力训练培养：自主预习、发现问题、深度合作、有效表达。3.建立学习组长定期培训评比制度。4.应用学生考核量表，建立学生学会学习评价机制。

（四）专家团队：对项目学校课改工作主要提供几下几种支持方式：1.全员集中培训；2.入校指导会诊；3.线上研讨互动；4.组织访学会务；5.提供资源平台；6.接受咨询答疑。

按照项目计划，结合今年具体情况，本年度安排入校指导3次、远程研讨3次、外出访学1次、学科峰会1次，组织学校领导和课改先锋队代表参加"好课堂"狼牙山峰会、"特色好课堂"研讨会。

四、工作计划

时间	活动安排	主要任务
5月下旬	远程会议	联系响水课改项目管理办公室领导、相关成员、项目学校领导召开视频会议，总结交流前一阶段课改实践、下阶段课改计划，提出课改需求和建议
6月中旬	入校指导	专家以课堂教学现状巡视诊断解答问题 依据学校课改计划诊断提出改进建议
7月中旬	线上互动	推介"好课堂"精品课例，学校组织观看、评议

时间	活动安排	主要任务
8月份	集中培训	学习实施《好课堂评价量表》(3.0版本)、备课评价量表，组织"四节课"走进好课堂培训
9月份	英语峰会	组织10位英语特级教师走进响水，建立特级教师长效工作机制
	入校指导	"合作学习"的专题研讨与实践
10月份	访学培训 当代好课堂狼牙山峰会	学校领导及课改骨干教师到外地课改学校学习 完成外出学习具体任务
11月份	入校指导	"问题植入"的专题研讨与实践
12月份	线上互动 "特色好课堂" 研讨会	项目学校开展"好课堂"赛课活动 每校推荐2~3名教师上"好课堂"展示课，组织远程指导评课 各项目学校形成代表校级水平的课改展示课视频
1月中旬	项目阶段总结	总结一年半课改实践提出下一步工作建议

请项目学校结合专家入校指导安排本校推进计划，保证专家入校指导的效益最大化。

每次活动具体时间根据实际情况可能有所调整，由专家团队与项目学校共同协商决定。具体活动安排的通知会提前一周进行沟通下达。

五、项目沟通

为保证项目实施的延续性，专家团队指派固定联系人翟立成与江苏响水教育局领导团队及项目学校保持联系沟通。

请响水县教育局相关负责领导与项目学校校长组成项目管理办公室，指定刘永康作为响水方固定联系人，加强与"好课堂"沟通联系。

请响水县教师发展中心指派固定教研员负责与项目学校、专家组的沟通，跟进专家入校指导，在专家入校指导间隔中帮助督促项目学校完成阶段任务，向专家组和项目领导小组反馈具体问题。

上海浦东当代好课堂教育发展中心

2020年4月

江苏省响水中学 2020 春学期"课改推进月"活动方案

一、指导思想

为了进一步巩固我校"125"课堂教学模式的改革成果，促进师生共同发展，提高教育教学质量，提升学校发展内涵，结合盐城市中小学"让学引思"课堂教学改革行动方案要求，特制定本方案。

二、活动时间

2020 年 5 月 1—31 日。

三、总体思路

1. 推进方式：教科处牵头，年级部为主体，各教学职能处室协助。

2. 活动内容：

①第 6、8 周，备课组骨干教师示范引领，树立"125"课堂教学模式的典型示范。

②第 9 周，青年教师课堂教学展示。各备课组推荐 1～2 节优秀课进行教学展示（语文、数学、英语备课组各推荐 2 节优秀课展示，其他科目推荐 1 节优秀课展示）。

③研讨交流：各备课组利用教研活动时间进行"125"课堂沙龙研讨，通过组内交流不断深化对"125"课堂教学模式的理解，并在反思中进一步践行。

四、阶段目标

通过两周的课堂教学展示及沙龙交流，确保每位教师都能熟练运用"125"课堂教学模式，并能结合本学科特点进一步优化教学"五环节"，探索出不同学科、不同课型的个性化的高效"125"课堂，既强调规范，又百花齐放。

五、活动安排

高一年级"125"课堂教学模式展示课安排表（第 6、8 周 略）

高二年级"125"课堂教学模式展示课安排表（第 6、8 周 略）

高三年级"125"课堂教学模式展示课安排表（第 8 周 略）

（教科处 2020 年 5 月 1 日）

江苏省响水中学推进"125"课堂教学模式考核方案
（试行稿）

一、指导思想

为贯彻盐城市教科院"让学引思"的教学思想，深入推进我校"125"课堂教学模式的改革，全面优化课堂教学，促进师生共同发展，提升教育教学质量，实现我校高考成绩的"双突破"。

二、考核对象

班主任 备课组长 全体上课老师

三、考核方法

按月考核，定期发放相关费用。

四、处室职能

教务处：负责对备课组长工作的考核，制定对备课组长考核细则，根据细则对全校所有学科备课组长的计划、总结、导学案的编制和使用以及课改所有活动的落实情况进行量化积分，按月汇总。

督导处：负责对班主任及所有老师的考核，制定对班主任考核细则，根据细则对所在年级班主任的小组建设、外墙文化以及教师课堂教学中班级学生专注度等情况进行量化积分，按月汇总。

年级部：负责对全校各年级学科老师的考核，制定对任课老师考核细则，主要从课堂教学方面着手，结合我校要求的教学五环节，每月组织学生对所有老师的课堂教学情况按照细则进行量化积分，按月汇总。

教科处：

1.安排各备课组按校课改领导小组的要求，根据小组听课情况，对每位老师的上课情况进行打分，每月汇总，按得分情况，把全组老师从高到低排序。

2. 汇总全校考核方案，对各职能处室的考核情况进行汇总统计，制表并负责及时发放考核费用。

江苏省响水中学课改领导小组　2018 年 3 月 16 日

附：各部门考核细则

"125"课堂教学模式推进考核细则（分处室）

序号	项目	分值
1	按时组织备课组活动，按计划定期学习《高效课堂一本通》等课改理论	10
2	备课组活动记载详细、规范	10
3	按要求使用、批阅导学案（无学案，该项为 0 分，每有一份学案不符合模式要求扣 0.5 分，扣完为止）	20
4	统一使用检测和练习（发现组内有一起私印情况扣 0.5 分）	10
5	定期组织备课组内高效课堂模式课观摩和展示研讨（每少开设一节课，扣 0.5 分）	10
6	认真选用教学资料，积极开展教学活动，配合处室、年级部、教研组做好各项教学检查工作	10
7	按时上交计划、总结、电子教案等（2 分 / 次）	10
8	客观评价组内老师高效课堂模式执行情况	20

考核总分：100 分　　考核金额：200 元

"125"课堂教学模式推进考核细则（年级部）

高 ___ 年级 __ 班 "125" 课堂教学模式考核评价表

_____ 年 ___ 月 ___ 日 记录人 _____

节次		学科	老师	评价项目						
				是否有学习目标（含课题）	是否使用课件（多媒体）及"三案"或相关练习	是否有讨论、提问环节	是否有展示环节	是否有点评环节	是否有打分评价环节	是否有检测反思环节
上午	1									
	2									
	3									
	4									
下午	5									
	6									
	7									

说明：1. 每班级安排专人评价，. 每节课要写上具体学科及该学科老师姓名，在对应方框内打√或×，如遇到体育课、自习课、练习等课，直接在对应方框内打斜杠。

2. 评价时间为周一至周五，每天课堂评价分为上午 4 节，下午 3 节，每周五晚自习前送年级部办公室汇总。

3. 学习目标：学习目标及课题必须清晰地写在前面白板上。

教学手段：每节课看是否使用课件（多媒体）及"三案"或相关练习。

讨论环节：讨论环节学生必须在组长的带领下真正地做到发声讨论。

展示环节：展示环节中，学生须在前白板或后黑板上字迹工整地写出相应内容，且标上组号。

点评环节：点评环节，可分为学生点评或老师点评。

打分环节：老师能够及时地给予小组合适的分数，做到及时反馈。

反馈环节：每节课老师要对本节课所讲内容进行及时检测反馈。

江苏省响水中学 2023 年课堂教学改革工作推进方案

一、指导思想

新的一年面对"后疫情时代"中国基础教育能否支撑自主创新高科技增长的挑战，面对进一步落实《中共中央国务院关于深化教育教学改革全面提高义务教育质量的意见》和《国务院办公厅关于新时代推进普通高中育人方式改革的指导思想》文件精神要求，面对习近平总书记宣布中国进入制度型改革开放新时代，对中国的教育发展提出了"融合教育"的高瞻远瞩要求，面对教育部"双减"新规对基础教育提出的新要求，面临的新挑战。

二、工作目标

为实现"文化立校""文化兴校"战略目标，为帮助我校从行政管理、教师发展与学生成长三条线回应时代挑战和落实中共中央文件要求。结合专家讲座、访学互动、峰会交流、咨询答疑等活动，对"125"课堂教学模式进行细节优化，实践任务主要由课堂教学组织方式的转变、"课堂文化"建设发展为以"课型文化"研究为抓手的学科教研活动优化，关注我校"第一梯队"和"第二梯队"课改进程，进一步完成"入模"与"优模"阶段相关任务，指导我校提炼课堂文化成果，完成接待"访学"基础工作，总结上学年课改工作以及规划新学年课改工作安排，从课堂文化建设走向课型文化建构，推进我校实现课改的深入和可持续发展。

三、工作重点

（一）课改领导小组

1. 进一步提升课改领导力，做好方案的顶层设计，确定具体项目。

2. 做好与"好课堂"项目部的联系和交流对接工作。

3. 为加强校本课改课程建设，组织好校内迭代升级培训。

4. 继续健全完善精品课例研究学习制度，多维度推进落实。

5. 打造"课改先锋队"，形成核心团队，实践新课型，发挥示范辐射作用，到年底提供 6 节以上符合本校特点的优秀展示课视频。

6. 负责外出学习参观与考察方案的制定和校际交流相关工作的落实。

（二）教研组、备课组

1. 建立优秀课例定期研讨评议制度，并在教研活动组织实施。

2. 学习实施《好课堂评价量表》（3.0 版本）、《备课评价量表》，结合我校的《课堂教学评价表》，在展示课、示范课、公开课上进行使用，在集体备课中进行研讨和完善。

3. 组织对导学案及课堂"讨论释疑"环节"问题植入"的研讨，提高教师发现问题，提出"合适"问题的能力。

4. 在"好课堂"的指导下进行"互评式"集体备课。

5. 组织"五环节"大讨论，各教研组讨论并确定不同课型（新授课、复习课、讲评课、作文课、实验课等）的个性化"五环节"。

6. 思考分层教学具体思路，拟定行动方案，并在教学中逐步实施。

（三）年级部

1. 组织"青蓝结对"，开展新教师过关课、考核课、展示课。

2. 安排好备课组小组听课、骨干教师示范课、观摩课。

3. 做好"三驾马车"的建设工作，建立健全班级组织。

4. 做好学生小组培训及小组长培训工作。

5. 做好对任课老师的考核工作。

6. 对内外墙文化的布置、落实与检查、评比工作。

7. 组织课改"优秀班级"评选，组织"优秀小组长"评选及经验介绍。

四、工作安排

时间	活动安排	主要任务	负责处室
2月份	课改推进	1.各年级部组织备课组骨干教师上好课改示范课，并进行经验分享	年级部
		2.以沙龙研讨的方式组织教研组对示范课进行诊断，并提出问题分组总结	各教研组长
		3.迎接"当代好课堂"入校指导	教科处
		4.组织高三复习课课型研究	教科处
		5.对班级小组长进行培训	年级部
		6.备课组研究拟定分层教学方案	各备课组长
		7.年度课改目标任务交流	教研组长
3月份	线上研训	1.课改"优秀班级"小组长撰写经验交流文章并在全年级分享	年级部
		2.组织观看"好课堂"精品课例并讨论（每两周一次，形成制度）	教科处、教研组
		3.撰写评课论文及心得（1500字以上，各备课组三篇以上）	备课组长
		4.在组织学习《好课堂评价量表》(3.0版本)、《备课评价量表》的基础上发制定出我校的《课堂教学评价表》(2.0版)和新版的《学生素质教育报告书》	教科处教务处
4月份	研学培训	1.研学"当代好课堂"的四节培训课	教科处
		2.组织高一师生参加"125"课堂教学模式系列培训（"125"课堂教学模式解读、班级小组建设、学生学习规范、"三驾马车"建设、外墙文化等）	教科处高一年级部
		3.请进来：邀请"好课堂"组织江苏新高考一线名师走进响中讲学并上示范课	教科处
5月份	课改先锋评选	1.安排好校级公开课	教科处
		2.制定年级备课组小组听课安排表	年级部主任
		3.年级部组织观摩课并选出课改先锋	年级部
		4.组织各教研组通过赛课形式推举2名课改先锋并录制视频课例	备课组长教研组长
		5.召开好课堂例会，并以"分层备课"为主题进行研讨	教研组长

154

时间	活动安排	主要任务	负责处室
5月份	课改先锋评选	6.开展优秀导学案评比活动（重分层设计）	教科处
		7.开展小组长演讲比赛，点评示例比赛，选出"优秀评点员"	年级部 教科处
	"125" 2.0	组织"五环节"大讨论，各教研组讨论并确定不同课型（新授课、复习课、讲评课、作文课、实验课等）的个性化"五环节"	教研组 教科处
	课题申报	1.备课组"125"课堂微课题申报	备课组
		2.市级以上课题申报	教科处
6月份	课改先锋访学及培训	1.组织"课改先锋"评选与考核	教科处
		2."课改先锋"示范课录制视频	电教处
		3.对优秀视频课进行研讨与评选	教科处
		4.课改领导小组及课改先锋到外地课改学校学习	教科处
		5.访学教师学习心得汇报交流	教科处
		6.进行好课堂课例研讨，围绕有效预习、有效提问展开	教研组
		7.举行高一年级物理、化学、生物技能课的课堂竞赛	物化生组
7月份	线上互动	1.推介好课堂"精品课例"	教科处
		2.学校组织课堂观察与评价的研修活动	教科处
		3.开展优秀课例和论文评选活动	备课组
8月份	校本培训	1.新生学习共同体建设培训	年级部
		2.新入职教师研究共同体建设培训	教研组
		3.校内其他教师课改迭代升级培训	教科处
9月份	研讨优秀课例评比	1.对"五环节"中"讨论释疑"环节的"问题植入"进行专题研讨	教研组
		2.各教研组组织教学设计评比，在"问题设置"等细节方面考量	教研组
		3.迎接"好课堂"专家入校指导	办公室
		4.邀请专家对录制视频课指导评课	教科处

时间	活动安排	主要任务	负责处室
10月份	课堂教学竞赛	1. 通过竞赛，以"好课堂"评价量表评比产生2-3名教师上"好课堂"展示课，参加线上远程研讨	教科处
		2. 形成六节以上"125"展示课视频参加"好课堂"赛课活动	教科处
		3. 所有教师撰写课改心得	备课组
		4. 完成本年度"125"课改总结	教科处
		5. 完成校刊《响中教研》的组稿	教科处
11月份	观摩交流	1. 以年级部为单位，开展观摩教学、经验交流、信息反馈、展示成果、评议总结	年级部
		2. 选派教师参加市、县级的竞赛活动	教科处
12月份	总结提升	1. 校"求实杯"课堂教学竞赛	教科处
		2. 校"学术节"活动	教科处

第七节　课改实践部分公众号

坚定课改之路　精研教学之效
——我校举行"125"课堂教学模式培训系列活动

为了进一步推进我校"125"课堂教学模式改革，切实有效提高教育教学质量，加快 2021 年新学期新进教师的专业成长。根据 2021 年秋学期开学工作安排，开学初我校组织了为期六天的"125"课改专项培训系列活动，培训对象为响中新高一（含清源高中）全体教师和学生。

此次培训活动主要分为课改讲座和骨干教师展示课两部分，活动由教科处牵头，电教处、高一年级部（含清源高一）、总务处等相关部门共同协调，活动安排科学有序、效果显著。

1　课改讲座

为了让新进师生全方位了解我校课改情况，培训第一阶段，倪锦春等中层领导分别从"125"课堂教学模式情况介绍、班级小组建设制度、小组长培训、高效课堂动车组建设、课改中的问题剖析等方面对我校课改情况作了细致解读。

2 课堂教学展示（展示课安排表附后）

智慧尽传续，经验共交融。9 月 12—13 日晚，董文汇、徐娟、孙芳、蒋瑶四位骨干教师分别在大会堂开设了"125"课堂教学模式展示课，为新老师提供了良好的学习契机。四位老师学科素养深厚，课改经验成熟，她们将自己的教学智慧和技巧尽数展现，给响中和清源高中的所有新教师树立了课堂教学的标杆，也给新老师带去了教学的信心和底气。

精彩高效的六天培训又一次见证了我们响水中学教师精研教学的能力和坚定课改的魄力。我们坚信，注入新鲜血液的响中必将焕发最蓬勃的生机，"125"课改之路仍在探索之中！

江苏省响水中学明德、崇智、健体、立人

江苏省响水中学 2021-09-14 21:37

让学引思促内涵　开放交流促发展

11 月 30 日下午，盐城市滨海县八滩中学领导、教师一行 60 余人来我校参观交流。

1　随机听课感受我校"125"课堂独特魅力

2　教科处倪锦春主任开设讲座《课堂教学评价策略》
倪锦春主任对我校"125"课堂教学模式的基本内涵和理念、实施措施、评价方案及阶段性成果等作了全面的介绍，并分享了课改经验和感悟。

一直以来，我校坚持以课堂改革为抓手走内涵发展之路，践行市教科院"让学引思"理念，坚持推行"125"课堂教学模式改革，逐步形成了以活动为主线、以学生为主体的课堂教学特色，学生自主学习、合作探究、展示点评的能力逐步提升。

此次兄弟学校的来访，进一步扩大了我校的对外影响力，推动了学校课堂教学改革再上新台阶。通过此次交流，两校领导均表示今后将进一步加强沟通和交流，希望互相学习，共同进步。

撰稿：李霞

图片：邵彩艳

编辑：殷明　赵娜娜

部门：教科处

江苏省响水中学 2020-12-01 14:46 发表于江苏

河北省海兴中学来我校参观交流

11 月 28 日上午，河北省海兴中学校长刘国辉带领该校领导班子及骨干教师一行 15 人到我校参观交流。县委教育工委书记、县教育局党委书记、局长、校党委书记、校长魏佳兵对来宾表示热烈欢迎。校党委副书记、副校长贾云生代表学校进行了热情接待。

贾校长向来宾介绍了我校基本概况、课堂教学改革、特色创建、办学成绩以及未来发展规划等方面的情况。教科处主任倪锦春向来宾重点介绍了我校的课改历程，阐述了我校"125"课堂模式的理论支撑、理

念内涵以及所取得的阶段性成果。随后，刘校长一行深入我校课堂听课，切身感受我校"125"课堂魅力，并观摩了学生大课间韵律操，参观了语文学科基地、省廉政文化示范点。主宾还就学校建设发展过程中出现的共性问题及疑惑进行了友好的交流。

学校有关部门、年级部、备课组负责人及有关老师参与了接待和交流。

江苏省响水中学 2019-12-04 15:59 发表于江苏

当代好课堂助力"125"

——上海浦东当代好课堂项目组到我校培训及指导

为进一步提升教师专业素养，继续推动我校"125"课堂教学改革，掀起真正的课堂革命，9月21日至22日，上海浦东当代好课堂教育发展中心专家团队走进江苏省响水中学，开展2020年秋学期入校培训及指导工作。

本次入驻的专家有：上海市中学数学特级教师、正高级教师、上海市杨浦区教师进修学院质量检测中心主任、上海市杨浦区教师进修学院附属中学校长翟立安；首批河北省骨干教师、河北省名师赵红；当代好课堂专家委员会委员、上海浦东当代好课堂教育发展中心主任高云。

9 月 21—22 日，三位专家走进课堂，共听课 12 节。对学生课堂自主学习、合作与展示等环节进行了详细的指导，并与学校领导、上课老师、高中研训员进行了现场交流。三位专家分别和我校数学组、语文组和生物组全体老师进行了两次座谈和评课交流，并结合听课情况做了课堂诊断。专家们还听取了我校联合当代好课堂打造"125"课堂教学模式工作情况汇报并观看了学生课间韵律操，目睹了我校学生的青春风采。

【校领导陪同专家听课】

【专家评课】

9月21日下午，翟立安校长在第二报告厅为全校数学老师做了题为《数学课堂教学预设与生成有效性》的专题报告。翟校长从预设和生成的概念谈起，从以预设为基础，提高生成的质量和水平；以生成为导向，提高预设的针对性、开放性、可变性；让预设与生成共同服务于学生的发展三个方面探讨预设与生成的关系，最后阐述了数学课堂预设与生成的有效性。与会教师纷纷表示受益匪浅，在专家的引领指导下、相信自己一定能在今后的教学中深刻领会预设和生成的实质，探索出服务学生发展的好课堂模式，在自身实践中真正构建当代好课堂。

【专家讲座】

9月22日下午，三位专家在我校课改领导小组成员会议上，对我校的课改整体工作进行把脉问诊，并提出合理化建议，对我校课改的下一阶段工作提出了具体的要求。

我校校领导和教师发展中心研训员的全程陪同，确保了本次入校指导活动能够深入开展并富有成效。

　　相信在当代好课堂项目组的精准指导下，我校"125"课堂教学模式将不断改进、逐步完善，我们将继续深化课堂教学改革，提振精神状态，提高工作标准，提升办学品位，为办人民满意教育而奋力前行。

　　　　江苏省响水中学 2020-09-22 23:27 发表于江苏

景仰大师风范　臻于学高德正

——记"北魏南冯"走进响中系列活动

5 月 31 日—6 月 1 日，当代教育名家魏书生、冯恩洪走进响中，以教学点评和专题讲座的形式开展讲学活动。全县 42 所中小学 980 名教师参加了本次活动。

31 日下午，活动开幕式在大会堂举行，副县长桑良举、盐城市教师发展学院院长马群仁出席开幕式，县委教育工委书记、教育局党委书记、教育局、体育局局长魏佳兵主持开幕式。开幕式上桑良举代表县政府以及全县广大师生对两位专家的到来表示热烈的欢迎和衷心的感谢；魏局长介绍了近几年我县教育发展的基本情况，希望所有老师珍惜此次专家讲学的机会，认真学习、用心思考、探索实践。

魏书生以朴实真挚的语言祝愿老师们在平平淡淡的生活中，在平平凡凡的工作岗位上活得有滋有味、有声有色、从从容容、快快乐乐、如

诗如画、如歌如舞，与学生共同享受在课堂上身心成长的快乐。

名家致辞

冯恩洪的讲话风趣幽默且富有哲理，以生动的事例，讲述了"任何目标存在的价值在于有人超过它"这一深刻道理，激励广大教师向大师的方向努力，不断成长超越，勇担时代重任。

课堂观摩

响水中学张馨文老师上开设了一堂高中诗词鉴赏课《大哉苏轼》，以"耳目一新的东坡词"专题为蓝本进行大单元教学设计，带领学生从宏观角度对苏轼其人及作品进行解读。

响水县实验初中陈杰老师开设一节课题为《月迹》的散文阅读评析课，从细节处带领学生赏析词句、寻美生活。

评课环节中，魏书生认为张馨文老师设计大胆、教学大气，在层层深入的授课过程中提高了学生的文学底蕴，也培养了学生积极进取的价值观。他认为陈杰老师的课堂很"活"，学生参与度高，在老师的调动下学生的各种学习神经发生了变化。

名家点评

冯恩洪从三个维度对两节课进行了诊断：学生是否具有了发现问题、解决问题的能力；是否存在有价值的问题植入；课堂是否让学习真正发生了，全面客观地肯定了两节规范的"好课"。

专家讲座

6月1日下午，魏书生校长结合自己几十年来的教学实践和研究经历，以谈心的方式，用极其幽默而富有节奏感的语言对他的教育经历和班级管理进行了深入浅出的讲述。他认为教育就是"领着学生过日子"，没有什么独特创新，就是把平日里的好做法坚持做好，始终如一地做，最后就是教育的成功。

　　他提出，在教育教学的过程中，要引导学生善于发现自己的优点，让班级学生人人有事做，事事有人做，大事干不了，小事赶快干，一点点积累优点，一点点进行微创新，把优点长处做成习惯。

　　在谈及教育的本质时，魏老师通过对"大学之道，在明明德，在亲民，在止于至善"的详细阐释，告诉老师们要用积极的自我暗示不断激励自己，魏老师勉励老师"学习工作尽责助人是快乐"，要把好的自我、勤奋的自我、善良的自我看明白、想明白、说明白、写明白、做明白，一点点产生新的发展，不断完善自己，不断完善自己的工作，就能做到"明明德"，就能够"止于至善"。

　　随后，冯校长做了《课堂价值与国民素质》的主题报告，他认为，今天的课堂价值就是明天的国民素质，中国正在经历从人口大国向人力资源强国转变。冯校长认为，教育就是要"回归原点，问道方圆，守正出新"。

　　冯校长从大众教育与精英教育的对比中切入，详细地阐释了我们的教育应该培养学生发现问题、解决问题的能力，聚焦到提高学生阅读能力、分析能力、表达能力上，而不是简单地追求分数。他认为，有价值的课堂设计应该是教师带着学生走向真理、发现真理、认识真理、发展真理；教学过程设计就是追问学生"在哪里、到哪里、怎么到、到了吗"的过程。

冯校长对中国教育的未来给予很高的期望，未来自主创新的高科技增长方式对基础教育提出了更高的要求，我们能否为未来源源不断地输送人才力量，这是当下教育值得深思的问题。

整场报告冯校长引经据典，旁征博引，举真实案例，展新鲜材料，句句见真章，分分抵人心，无不彰显了教育大家博大的情怀和高瞻的眼光。

活动总结

讲座结束后，响水县教育局局长魏佳兵对本次活动进行了全面总结，并再次表达了对两位专家的感谢。魏局长要求所有老师对两位专家的讲学认真思考，感悟精髓，在平时的工作中以其教育思想、教学智慧指导教育教学，努力提升响水教育教学水平。

北有魏书生，南有冯恩洪，作为德正学高的教育大师，两位专家的睿智点评和精彩报告让我们领略了他们独特的教育智慧和教育理念！两天的专题活动让我校教师获益良多，本次活动是一次思想火花的碰撞、一次教育心灵之旅、一次从教精神的激励，我们必定以专家为榜样，将其教育理念转化为教学行动，在平凡的教育岗位上脚踏实地、潜心从教，致力"明明德，亲民，止于至善"，为中国的未来培养更优秀的人才。

春暖花自开　有朋远方来

春暖花自开，有朋远方来。

云南省宣威市第五中学来我校参观交流

"最美人间四月天，桃李争芳柳如烟"。4月20—21日，云南省宣威市第五中学丁宪涛校长带领该校领导班子及骨干教师一行16人来到江苏省响水中学进行为期2天的考察交流。

校党委书记、校长张大春率管理团队对远道而来的教育同仁表示热烈的欢迎。张校长对我校概况、课堂教学改革、特色创建、办学成绩以及未来发展规划等方面的情况做了认真的解答。教科处主任倪锦春向来宾重点介绍了我校的课改历程，阐述了我校"125"课堂教学模式的理论支撑、理念内涵以及所取得的阶段性成果。

走进课堂"育"见成长

考察学习期间，丁校长和老师们深入课堂听课，全面了解我校课堂教学的原生态，对我校"125"课堂魅力有了切身感受。对我校课堂所体现出的趣味性、主体性、实践性的特点给予了肯定，对学生在课堂上所表

172

现出的积极主动、敢于质疑、善于表达、乐学善思等学习品质大加赞许。

课间丁校长一行观摩了学生大课间韵律操。

老师们分学科与我校各学科教研组长进行交流。

在对学校师生的学习、精神风貌有了直观的了解、感受后，倪锦春主任为来宾们做了《给学生一双腾飞的翅膀——小组建设》的专题汇报。

走进活动"育"见精彩

在张校长的陪同下，云南省宣威市第五中学的各位领导和老师们饶有兴致地参观了我校劳动教育实践基地和学生发展中心，与在校师生进行了深入交流，对学校的办学理念、管理思路和育人策略有了全面的了解和认识，对我校的硬实力和软实力给予了高度评价，纷纷赞扬我校"办学有水平，教师有精神，学生有素养，处处是展厅，处处是舞台，人人有发展，人人是主角。"

"有朋自远方来，不亦乐乎？"在这美好春日时光，远客的来访，既是对我校的肯定，更是搭建起沟通互联的桥梁。未来，我们将继续秉承开放办学态度，让初衷与希望、责任与当担、恪守与坚持伴我们同行，初心闪耀，一路芳华。

深耕课堂教学改革　最美的风景在路上

为了进一步深化课堂教学改革，巩固我校打造"125"课堂教学模式的阶段性成果，江苏省响水中学将计划有序开展2023年春学期"125"课堂教学模式推进月活动。

2023年4月17日，由教科处牵头，我校举行了江苏省响水中学2023年春学期"125"课堂教学模式推进月的开幕式。校党委书记、校长张大春，副校长高明华，教科处主任倪锦春及高一、高二全体文化课老师参与了本次活动，会议由党委副书记、副校长许利国主持。

开幕式上，张大春校长对"125"课堂教学模式接下来的推进提出了三点要求：首先，课堂教学要以生为本，回归教育本原。课改不应该只重形式，要以学生的"学"为根本，无论是备课还是上课都必须研究学

情、聚焦学生，回归教学主体和教育本原，课堂教学要立足高考，提升核心素养。其次，"125"课堂教学要与国家立德树人的总目标接轨、与新课程新高考的要求接轨、与学生核心素养的培养接轨，学生的学科素养和思维能力才会在潜移默化中得到提升，成绩才能自然提高。最后，课堂教学需要教师勤于探索，专注教学研究。对于教育科研的重要部分——课堂教学改革，教师要准确识变、科学应变、主动求变，从而带动教育观念、教学行为和教育教学方式的科学性变革。

张校长希望大家充分利用本次"125"课改推进月的研讨机会，进一步加强教学实践的探索，从问题设计、讲解点拨、师生互动、目标达成和教学反思等角度，切实提高常态课教学效率，努力打造一批体现先进教学理念、高水平、高效率的"125"精品课，以课促教、以课促改，力争将我校的"125"课改工作推上新台阶。

副校长高明华组织学习《江苏省响水中学2023年春学期"125"课堂教学模式推进月活动方案》，重申了我校课堂教学改革的指导思想和发展目标，明确了推进月活动四个阶段的安排。

教科处主任倪锦春面向全体老师从实施背景、发展历程、理论的完善、基本内涵及具体操作等方面对"125"课堂教学模式进行了详细的解读。

课堂是教学改革的主阵地，提升教学质量的关键在于课堂教学。课堂教学的提升是一个漫长的动态发展过程，只有进行时没有完成时。深化课堂教学改革，最美的风景，我们一直在路上。

沐春日暖阳　赏课改花开

——响水县灌江高级中学开展春风三月课改活动

响水县灌江高级中学

春日三月课改活动简报（第一期）

　　春风三月暖，课改正当时。为继续深化我校课堂教学改革，贯彻落实"学思融通"理念，搭设教研沙龙平台，提高教师业务能力，我校开展了三月课堂改革系列活动。本次活动包括两部分--新教师过关课和县优质课、基本功大赛选拔。老师们积极参与、认真准备，为我们献上了一节节生动有趣的课，受邀参加的指导老师们从多个维度给出了精准的点评，在互动探讨中，加深了各位老师对新教材的理解，对高效课堂的把控，让课改红利真正吹拂到每一个人。

三月"语"润无声

授课教师	课题	课堂优点	存在不足
方亭	《林教头风雪山神庙》	方老师虽然是新老师，但是教态大方，像是一位将军，非常有魄力，能有效运用"125"课堂教学模式，把学生组织起来，课堂气氛活跃，效率高。	个别问题的处理上，要多对学生进行引导
吴佳慧	《林教头风雪山神庙》	吴老师基本功扎实，责任心强，教学资源利用比较到位，教学设计非常新颖，潜力无限。	个别环节的衔接上还可以再优化。
高玲	《林教头风雪山神庙》	高老师很细心，课堂上能稳扎稳打，一步步对学生进行引导，重难点地把握也很到位，对学生关注度高。	多给学生一些机会
王通宇	《林教头风雪山神庙》	王老师教学设计新颖，环节完整。能带着所有学生做有趣的活动，学生自己编写剧本，学生课堂参与度与目标达成度都很高，明日之星！	参与发言的学生起起坐坐，固定一下会更好。
杨坤	《阿Q正传》	杨老师设计的活动非常正规，教师准备充分，积极引导课堂上学生思想意念积极向上，积极配合。	注意时间的把控。
蒿莉	《林教头风雪山神庙》	蒿老师教学设计精心，教学目标明确，问题设计有坡度，学生能充分预习，自主学习，剧情表演到位。	多一些学生点评。
乔户	《阿Q正传》	乔老师教态大方，能有效整合教学资源，课堂气氛宽松、民主。学生学习兴趣浓厚，求知欲望强烈，积极配合老师。	多一些内容。
田腊梅	《阿Q正传》	田老师目标设定符合课标、新教材的要求和学生实际，定位准确。学生课前准备充分、到位，目标达成度高。	多关注角落里的学生。
何绮	《林教头风雪山神庙》	何老师教学很有个人特色，准备充分，对学生的引导到位。学生表演精彩，形式多样，能认真钻研文本，学有所悟	时间的把控上要注意。
曹清	《小二黑结婚》	曹老师教学流程简洁、流畅，能根据课堂实际适时、适度调整预设目标。学生积极配合，课堂气氛活跃。	多关注学生。

授课教师	课题	课堂优点	存在不足
陈蕴钰	《林教头风雪山神庙》	课堂气氛热烈，有唱有演，细节处理很好	表演加入个人想法过多，不能更好的去体会文本了
周佳钰	《林教头风雪山神庙》	充分发挥了学生主体地位，小切口，大思考	学生设置的问题有重复，需引导
董菁	《林教头风雪山神庙》	课堂气氛热烈，学生主体充分发挥	注意时间把握，对学生回答有误的地方要及时纠正
包足足	《阿Q正传》	以表演的形式展开，容易进入文本，指导学生有效预习	时间不够，第二个目标未达成
孙瑞	《林教头风雪山神庙》	PPT精美，引入人胜，用活动串联课堂，激发学生兴趣	分析文本时，细节描写挖掘的深度不够，教师略紧促
沈洁	《林教头风雪山神庙》	讲解细致，娓娓道来，学习目标明确，易于达成	适当加入活动，激发学生兴趣，多让学生去体会
张倩	《阿Q正传》	学生能积极讨论，提出个人想法，课堂气氛热烈	教学目标少，语速过快，适当"留白"思考
赵妍	《林教头风雪山神庙》	对文本挖掘点新颖，学生讨论热烈	合理设置教学目标，控制教学环节的时间
刘秋梦	《阿Q正传》	学生表演准帷惟肖，注重细节	多关注后面的学生，可适当加入阅读环节
王丹丹	《林教头风雪山神庙》	讨论热烈，环节紧凑，活动设计巧妙	时间前松后紧，部分授课环节需调整
王喆	《林教头风雪山神庙》	讲解细致，温柔大方，板书美观，分析准确	对部分学生关注度不够

三月春雷"政"耳

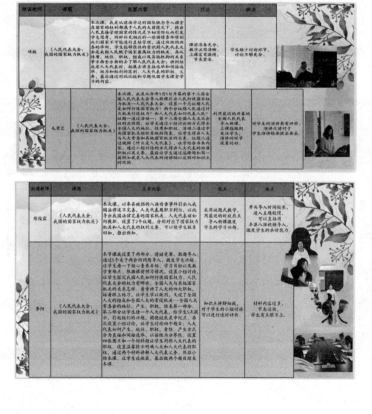

授课教师	课题	主要内容	优点	缺点
项敏	《人民代表大会：我国的国家权力机关》	本次课，我是从前面学过的国体概念导入课堂，在国家赋予权利和每基于个人的大前提之下，提出人民直接管理国家的情况走不切实际，从而引发学生思考，同时补充他的一些国情条件作例析即国家不可能派任何团体进行管理，通过视频材料来委婉举例，引起学生对本段的意识即人民代表大会...	课前准备充分，教学认识明确，上课节奏紧凑，节奏紧凑	学生缺少讨论环节，讨论不够充分
无双己	《人民代表大会：我国的国家权力机关》	本次课，我是从今年3月5日开幕的第十三届全国人民代表大会导入人民代表的国家权力机关——人民代表大会...	利用最近的开幕的全国人民代表大会导入课堂，上课思路清晰，演讲的环节设置的好	对学生的演讲要求评价，学生演讲缺乏提出来表
陈俊霞	《人民代表大会：我国的国家权力机关》	本次课，以春县被抓的八孩存妻事件引出我国法律完善度，人大代表职权下列化，以此引导出我国法律完善的国家职权...	采用议题式教学，导入新课激发学生的学习兴趣	开头导入时间拖长，进入主题较慢，可以且显然，八孩被视频导入，激发学生的共情能力
李阳	《人民代表大会：我国的国家权力机关》	本节课我设置了两部分...	知识点讲解细致，对于学生的小组讨论可以进行适当评价	材料内容过多，节奏过快，学生有点跟不上

三月"生"机勃发

三月共"化"桃李

<table>
<tr><td colspan="2">

上课人：杨秀俊　课题：化学能转化为电能

上课思路：以在我们的生活中出现的金属腐蚀的现象为例，贴近学生的生活，让学生对于金属腐蚀有一个直观了解，不至于抽象。然后让学生阅读一则材料，我国钢铁产量世界第一，每年被腐蚀的钢铁占到我国钢铁产量的十分之一。金属腐蚀既造成严重的资源浪费也造成了巨大的经济损失，让学生讨论。由此引出金属防护的问题，即如何进行金属腐蚀？既然要进行金属防护，那么就得了解金属腐蚀的机理是什么，什么是金属腐蚀。对金属腐蚀的概念和实质进行概括，然后讲解金属腐蚀的分类，分为化学腐蚀和电化学腐蚀，而电化学腐蚀又分为析氢腐蚀和吸氧腐蚀，紧接着介绍析氢腐蚀和吸氧腐蚀的机理，介绍完后对两种电化腐蚀进行对比总结，中间两个练习对所述知识进行及时巩固，接着讲解金属腐蚀如何防护，防护措施有哪些？并出一两个练习来讲解原电池的其中一个应用，即根据氧化还原反应设计原电池，$FeCl_3$ 和 Cu 反应生成 $FeCl_2$ 和 $CuCl_2$ 为例设计原电池。最后由老师带着学生做总结并讲解导学案上的习题。

评课：知识回顾这里时间不宜给的过多，否则会影响知识的讲解时间，一堂新课的导入设计需要有一些能够让学生兴趣的话题，可以是具体的实验也可以是视频，中间讲课时要对重难点分配制时间有一定把握，难点可以多给一点时间。总结处很到位。课堂上给与的练习题不宜太难。应有难度梯度设计。

</td><td colspan="2">

上课人：朱莉莉

上课思路（说课）：以必修一氯和硫的元素及其化合物的学习引导第五主族氮元素的学习，从氮的结构示意图入手，氮以共用电子对形式与其他原子结合引入氮气，学生写出氮气结构式和电子式，从结构得知氮气的性质稳定，发生化学反应条件苛刻（举例与镁、氧气、氢气并书写化学方程式），由性质得到氮的用途。以氮气的用途引入氮对生物体的作用，从而引入氮的固定，讲解氮的固定方法，观看高能固氮模拟实验探究原理。事物都有两面性，由生物固氮和高能固氮的缺点引入人工固氮，讲解原理书写化学方程式。讲解 NO 和 NO_2 的主要性质，观看二氧化氮溶于水试验，探究二氧化氮及其一氧化碳的化学性质，讲解氮气收集两者的方法，讨论两者的尾气吸收问题，最后习题巩固。

评课：1.最后的随堂检测判断题对于这些学生很合适，但是可以留给学生讨论，给出答案，挑错误比较多的题进一步讲解，既让学生动起来也可以节省时间。2.对于氮气的物理性质一带而过做讲解很好，是对比，重难点应该更突出。3.导学案的利用不够，应该进一步利用好导学案，主要用放在探究案上，尽量让学生动起来。4.语速精快，需要注意时间把控。

</td></tr>
<tr><td colspan="4">

上课人：薛东京

上课思路（说课）：（一）导入新课，以疑激思，揭示新知（2min）本节课我是以美国的"自由女神像"患上金属腐蚀病引出课题。并在开头就设下疑问：她是怎么患上这种病的呢？（二）实验探索原电池的概念（5min）接下来，我通过三个演示实验引出原电池的定义，这三个实验是层层深入的。这样就能很快的引出本节课要讲的内容了，这里我是让学生进行探究分组探究，并让学生仔细观察实验现象，将指针偏向哪个电极记录下来。学生通过几个不同装置的对比，再加以老师的引导，学生较容易得出构成原电池的四个基本条件。（三）原电池的工作原理（10min）通过播放 Cu-Zn 原电池工作原理的动画，从动画中，学生会看到锌片溶解成为锌离子，让 Zn 失去电子在 Cu 片上以氢气的形式出去，还可看到电子的定向移动。从而，归纳出原电池的原理。电解质溶液中的阳离子在正极上得到电子发生还原反应，从而实现了化学能向电能的转化。在引导学生得出原电池原理工作的本质是氧化还原反应，并强调这是构成原电池的首要条件时。（四）反馈巩固，运用知识（7min）本节课知识点比较抽象，对原电池的原理、电极反应和形成条件的掌握还有一定的难度，所以很有必要在此时进行巩固练习，设计的习题都是围绕着本节课的重点和难点展开的，主要是给出一些装置让学生判断是否构成原电池，形成的要求写出电极反应，通过对题能让学生及时反馈学习情况，增强教学的效果。（五）原电池的应用（5min）所谓学以致用，要让生活走进课堂，所以在这一环节，我先照应课前的问题，让学生诊断：女神像是怎么患上腐蚀"病"？学生通过本节课的学习较容易得出因为形成了原电池，加速了铁的腐蚀，从而引出金属的电化学腐蚀。此外再以图形形式介绍生活中各类化学电源，为了增强教学的应用性。（六）课堂练习（2min）接下来，我再花两分钟做一个课堂练习，我设计这个练习的目的是让学生将原电池的工作原理与金属的性质练习起来，起到巩固应用的作用。（七）课堂小结和作业布置（2min）课堂小结花一分钟的时间，让学生自己回顾本节课的重点，主要是原电池的工作原理。

评课：1.教学设计思路清晰，知识由浅入深，讲得善透，创设情境。2.教学进程逻辑性较强，教学思路严谨，作为新教师来讲教学基本功较扎实。3.引课跟生活实际相结合4.建议：①可以给学生更充分的时间讨论，适当控制教学节奏；②创设的例可以增加一些难度，更好训练学生的思维；

</td></tr>
</table>

撰稿：王通宇　　编辑：王通宇　　摄影：信息组

180

研究 提升 创新 多元

　　为深入贯彻落实市委
教育改革会议、全县教育
工作会议精神，提升我校
教科研水平、推动教育教
学工作再上新台阶。12 月
1 日下午，江苏省响水中

学、响水县清源高级中学第一届学术节开幕式在校大会堂隆重举行。

　　莅临本次活动的嘉宾有江苏省特级教师、二级教授，江苏省海门中
学党委书记、校长石鑫，响水县县委教育工委书记、县教育局局长、党
委书记、县体育局局长魏佳兵。江苏省响水中学党委书记、校长张大春，
教育局、教师发展中心部分科室主要负责人、响水县各中小学校长、幼
儿园园长、响水中学班子全体成员及全体老师参加了活动。开幕式由校
党委副书记、副校长许利国主持。

　　开幕式上，魏佳兵局长宣布学术节开幕。石鑫校长致贺词，他对我校
"125"课堂教学模式给予高度评价，对我校举办学术节活动表示充分肯
定，希望我校聚焦"研究真问题"，探求解决问题之道，准确识变、科学

应变和主动求变，回归教育本原，带动教育观念、教学行为和教育教学方式的变革，直面教育的热点和难点，共营共建教育新生态，立足新形势，聚焦高品质，展示新作为，实现新跨越。

校党委书记、校长张大春向莅临嘉宾及全体老师的到来表示衷心的感谢。张校长希望，广大教师能以此为契机，更多了解教育前沿思想，启发科研思路和方向，以学术之思，激发实践之力，牢牢把握质量生命线，关注质量背后的教育生态建设，建立科学的教育质量观；聚焦课堂，抓住课堂主阵地，优化教学方式，提升课堂品质，研究教学策略，打造特色高效课堂；聚焦专业成长，落实成长行动计划，实现"学有法、研有术、教有道"；聚焦质量提升，探寻教育教学改革新路径，重点重抓，重点突破，通过学术节引领，夯实教育学术根基，以推动我校教育教学高质量发展。

开幕式上，校党委副书记、副校长许利国介绍了举办学术节的初衷。石鑫校长、魏佳兵局长与张大春校长一起开启了鎏金沙启动台。

开幕式后，石校长为大家作了题为《高品质高中教育质量提升之路》的精彩报告。石校长提出要实施人性教育，培养有为人才。引导学生树立高远的目标志向、培养高尚的道德情操、磨炼高效的学习能力、培育高强的身心素质、培养高雅的审美情趣和高度的劳动习惯。对于教育质量提升的实践，石校长从学校课程的构建、师资队伍的打造、教育质量管理体系三个方面对海门中学进行了全面系统的介绍。最后，石校长和在座的全体老师分享海门中学教育效果的初步收获。具体表现在高考业绩闻名遐迩、学科竞赛长盛不衰、科技发明百花满园、艺体成绩硕果芬芳、管理经验闻名遐迩。

学术节的召开，为我校教师的成长搭建了更为广阔的平台。江苏省响水中学、响水县清源高级中学的教师们将在专家的引领下，不断提升教师的理论水平，凝练教育智慧，改进教学行为，促进专业成长。

聚焦课堂改革　发挥骨干引领

——我校举行"125"课堂教学模式推进周活动

江苏省响水中学2021年春学期"125课堂教学模式"推进周观摩课安排表

星期	节次	学科	授课老师	授课班级	授课地点	授课课题
一	3	数学	周盛昌	高二（20）	第二报告厅	《排列》
一	6	生物	张　飞	高三（19）		《细胞的生命历程》
二	2	语文	张馨文	高二（2）		《九日齐山登高》
二	5	政治	吴　玥	高二（5）		《中国与联合国》
二	6	地理	沈　慧	高二（11）		《不同类型区域的发展》
三	6	语文	刘松梅	高三（10）		《语言运用之精准表达》
三	7	数学	钱婵娟	高三（17）		《数列的求和》
四	5	英语	吉勇燕	高三（7）		《试卷评讲》
五	2	生物	王　丽	高三（26）		《有丝分裂与减数分裂关系》
五	3	英语	徐　娟	高三（4）		《感官描写在读后续写中的运用》

江苏省响水中学

　　为了进一步深化我校"125"课堂教学模式改革，在全校营造浓烈的课改氛围，充分发挥优秀教师的示范作用，提升我校办学品位，3月8—12日我校举行了"125"课堂教学模式推进周活动。

　　本次推进周活动中，开设观摩课的十位老师是我校2020年第十届"求实杯"课堂教学竞赛决赛的一等奖获得者。授课老师学科素养深厚，教学基本功扎实，按照本学科课型进行教学设计，做到了课堂"主体、时间、内容、方法"四个方面的转变；教学流程聚焦学科课型，初步形

成了本学科的课型文化。

"三人行，必有我师"，此次活动中，我校广大教师积极观摩听课，虚心主动学习，五天内平均每人听课 3 节，全校教师共计听课 836 节。

本次课改推进周活动是我校"125"课堂教学模式改革成果的又一次精彩展示，为全校教师提供了良好的学习契机和交流平台，促进了教师对课堂教学研究的进一步深入，也为我校完成"125"课改"优模"的阶段任务奠定了良好的课例研究基础。

第三章 课改论文与优秀教学案例

伴随着课堂教学改革的步伐，学校一线教师实践感悟多、教研收获大，发表了 400 余篇课堂教学改革的相关论文，在各级各类教学活动中涌现精品课改教学案例 2000 多个，出版教学案例集 2 部，校本教材 6 册。从 2016 年开始，为了更好地宣传和实施新课堂教学改革，我校以教科处为牵头部门，组织一批擅长教科研的教师，成立《响中教研》教学改革编辑部，专门收集、整理广大教师课堂教学改革过程中的优秀教学案例、教学反思和特色教科研方式方法，每年出一期《响中教研》课改特色刊物，请专业领导、专家和教学名师作序，面向全县教师和来访的省内外教育工作者广泛发行。

2018 年 2 月《江苏教育研究》、2019 年第 6 期《盐城教育研究》和响水县教育专刊《灌河教苑》2018 年创刊号，分别专版介绍了"125"课堂教学改革；基础教育核心期刊《中学政治教学参考》2019 年第 2 期登载了响水中学史素君老师的课改论文《打造让学引思思想政治真课堂》，全文有 5000 字。

第一节 课改发表论文专版

"让学引思"引领下"125"课堂教学模式的校本建构

江苏省响水中学 魏佳兵

摘要：基于学校所面临的困境以及所肩负的责任，江苏省响水中学着力打造"让学引思"引领下的"125"课堂教学模式，确定了"挖掘师生潜能，促进共同发展"的课堂教学理念，抓住了"让学"和"引思"这两个关键，设计了示标导入、讨论释疑、成果展示、师生点评、检测反思的课堂教学基本环节。

关键词：让学引思；课堂教学模式；教学改革

教学是师生共度的生命历程，课堂是教学相长的舞台。近年来，江苏省响水中学着力打造"让学引思"引领下的"125"课堂教学模式，追求合适的教育，各项工作上了一个新的台阶。可以毫不夸张地说，"125"课堂教学模式改革让我们全校师生真正站起来了，动起来了，高起来了。

一、"1 个理念"：挖掘师生潜能，促进共同发展

"挖掘师生潜能，促进共同发展"这一课堂教学理念，既是普通高中应有的责任担当，也是我们摆脱困境、进行理念与实践突围的基本方向。

响水中学创建于 1952 年，1993 年通过省重点中学验收，2001 年 4 月被确认为国家级示范性高中，2004 年 3 月被省教育厅评为首批四星级高中，2009 年 11 月通过省四星级高中复审。学校在响水县是首屈一指的，但与邻县（市、区）的同类学校相比，还有较大的差距：学校的新生录取线与邻县（市、区）同类学校相比有较大差距；响水县中考成绩优秀的尖子生留不住；骨干教师流失严重，近 5 年来，有 40 多名骨干教师流

到了其他学校。面对困境，我们苦苦地寻求着突围的方向。

国际 21 世纪教育委员会、联合国教科文组织《教育——财富蕴藏其中》强调："教育的使命是使每个个人（无例外的）发展自己的才能和创造潜力。"《国家中长期教育改革和发展规划纲要（2010—2020 年）》指出：高中阶段教育是学生个性形成、自主发展的关键时期，要注重发展每一个学生的优势潜能，满足不同潜能学生的发展需要。普通高中教育是基础教育的重要组成部分，是学生个性形成、自主发展的关键时期，对于提高国民素质和培养创新人才具有重要的意义。"十三五"期间，江苏省将积极探索推进高品质高中建设的实施路径。到 2020 年，全面实现高中教育现代化，60% 左右的高中基本形成鲜明的办学特色，涌现一批在省内外有较大影响的高品质高中，高中教育发展水平确保位居全国前列。

基于这样的教育背景，面对现实的办学状况，处于奋力爬坡阶段的我们没有任何的退路，必须积极地寻找提升的路径。全校上下进行了几次大讨论，逐步形成了共识：挖掘师生潜能，促进共同发展，以课堂改革为抓手，走内涵发展之路。我们认为，每一个响水中学的老师、每一个响水中学的学子，身上都蕴藏着能够通过学习转化为现实身心发展的能量，都有强烈的自我发展需求，都有潜能被激发的期待与可能，我们要为师生的共同发展提供良好的条件，搭建多元的平台，最大限度地挖掘师生的潜能，让每一个人的能力得到充分发挥。

挖掘师生潜能，促进共同发展，有很多的着力点与突破口，我们首先从课堂的变革做起。因为没有课堂教学的根本变革，就不可能有教学质量的真正提升。

二、"2 个关键"："让学"和"引思"

课堂，既是师生学校生活的主要方式和主要空间，又是师生发展的主要载体，它深刻地影响着师生的幸福，关系着师生的当下和未来。然而，在日常的高中课堂上，一些教师任劳任怨，既不放心也不放手，从课前预习、情境导入到结构分析、作业布置，从知识点到考点，不敢有半点的疏忽，讲了再讲，练了再练。我们的教师太重视"喂"给学生经过自己咀嚼的知识，不"讲"就不放心，不提供标准的答案并反复操练就不踏实。教师采用了各种防范的、控制的手段，"逼迫"学生按照预定的轨道机械地行进。当所有的时空都被机械的讲授与训练填满，学生怎么可能真正成为学习的主人？

学校送给教师的最好福利、送给学生的最好礼物之一，是优秀的课程文化和适切的教学模式。我们要让以往处于课堂教学边缘位置的学生勇敢地站到课堂的正中央，把属于学生的时间还给学生，把属于学生的课堂还给学生。

盐城市教科院提出的"让学引思"，正好契合了响水中学课堂变革的内在需求。为更好地履行普通高中在教育教学方面的职责和担当，将"挖掘师生潜能，促进共同发展"这一理念落到课堂教学的实处，我们将"让学"和"引思"作为课堂追寻的目标，也作为有效的实施策略，努力实现由教师向学生、由教会知识向教会学习、由强力灌输向激发思维的教学嬗变。

德国哲学家海德格尔认为，教育的本质就是让学。究竟要让些什么？我们认为，最根本的应该是让权力给学生，让他们回到课堂教学的中心位置。"让学"就是让学生亲身经历学习过程，在时间和空间上保证学习活动的正常开展和学习行为的真实发生。课堂教学中教师要让时间、让空间、让机会、让活动，要让得心甘情愿、让得适切、让得主动，使课堂成为一个能够自由呼吸的、灵动的、宽阔的、向四面八方打开的师生精神家园。

当然，仅仅"让"还是不够的。教师让出了时空，让出了权力，但如果这种让出的时空没有学生思维的填充、让出的权力不被学生真正地珍惜，这种"让"就是浅薄的、形式的，甚至是贻误学生终生的。什么是真正的学习？如何才能让学习真正发生？只有学会思维，让思维时时处于一种活跃的、新鲜的、不断生长的状态，才会有真正意义上的学习过程。"学而不思则罔，思而不学则殆。"学思结合，已经成为千百年来教学的不二法则，既是一种要求，也是一种能力，更是一种境界。教师的角色担当，从某种意义上看，就是"让"和"引"。

"让学"与"引思"是辩证统一的整体。在我们的理解中，这里包含着三层含义：第一，"让学"是"引思"的前提和基础。第二，"让学"和"引思"又是相互交织、相互影响、螺旋上升的。第三，"让学"和"引思"作为重要的教学路径，共同服务于学生的终身发展。教师要在"让"与"引"上多研究，做到能让会引，确保让引并重；学生要在"学"与"思"上下功夫，力求善学真思，学思结合。在具体的教学过程中，我们要把"让学"与"引思"融合起来，"让学"要让得有度、让得到位，"引思"要引得得法、引得充分。

三、"5个环节"：示标导入、讨论释疑、成果展示、师生点评、检测反思

为了更好地履行普通高中在育人方面的职责和担当，达成"挖掘师生潜能，促进共同发展"这一终极目标，结合市教科院"让学引思"思想，学校在实践方面积极探索，设计了体现"让学引思"基本思想的课堂教学环节。

1. 示标导入

示标导入即教师用适当的方式，课前在屏幕上投影展示或者在白板上书写本节课的学习目标。目标的确定一定要少而精，只有目标"瘦身"，才可能带动教师讲授的"瘦身"，从而做到真正意义上的将课堂还给学生。

因为示标导入"有的放矢"，我们的学生在课堂上眼睛更有神了，注意力也更加集中，他们明确地知道老师这节课要引导大家学习、讨论什么，清楚地知道本节课自己在预学的基础上还应该做些什么，而不是以往的模模糊糊、懵懵懂懂。

2. 讨论释疑

讨论释疑即每位同学根据当堂课的学习目标，组内合作交流讨论导

学案上经过自主学习后仍然存在的疑难点。

追求这一环节的有效、高效，除了教师充分让出时间、空间这一前提，科学合理地划分小组、培训小组长是关键。我们一般是将班级学生分成6组，分组时遵循以下基本原则：按照成绩，兼顾优秀生、中等生和一般生；按照性格，兼顾内向和外向；按照生源，兼顾城镇和乡村。小组学习由经过教师培训的，能科学引导、合理分工、有效操控的小组长负责组织，围绕既定问题充分展开讨论甚至争论。具体操作过程中，教师既要在讨论时间上予以保证，还要巡回观察，甚至可以参与讨论质疑，并留心经过讨论学生还有哪些仍然解决不了的问题，以便进行针对性点拨。

因为讨论释疑"各得其所"，学生在课堂上再也不会被边缘化、被孤立。讨论过程中，人人都参与，人人有任务：主持讨论的，负责陈述的，执笔记录的，总结归纳的，准备展示的，……人人都被需要，人人都被尊重，人人都起作用。久违的阳光自信的笑容又洋溢在同学们青春的面庞上。

3. 成果展示

成果展示即学生讨论探究完毕后，依然以学生为主体，采取多样的、合适的方法，去展示讨论探究的过程和结果。

在进行成果展示时，各小组应根据具体的展示要求和评分机制，呈现本组集体的智慧、最佳的结论。对展示出的一些有独特见解或归纳总结性的内容要进行特别标注并加以说明。在同学展示时，其他同学应关注台上每一小组的展示过程，特别是与本组尚未解决的一些问题相关的展示，更要多加关注，看看别人的展示过程和自己当初思考问题的思路有无异同点。在同组代表展示的过程中，其他成员还可以用不同颜色的笔，对已有的展示内容进行修改或补充。其他同学可以一边看展示，一边优化自己导学案上的答题。相邻两个小组之间也可以互相交换，请对方批阅修改，学生在批阅的过程中既能学习其他同学的优秀创意和想法，又可以注意到容易出错的地方。

因为成果展示"各尽所能"，学生们都会争先恐后地抓住上台展示的机会，甚至是在规定的讨论时间未结束，就抢着上台先占据"一席之地"，积极踊跃地希望自己（本组）能在老师和同学们面前"露一手"。这样不仅能有效培养学生的深度思维能力，还有助于培养他们的团结协作能力、语言表达能力，增强他们的集体荣誉感。

4. 师生点评

师生点评即在学生展示后，教师立即组织所有同学对展示的内容进行合适的评价，及时获知学生的得失，并进行点拨指导。这也是学生相互学习、共同促进的关键环节。

在这个环节中，由一名（或几名）学生对展示内容进行讲解点评，最后教师进行全面总结：一是针对学生的展示进行点评，肯定值得借鉴的地方，指出存在的问题；二是针对重难点问题进行点拨讲解，归纳方法、总结规律，语言要简练明了；三是针对展示点评总体情况，科学合理地对各小组进行评价，表扬激励。

因为师生点评的"采石攻玉"，再经过老师的总结点评，同学们看着黑板上展示的内容，就像"照镜子"一样，能够迅速明确自己思考问题以及解答题目的得失，并且所有同学都可以借此机会提出自己的不同观点。优秀学生还可以进一步发散思维，拓宽思路；中等学生可以发挥优势，补齐短板；一般学生可以见贤思齐，避免错误。

5. 检测反思

检测反思即由老师组织对课堂教学效果进行检测，并让学生再次对照学习目标，总结反思所学内容，整理好笔记。

同学们在经过充分的交流和热烈的讨论后，思维比较活跃，这时需要静心总结，反刍消化，清难点，理重点。检测内容必须与学习目标相吻合；检测方式可以是口头或是书面检测，也可以是生生互测或师生对测。总之要根据当堂课的教学内容灵活选择，注重实效。

因为检测反思"一鼓作气"，既能在最有效时间内检测、总结当堂所学，达到"堂堂清"的效果，又能帮助部分学生克服以往的懒惰、拖延等不良习惯，省去后续许多重复而又低效的师生"劳作"，大大提高课堂的学习效率。

同学们作为课堂学习的主人，主动积极地参与到课堂教学的每一个环节中，无论是在讨论释疑、展示点评还是最终的检测反思环节，他们都会学有所得，学有所获。学习兴趣得以提升，学习成绩有了进步，开启了良性的学习循环之路。当然，"教学有法，教无定法，贵在得法"。上述五个教学环节并非固定不变，教师在具体操作时，可以根据不同的学科、不同的课型、不同的学生等现实因素，适时进行增删调整。

为了有序推进"125"课堂教学模式改革，学校成立以"一把手"校长为组长，分管校长为副组长，教务处、教科处、督导处及年级部主任为组员的"125"课堂教学模式改革领导小组。统筹和管理学校课改工作，明确工作目标，落实工作职责，层层分解工作任务。经过三年多的"125"课堂教学模式改革，学校打造了优秀教师团队，提高了学生综合素质，在教育教学等方面取得了一些成绩，办学品质、社会声誉和家长满意度大幅提升。

同时，对于"125"课堂教学模式改革，我们还有两点困惑：一是如何能从根本上调动所有教师的课改积极性，主动置身其中，用心做事，出谋划策？如何通过一系列教育教学实践活动促进教师教学习性的转变以及教学智慧的生成？二是如何更有效地发挥小组合作的效能，让优秀生发挥"传帮带"的作用，实现所有同学的共同进步？针对这些困惑，在"125"课堂教学模式改革进一步推进的过程中，我们将继续探索，不断前行。

（本文发表于《江苏教育研究》2018 年第 3 期）

打造思想政治"让学引思"真课堂

江苏省响水中学　史素君

"让学引思"中的"让学"是指，让学生成为学习探究的主人，充分尊重学生在教学中的主体地位，积极发挥学生的主体作用。"引思"则是指，在课堂教学中，教师启发、积极引导学生自主感受所学知识，实现学生思维方式和学习能力的转化与提升。为进一步推进课堂教学改革，2016年8月，江苏省盐城市教育局颁布《盐城市中小学"让学引思"课堂教学改革行动方案（2016—2020）》，在全市中小学开展"让学引思"课堂教学改革行动，为高中思想政治课堂吹进了缕缕春风，带来了勃勃生机。

一、敢让巧引：大胆敢让，巧引生成

"让学引思"的高中思想政治课堂应该是：教师把课堂让给学生，积极引导学生主动学习，让学生开展小组合作、探究展示、反思提升等。突出生生交流、师生互动、合作探究、释惑解疑，让学生在互动交流中总结方法，生成学习成果。教师要让学生自主学习，就要学会放手敢让！"敢让巧引"，使学生更大胆、更自信，从而释放潜能并提升能力。

精心预设常会有精彩生成。这里的巧引生成是指在精心预设之外顺势而为的巧妙生成。在精心预设之外，是说巧引生成不在预设的情境中，而在实际课堂教学中。这种情境可遇而不可求，具有意料之外但又在情理之中的"巧味"。只有敢于并善于捕捉一切可利用的教学素材，教师才可能有机会和能力急中生智、巧引生成。

例如，在教学"矛盾普遍性"原理时，有学生突然提出："我认为事事有矛盾的观点是错的！"这个问题完全在教师预设之外，而且学生问得突然、问得尖锐！该生阐述了自己的看法："一是事事有矛盾太绝对；二是两个毫不相关的事物有矛盾吗？如美国总统特朗普和我……"面对

194

这样的情况，讨论过程中，我把控讨论的节奏和火候，并给予学生适当的引导。这样的"敢让"与"巧引"，使学生既掌握了知识，又明白了事理。

二、会让善引：恰当会让，善引天成

很多教师必须坚持差异性原则，会让善引，对不同知识能力的学生提出梯度不同的"让学"要求。针对基础薄弱的学生，让学基础题，引导学生夯实基本概念和原理等；对于知识能力稍强的学生，让学基础题的同时，引导他们进一步巩固基础知识，探求规律方法；对于知识能力很强的学生，不仅要巩固基础题，而且要设计一定量的提升题，让他们的思维得到更好的锻炼和提高。会让善引，就是要坚持具体问题具体分析，从学生的实际情况出发，让每一位学生都能有不同的收获和启发。

在教学《政治生活》第六课第一框"中国共产党执政：历史和人民的选择"时，我让学生课前收集与本课相关的视频资料，课堂上根据学生提供的资料，选播了一段 G20 杭州峰会文艺晚会的视频。动人的表演、空灵的音乐、美丽的烟花，让学生如痴如醉，仿佛身临其境，从而引发学生的民族自豪感。我适时把控课堂中学生情感升华的火候，恰当地引出话题：（1）我国为什么能成功举办 G20 杭州峰会？（2）本次峰会的成功举办有哪些政治意义（或经济意义）？（3）如果你是 G20 杭州峰会的一名志愿者，你会为本次峰会的成功举办做出哪些努力？问题一出，学生立即争先恐后地发言：有的学生从我国政府的宗旨、原则、职能角度，从中国共产党的领导角度说明我国成功举办 G20 杭州峰会的原因；有的学生从国内、国际两个方面分析 G20 杭州峰会成功举办的政治意义和经济意义；有的学生从公民权利与义务角度阐述一名志愿者可做的努力……不同学生都找到了自己畅所欲言、施展才华的领域和机会！教师课前、课中的恰当"会让"，课堂上的积极"善引"，两者合力所带来的师生情感共鸣和理论共识浑然天成且自然顺畅。"会让善引"让不同层次的学生收获成功的喜悦，如此"让学引思"的高中思想政治课堂，学生没有理由不喜欢！

三、真让能引：放心真让，能引必成

我们要积极营造高中思想政治"让学引思"真课堂的良好氛围，即学校氛围和班级氛围。大家要心往一处想、劲往一处使，追求"让学引思"的高效课堂，每个班级以班主任为中心的所有任课教师要齐心协力地打造"真让能引"的"让学引思"课堂。要避免出现：前一节思想政治课是合作学习、自主学习，下一节数学课就成了教师的"一言堂"；今天的思想政治课是自主探究，明天的思想政治课是灌输式学习；"让学引思"课堂出现不协调。只有学校和教师共同努力，我们才能顺其自然地将高中思想政治"让学引思"课堂常态化。

我们着力打造高中思想政治"让学引思"真课堂，要避免两种极端的错误倾向：一是防止个别性格内向的学生因孤单自卑、不喜欢参与讨论探究，而对学习失去兴趣，甚至游离于小组讨论之外；二是防止个别学习成绩较好的学生因骄傲自满、目中无人，而无法真正融入集体讨论探究之中，从而削弱其应有的引领和示范作用。教师要用一颗平等、包容的心，创造和谐的师生关系，"真让能引"让每一个学生都感受到自己身边的同学和教师是可爱、可亲、可信的，从而对同学的指正和评价心服口服，源源不断地获得进取的动力。

通过"让学引思"，打造生生互动、师生互动的高中思想政治真课堂，让教师的灵活引领和学生的创造性活动都得到充分展示。这样的课是符合新课程理念的课，是具有个性特色的课，是经得住考试检验的课，是高效优质的课！"敢让巧引""会让善引""真让能引"应成为我们的不懈追求！只有这样，我们的高中思想政治课堂才会成为真正"让学引思"的课堂，成为学生喜爱的课堂，成为优质高效的课堂！

（本文发表于《中学政治教学参考》2019年第2期上旬）

"让学引思"引领下课堂教学模式改革的背景、理念、成果

——基于N中学"125"高效课堂英语教学模式改革

江苏省响水中学 邵艳红 于从明

摘要：高考竞争依然激烈，学生的变化这一背景下，N中学进行了以挖掘师生潜能，促进共同发展为1个理念，"让学"和"引思"为2个关键，示标导入、讨论释疑、成果展示、师生点评、检测反思为5个步骤的"125"高效课堂英语教学模式改革实践。这一改革实践转变了师生理念、完善了学案编制、创新了教学方式、优化了考核机制，为当前课堂教学改革提供了有益借鉴。

关键词：让学引思；"125"高效课堂；英语教学模式改革成果

一、"让学引思"引领下课堂教学模式改革的背景

高考竞争压力未减，N学校每年所招收的生源质量没有明显提高，教师的教学方法没什么显著变化。为了提高学校教学质量，破解学校发展的困局，学校决定以课堂教学改革为切入点，按照"全面启动，分步实施，重点突破，整体推进"的工作思路，在学习借鉴名校课堂教学改革经验的基础上，大力开展"打造高效课堂，提升教育质量"的课堂教学改革。先后经历了筹划准备、学习领悟、模仿运作、巩固拓展四个阶段。2016年，N校借助《盐城市中小学"让学引思"课堂教学改革行动方案》的东风，在总结前期教改经验教训的基础上，积极推进"二期课改"，形成了N校"125"高效课堂的基本模式。

二、"让学引思"引领下课堂教学模式改革的理念

1."1个理念"：挖掘师生潜能，促进共同发展。挖掘师生潜能，促进共同发展，以课堂改革为抓手，走内涵发展之路。

2."2个关键"："让学"和"引思"。"让学"就是让学生亲身经历学

习过程。"引思"就是要引发、引导学生思考。让学生养成思考的习惯，增强思维品质，提升思维境界。

3. "5个步骤"：示标导入、讨论释疑、成果展示、师生点评、检测反思。第一，示标导入。即教师用适当的方式，课前在屏幕上投影展示或者在白板上书写本节课的学习目标，让学生清楚地明白本节课应该做些什么。第二，讨论释疑。即每位同学根据当堂课的学习目标，组内合作交流讨论导学案上经过自主学习后仍然存在的疑难点。第三，成果展示。即学生讨论探究完毕后，依然以学生为主体，采取多样的、合适的方法，去表达讨论探究的过程和结果。第四，师生点评。即在学生展示后，教师立即组织所有同学对展示的内容进行合适的评价，及时获知学生的得失，点拨指导。第五，检测反思。即由老师组织对课堂教学效果进行检测，并让学生再次对照学习目标，总结反思所学内容，整理好笔记。需要静心总结归纳，对所学知识掌握更加全面、更加扎实。

三、"让学引思"引领下课堂教学模式改革的成果

1. 转变了师生理念

在英语课堂中，学生更积极地参与课堂学习中，他们能够独立思考、合作探究、敢于表达、勇于展示、积极点评。教师能够不断完善知识体系、改变传统教学模式、强化应变解答能力，同时能够利用新科学技术——网络平台优化教学环境，形成学生乐学、教师乐教，教学相长的良好氛围。例如，在英语语法教学中，教师改变了以往填鸭式的教学方法：教师讲解规则——学生狂记笔记——学生练习题目，而采用这样的方法：学生观察句子——学生发现规律——学生练习题目。在此过程中，学生这种独立思考、积极探索、合作探究的学习过程体现了"以学生为中心的理念"。

2. 完善了学案编制

导学案体现以学生为本，涵盖自主学习、预习检测、合作探究、巩固提升几部分。学案是学生学习的航标引导学生一步一步进行知识的探

究。编制导学案的老师尽心尽职、倾注心血编出适合学生发展的导学案。此外，英语学科学案中还要注重体现英语学科的特色，即全英文呈现学习目标、学习步骤、学习要求，另外，在每份学案上都呈现出与学习主题相关的英语谚语、警句、名言、故事，等等，以此增强学生学习英语的情趣氛围。

3. 创新了教学方式

在"125"高效课堂的英语教学实践中，教师采用启发式、探究式、诱导式、讨论式及主题演讲等方法，调动学生的学习兴趣、激发学生的求知欲望、释放学生发展潜能，使学生能够积极向上、自信豁达。英语学科中常有戏剧表演的课文，如 Important papers，Invisible bench，the Turandot 等课文。教师利用这些课文资源，鼓励学生轮番上台表演，以激发学生学习兴趣，提高学习热情。鼓励学生敢于表达观点。有不少学生对英语学习有恐惧心理，在课堂上怯于表达、羞于启齿。教师鼓励学生进行生生互动、生师互动，在互动过程中大胆表达自己的观点。鼓励学生听唱英文歌曲。充分利用每天下午的唱歌时间，让学生听唱英文歌曲，同时鼓励学生利用业余时间多听唱英文歌曲，以增加英语语感和听力水平。

4. 优化了考核机制

为激励教师利用"125"高效课堂模式上课，从 2014 年起，学校开展了"求实杯"课堂教学竞赛课，让所有英语老师都参与到此项比赛中，每个年级，再选拔优秀教师参与学校的比赛中，学校设立"优秀教学奖"的教育教学评选活动，对获得此奖的老师进行奖励。同时又进一步强化考核，强化教学五认真、任务目标以及绩效考核。教师在考核机制不断完善的激励下，更加重视责任，勇于担当，奋力教书，从而提高不断教育教学质量。

【参考文献】

[1] 傅一心 . 高中英语课堂教学的有效性探究 [D]. 苏州大学，2014.

[2] 邵艳红 . "125" 课堂教学模式引导下的教育教学改革实践 [J]. 考试周刊，2017（88）：37.

第二节 《响中教研》专版及教师部分论文选

《响中教研》"125"课改专刊精选文章

教师要做"大先生"

张大春

习近平总书记曾在全国高校思想政治工作会议中强调：教师做的是传播知识、传播思想、传播真理的工作，是塑造灵魂、塑造生命、塑造人的工作。教师不能只做传授书本知识的教书匠，而要成为塑造学生品格、品行、品味的"大先生"。总书记还曾多次提出全国广大教师要做有理想信念、有道德情操、有扎实知识、有仁爱之心的好老师。

那么，教师如何才能成为"四有"好老师、成为学生健康成长的"引路人"、成为塑造学生品格的"大先生"呢？我想从以下三方面谈一谈。

一、立德树人，培养肩负中华民族伟大复兴的下一代。

先生者，心中必有大义，以家国为先。作为一名教师，要以实际行动努力培养能够担当民族复兴大任的时代新人和社会主义接班人。

从我国许多前辈科学家身上可以看到，他们往往在求学阶段就确立了报效祖国的理想和决心。真善美往往是相通的，求真的学习过程会引人向上、催人奋进。高中学习阶段，教师需要在学生基础求学阶段就引领他们追求真理，在学习文化知识的过程中，潜移默化帮助学生树立远大的理想和执着的信念，逐步形成正确的价值观，确立踏踏实实做事的精神，使他们真正成为国家的中流砥柱，这才是一个"先生"在这个时代潮流中应有的作为。

二、严谨治学，深耕科研，不断提高专业水平。

教师必须具有严谨治学，深耕科研的工作态度，认真研读各种教育教学类理论专著，结合一线教学经验，针对有意义的前瞻性课题进行研究，以谦逊严谨的态度对待科研与教学，致力于以教学促科研，以科研助教学，力求使教学与科研相互促进。除了研究，教师更应该注重实践，严谨治学，要把自己的科研成果、研究经验融入课堂，不断提高课堂教学水平。有大学问者方能称为"大师"，有深厚学术底蕴和精湛教学技艺的先生才是学生心目中的"大先生"。

三、关爱学生，既做"经师"也为"人师"。

苏联教育家马卡连柯说："爱是教育的基础，没有爱，就没有教育。"仁者爱人，具有仁爱之心是一个教师最基本的道德要求；关心学生，爱护学生是每位教师应尽的责任。一个富有责任感，一个对学生成长寄予良好期待情感的教师，他会经常把学生放在心上，体会他们的酸甜苦辣，关心他们的生活冷暖，关心他们学习、做事、为人和各方面的健康发展，用师爱滋润学生心田。

关心学生就是胸中装着学生，心中想着学生，服务于学生。教师应争取做到：学生哪里需要教师，哪里就有教师的身影。这就是说，对于学生的得与失、冷与暖、好与恶、喜与悲，教师不仅要记在心上，说在嘴上，而且要落实在行动上。古人说得好："亲其师才能信其道。"学生感受到教师对自己关心、尊重、理解、信任，会更"倾心"于教师，更加乐于接近教师，更愿意接受教师的教育。

正如习近平总书记在北师大的讲话中所说，老师对学生的影响，离不开老师的学识和能力，更离不开老师为人处世、于国于民、于公于私所持的价值观。像孔子、孟子、韩愈、朱熹、王阳明、陶行知那样的"大先生"，不仅仅是以自己渊博的学识来从事教育工作，更是以自己对于传统、社会、国家、民族、人类未来等的深刻洞见和满腔热忱来引领学生的思想与行动。

江苏省响水中学"125"课堂教学模式解读

近年来，我校高举新课程改革大旗，不断探索课改新路子。在学习、借鉴省内外成功经验的同时，积极打造符合我校校情的高效课堂模式，逐步形成了具有响中特色的"125"课堂教学模式。为进一步推进我校课堂教学改革，提升教育教学质量，特对该模式基本内涵进行核心解读。

一、基本内涵

（一）"125"课堂教学模式中的"1"是指"1个理念"，即挖掘师生潜能，促进共同发展。

（二）"125"课堂教学模式中的"2"是指"2个关键"，即"让学"和"引思"。

（三）"125"课堂教学模式中的"5"是指"5个步骤"，即示标导入、讨论释疑、成果展示、师生点评、检测反思。

二、核心解读

（一）"1个理念"：挖掘师生潜能，促进共同发展。

潜能，顾名思义就是一个人潜在的能力。最大限度地挖掘学生和老师的潜能，让每一位学生和老师的能力得到充分的发挥，是推进素质教育，打造适合师生共同发展的"125"课堂教学模式的重要理念。

课堂，既是师生学校生活的主要方式和主要空间，又是师生发展的主要途径，它深刻地影响着师生的幸福，关系着师生的当下和未来。学校送给教师的最好福利、送给学生的最好礼物，就是优秀的课堂文化和课堂模式。

在"125"课堂教学模式的探索实践中，我们认识到：构建高效课堂两个核心因素是学生和教师。课堂是否高效，就要看学生和教师是否在课堂上都得到了充分的发展和成长。学生的发展和成长是高效课堂的核心目标，而教师的发展和成长是学生发展和成长的有力保障。基于这样的认识，我们切实加强教学研究，最大限度地挖掘师生两个层面的潜能，促进师生共同成长，努力构建特色鲜明的高效课堂。

（二）"2个关键"："让学"和"引思"。

"让学"就是让学生亲身经历学习过程，在时间和空间上保证学习活动正常开展和学习行为真实发生。课堂教学中要让时间、让空间、让机会、让活动。要让得主动，切合学生实际，创设具体学习情境，让学生通过自主学习、协作学习和探究学习来完成学习任务。

"引思"就是要引发、引导学生思考，在形式上和本质上保证学生大脑处于积极的思维状态。让学生养成思考的习惯，增强思维品质，提升思维境界。

"让学"与"引思"是辩证统一的整体。教师要在"让"与"引"上多研究，做到能让会引，确保让引并重；学生要在"学"与"思"上下功夫，做到善学真思，确保学思结合。在具体的教学过程中，要把"让学"与"引思"有机融合起来，"让学"要让得有度，让得到位；"引思"要引得得法，引得充分。

（三）"5个步骤"，即示标导入、讨论释疑、成果展示、师生点评、检测反思。

1.示标导入老师用适当的方式，在屏幕上或者在白板的显眼位置写出本节课学生学习的重难点，要求学生达到的学习目标；让学生在预学的基础上，充分明白自己在本节课中还应该做些什么，达到什么样的效果。

2.讨论释疑每位同学根据当堂课的学习目标，在课前完成老师布置的预学任务的基础上，交流讨论学案上的疑难点，要求组内交流，全员参与、自主分析。由小组长负责组织，围绕问题讨论甚至争论。首先在组内同一层次学生中一对一讨论，共同研究解决问题，对组内仍然解决不了或理解不透的问题要用红色笔标注出；另外，要指导学生在讨论时注意控制好时间，尽量做到有效讨论，同时注意总结本组好的解题方法和规律，以便展示。老师要巡回于学生中，留心他们经过讨论仍然解决不了的问题，以备针对性点拨。

3.成果展示在进行成果展示时，要呈现出小组讨论的最佳结论，对展示出的一些有独特见解或归纳总结性的东西要标注出并加以说明。部分同学在上面进行展示时，班上的其他同学应关注每一小组的展示过程，特别是对本组讨论尚未解决的一些问题更要多加关注，看看别人的展示过程和自己当初的思考问题的思路有无异同点。老师要合理利用好前后黑、白板。在同组代表展示的过程中，其他小组成员还可以上去利用其他颜色的笔对展示的内容进行修改或补充，台下同学一边看展示，一边优化导学案上的自己的答题过程，所有学生在展示环节中都处于紧张状态，有事可做。有时也可以进行小组间展示，未参加展示的同学可以将自己的成果（或解题思路）写在学案的空白位置上，相邻两个小组成员之间互相交换并给对方批阅修改，在批阅的过程中既学习了其他同学的优秀创意和想法，又可以注意到容易出错的地方。

4. 师生点评这是学生相互学习、共同促进的关键环节。在这个环节中，不仅仅优秀学生可以帮助后进生，全体同学也可以把思路打开，每个同学都可以提出不同的观点。教师全面掌控，小组通过讨论交流，把自己构建的知识网络或提炼的典型解题思路，展示到黑、白板上，由一名（或几名）学生讲解点评。最后老师进行点拨。老师的点拨，一是针对学生的展示点评，肯定值得借鉴的地方，指出存在的问题；二是对学生疑难问题，做出准确的答复；三是对重难点问题进行点拨讲解，归纳方法、规律，语言要简练明了，有针对性；四是对学生的解题思路、过程的规范性和严密性加以点评；五是针对展示点评情况科学评价各小组，激励到位。

5. 检测过反思同学们在经过充分的交流和热烈的讨论后，思维比较活跃，这时需要静心总结归纳，反刍消化，清难点，理重点，逐项过关，使所学知识更加全面，对知识的掌握更加扎实。最后老师对课堂教学效果进行训练检测，检测方式可以是口头检查，也可以是生生互测或师生对测；还可以设计题目进行书面检测，总之要根据当堂内容灵活检测，注重实效。下课前让学生再次梳理一下课堂所学内容，整理好课堂笔记，布置下节课的预学作业。

《响中教研》刊首语·新年寄语"125"

于从明

课堂改革的脚步，其实一刻也未停过。

自从教育家夸美纽斯在《大教学论》中系统地提出班级授课制以来，围绕"课堂教学改革"的讨论和研究就从未停止过，分区域的、分学段的、分年龄的、分层次的，涉及改革组织形式的、教学策略的、教学内容的，林林总总，层出不穷。夸美纽斯就曾提出以"感知—记忆—理解—判断"为程序结构的教学模式，赫尔巴特也曾提出"明了—联合—系统—方法"的四阶段教学模式，杜威则提出过"以儿童为中心"的"做中学"为基础的实用主义教学模式。近几年有"分层教学模式""先学后教模式""翻转课堂模式""10+35模式""271模式""五环大课堂"等比较有名的课堂教学模式。

或许我们已经被课堂教学改革理论"灌"腻了，操作"做"烦了；也许早就认为熟练了，认识到位了。越是这种时刻，越要保持清醒，越要看清方向，越要理解课改实质，防止课改陷入瓶颈期、高原期。

课堂改革是时代的要求，是教学发展的必然。

历经四年有余的我校"125"课堂教学改革，以其独特的1个理念（挖掘师生潜能，促进共同发展），2个关键（"让学"和"引思"），5个环节（示标导入、讨论释疑、成果展示、师生点评、检测反思），开创了我县教学发展史上一个全新的课堂教学模式。在校领导的强力引导和全体教师的倾心研磨下，通过制度引领、分步实施、分层推进、分期打造，通过多部门监督、全方位评价以及开展竞赛促进、对外展示、合作交流等措施，从最初的学习模仿到推广实施，再到创新发展，风风雨雨，几经坎坷，如今"雏燕"终于成型。"125"新模式飞出校园，唱响盐阜大地，吸引省内外瞩目。仅今年一年就有12所省内外学校1400余人次来参观学习，连续获得"盐城市课堂改革先进单位""江苏省教科研先进学校"等重量级表彰，成功举办了盐城市"让学引思"课堂教学现场推进会。我校新一轮课堂教学改革成果显著，意义深远。

细细反思，认真总结。"125"要更快跟好的发展，今后需要做好如下工作：（1）破当前之瓶颈。从组织学生学习到引领学生组织学习，从鼓励个人探究到开展小组合作探究是"125"的精髓。但是，如何提升探究问题的质量，提高小组合作水平，如何关注学生个体差异，是当前最需要突破的瓶颈问题。（2）求个性化发展。尽快打破固化的模式限制，由重形式向重实质发展，鼓励青年教师竞相创新，大胆放手，让百花齐放，百家争鸣，让"125"绽放多种多样的美丽，灵活机动地打造富有特色的本土化的"125"模式。（3）造精品化课堂。从研磨有效课堂·高效课堂·优效课堂，到打造活力课堂·张力课堂·魅力课堂，是"125"模式的成长之路。让课堂富有弹性、张弛有度，同时高潮迭起，生成不断，生机无限；更要让课堂愉悦心灵，放飞想象、回味无穷……通过各学科广泛深入的课堂改革活动，打造一批高境界的精品化的"125"课堂。（4）应时代之大潮。让"125"课堂教学与核心素养的培养接轨，与立德树人总目标接轨，与新课程新高考要求接轨，与创建高品质高中接轨，与现代信息技术相结合，与打造智慧课堂相结合。（5）促校内外科研。用"125"课改带动学校教科研发展，提升全校教师教科研理论水平和实践能力。开展"125"课题研究、论文写作，以转变教师的教学方式和学生的学习方式为突破口，构建一系列应对新课程背景、符合现代教学理念的校本科研体系。（6）当课改之先锋。尽快完善"125"课堂教学和课堂评价体系，让"125"真正带动学校教育教学的优质高效发展，放大"125"课堂的小组合作效应，提升"125"课堂的社会影响力，让"125"走出响中，走出响水，走向全省乃至全国，让我校成为教学改革的先锋，是全校师生新时期的历史重任。

让每个学生都热爱学习，阳光发展；让每个教师都享受教学，愉快工作，是"125"永远的追求。祝愿"125"初心不忘，矢志不移，站得更高，走得更远！

（本文为 2018 年《响中教研》刊首语）

敢让、会让、真让

——打造"125"课堂教学模式下"让学引思"真课堂

史素君

"让学引思"中的"让学"是指让学生成为学习探究的主人，充分尊重学生在教学过程中的主体地位，积极发挥学生的主体作用。而"引思"则是指在课堂教学中，教师要善于启发、积极引导学生自主感受所学知识并实现学生思维方式和学习能力的转化与提升。

我校的"125"课堂教学模式，是贯彻盐城市教育局"让学引思"理念的课堂教学改革行动，这一改革给我校课堂吹进了缕缕春风，带来了勃勃生机。

一、敢让巧引——大胆敢让，巧引生成

"让学引思"的课堂应该是：老师把课堂让给学生，老师积极引导学生主动学习，让学生开展小组合作、探究展示、反思提升等。突出生生交流、师生互动、合作探究、解疑释惑，让学生在互动交流中总结方法，生成学习成果。老师要大胆地让学生自主学习，学会放手敢让！"敢让巧引"，使学生更大胆、更自信，释放潜能，提升能力。

精心预设常会有精彩的生成。这里的巧引生成也指在精心预设之外的顺势而为的巧妙生成。它在精心预设之外，是说它不在事先的预设的情境之中，是在实际的课堂教学中，由于"意外"而"巧遇"了这种情境，这种情境可遇而不可求，有预料之外又在情理之中的"巧味"。只有敢于、善于捕捉一切可利用的教学情境的老师才可能有机会和能力，急中生智、巧引生成。否则，即使有"节外生枝"的情境也不会有喜出望外的生成，更谈不上"巧引"了！

例如，在讲矛盾普遍性原理时，突然，有学生提出："我认为事事有矛盾的观点是错的！"这个问题完全在预设之外，而且问得突然、问得尖锐！该生阐述了自己的看法："一是事事有矛盾太绝对；二是两个毫不相关的事物有矛盾吗？如美国总统特朗普和我……"面对这样的情况，

与其堵而不妥，我何不顺势而为让学生讨论，发表见解？讨论中，我不时地把控好讨论的节奏、火候，并给予适当的引导。这样的敢让与巧引，使学生既掌握了知识，又明白了事理。

大胆敢让，巧引生成，收获意外生成之喜。这要求我们老师在遇到某些"意外"的教学情境时，能"临危不乱"，急中生智、弄巧成真。而不是弄巧成拙，或弃之如敝屣，白白浪费了可用的教学情境。

但是，颠倒主次、过于强调学生的主体性、忽视教师的主导作用，不能给予学生及时的方向性引导，让学生漫无目的地讨论、交流，只会使"让学引思"变味，让课堂失真。

因此，真正"让学引思"的课堂，要求教师既要大胆"敢让"，又要善于"巧引"，对学生给予适时恰当的引导。教师绝不能无条件地一味只让不引，甚至对学生放任自流。否则，就有违"让学引思"的初衷！

二、会让善引——恰当会让，善引天成

往常的课堂，教师讲得口干舌燥，学生听得昏昏欲睡。"让学引思"强调的是以学生为主体，从学生知识能力的实际出发来开展教学活动。但是，学生是千差万别的，课堂中我们既要让学生独立思考，又要开展师生互动、生生合作；既需要学生能够对问题进行自我思考，又要求学生能够实现同伴互助共享。我们老师必须坚持差异性原则，会让善引，对于不同知识能力的学生，提出梯度不同的"让学"要求。针对基础知识薄弱的学生，让学基础题，引导学生夯实基本概念原理等；对于知识能力稍强的学生，让学基础题的同时，引导他们进一步巩固基础，探求规律方法；对于知识能力很强的学生，不仅要巩固基础题，而且更要设计一定量的提升题，让他们的思维得到更好的训练和提高。"会让善引"，坚持具体问题具体分析，从学生的实际情况出发，让每名学生都能有不同的收获和启发。

课前、课中的恰当"会让"，课上老师的积极"善引"，两者合力所带来的师生情感共鸣和理论共识显得浑然天成，自然顺畅，使不同的学

生都找到自己能够畅所欲言、施展才华的领域和机会！"会让善引"让不同层次的学生都能收获成功和喜悦！如此"让学引思"的课堂，学生们没有理由不喜欢，更不会去抵制或拒绝！

三、真让能引——放心真让，能引必成

我们要积极营造"让学引思"真课堂的良好氛围，包括学校氛围和班级氛围。大家劲往一处使、心往一处想，整个学校追求"让学引思"高效课堂。每个班级，以班主任为中心的所有任课老师都要齐心协力地打造"真让能引"的"让学引思"课堂，避免出现：前一节语文课是合作学习、自主学习，下一节数学课就成了教师的"一言堂"；或者，今天的政治课是自主探究，明天的政治课就是"灌输式"等等与"让学引思"课堂不协调的情况。教师不能对课堂始终不放心，不敢"真让"，或者只是偶尔地"让"，或是虚假地"让"。只有学校和教师的共同努力，我们才能顺其自然地将"让学引思"课堂常态化。

我们打造"125"模式下"让学引思"真课堂，还要避免出现两种极端的错误倾向：一是防止个别性格内向的学生因孤单自卑、不喜欢参与讨论探究，而对学习失去兴趣，甚至游离于小组讨论之外；二是防止个别学习成绩较好的学生因骄傲自满、目中无人，而无法真正融入集体讨论探究之中，从而削弱了其应有的引领、示范等作用。教师要用一颗平等的、包容的心，创造平等和谐的师生关系，"真让能引"让每一个学生都感受到自己身边的同学和老师是可爱、可亲并可信的，对同学的指正和评价心服口服，从而源源不断地获得不断进取的动力。

总之，"让学引思"理念下的"125"课堂，我们不妨大胆地把目标让学生定，问题让学生提，活动让学生做，规律让学生找，收获让学生讲……"让学引思"，打造生生互动、师生互动的真课堂，让教师的灵活引领，学生的创造性活动，都能得到充分展示，这样的课是符合新课程理念的课；是有个性特色的课；也是经得住考试检验的课！这样的课应是高效优质的课！"敢让巧引""会让善引""真让能引"是我们不懈的追

求！只有这样，我们的堂才会真正是"让学引思"的课堂，学生们喜爱的课堂，优质高效的课堂！

让我们的课堂"动"起来

张爱静

新课程改革进行对于我国教育的发展具有重要的影响，新课程改革对以往教育中存在的问题进行了较好的解决，并对教师的教学有了新的规范，高中生物教师要按照新的要求进行教学，这样对学生成绩的进步与教学质量的提高有着双重的益处。

我们的课堂，是要在比较短的时间里，用比较小的投入，得到尽量大的效益。因此，我们的课堂不仅是学生学有所获，更是投入和产出比较合理的课堂。在新课堂下，作为教师，最重要的是让学生动起来，不再是一味地接受，要自己主动求索，积极主动，不仅要使学生"知其然"，更要使学生"知其所以然"。让学生从机械的"学答"向"学问"转变，从"学会"向"会学"转变，真正成为学习的主人。

一、教师铺垫，导入教学

一个充满情趣的导入就像在师生之间架起一座沟通的桥梁。教师可以用生活化的例子来加深学生的理解，使得学生对所学的知识感兴趣。并且教师要在显眼的地方展示本节课学习的学习目标。目标的设定要恰当，只有明确了教学目标，才能科学地组织教学内容，合理地安排和开展教学活动。

二、全体学生共同参与，充分激发学生的积极性

在我们的生物课堂上，要让我们的学生动起来。学生间互相帮助，学习主动灵活，基础好的带动基础差的，一同进步。基础差的同学也有了更多发言的机会，极大地激发了学生的学习兴趣。同学之间团结互助，帮助每一位同学找到开启生命之门的金钥匙，成为有凝聚力和影响力的幸福家庭。

放手是一种能力，放手是一种境界，放手是一种智慧。如《观察质壁分离及其复原》这节实验课，很多学生认为实验课没有什么预习的内容，上课时候老师让怎么做就怎么做就行了，有的学生甚至做完实验还不知道为什么这样去做，学生处于被动接受状态，因此不可避免产生厌学情绪。课前应让学生自己先预习实验原理、实验目的、实验材料、实验步骤以及预测实验现象，这样上课时就可以让学生快速进入状态，积极进行实验。

同时教师可以邀请学生一起参与准备工作，避免实验材料准备不足。课堂上，不再是沉闷一片，以小组为单位，组长组织，自主进行实验，所有同学都动起来，基础好的带动基础差的，一同进步，极大地激发了学生的学习兴趣。实验中不能单纯地用实验操作得出结果就行了，而要指导学生去分析实验每一步骤的作用，每一处理的意义，以及各步骤之间的联系，从中学会分析问题、解决问题的方法，最终做到知识迁移、活学活用。教师必须对各组的合作学习进行现场的观察和介入，提供及时的指导。当然在这过程中，教师要指导学生学会记录与整理的能力，要教会学生一些分析与思维的方法，逻辑推理的能力，使学生逐步养成从实际出发，实事求是地分析问题的习惯，养成他们全面而不片面，联系而不孤立，发展而不静止地看问题的习惯，从而学会良好的科学方法。教师在对学生合作方法的指导中，要转变角色，"蹲下身子"与学生交流。教师不再把自己当作教学者，而是合作者。要随时进行巡视，而不是站立不动，当学生难以理解时都需要教师进行点拨。

在学生讨论过程中，教师要让每一个学生都参与其中，提出自己的意见。著名的物理学家爱因斯坦说过，提出一个问题比解决一个问题更重要。他认为解决问题也许仅是一个数学上或实验上的技能而已，而提出新的问题，却需要有创造性的想象力。教师将由知识的传授者演变成学生学习活动的策划者。

三、师生点评，鼓励学生

做完实验，积极地评价，激发学生的兴趣、鼓励学生的好奇与探索精神，使学生对生物学习始终保有愉悦的心情。可以让学生总结本节课学到了哪些知识，学到了哪些学习方法，在学生总结的基础上，综合概括本节课的重点知识，并对学生的表现进行综合性评价。

教学应该是授之以渔，而不是授之以鱼。这样我们的课堂才能真正生动起来，教学效率也才能得以提高。高效课堂让同学们的学习方式改变了，同学们学得主动了，大胆了，大家都抢着发言。学习由苦变乐，师生之间、学生之间的互动变成了课堂上的主要特点，师生都感到一种解放，教师不用再高压严逼，学生反而会主动求索。这样的课堂教学既体现了教师热爱学生，同时教师积极、强烈的情感又能感染学生，使学生喜欢生物课。

历史教学怎样"让学引思"？

邵长坤

2016年盐城市教育局启动"让学引思"教学改革，作为回应，2017年春学期我校正式出台"125"课堂教学模式，其中的"二"就是指教学的两个关键措施——"让学"和"引思"。"让学"就是让学生亲身经历学习过程，在时间和空间上保证学习活动的正常开展和学习行为真实发生，使学生成为课堂教学的主人，改变学习的被动状态，"引思"要求教师精心设计问题和活动形式，引发引导学生去思考探索，在形式和本质上保证学生大脑处于积极的思维状态，增强思维品质，提升思维境界。

历史学科有自身的学科特点，传统课堂往往把历史事件按照知识要素逐条分解、通过教师生动的描述引领学生理解和记忆。这种教学方式，能够保证在形式上完成预定的教学任务，但学生学得被动，思维品质不高。新模式的提出是对传统教学方式的一场革新，但在践行新模式的过程中，由于传统的教学方式仍然存在着巨大的惯性，教师往往会不知不觉恢复传统老路。如何"让学"和"引思",值得我们探究。

一、历史课堂如何实现"让学"？

就历史教材而言,对历史事件的表述涵盖了一些基本的要素,如背景、时间地点、人物、性质、影响等,学生通过自学都能掌握这些基本要素。至于那些内在的、本质性、隐形的问题,需要教师恰当的引导,才能使学生解决。教师要精心设计学习的各个环节,让给学生一定的自主学习的时间,有明确的学习任务,有良好的督查机制。

1.合理安排学生学习的时间

让学,要求教师尽量少讲,多给学生自学的时间。没有时间的保证则学生的学习必定肤浅而难以深入;当然,没有明确的时间限定,学生也会缺乏完成任务的急迫感,学习活动就会拖沓低效。一般说来,"让学"包括这样几各环节:(1)预学。在晚自修时间安排5—10分钟的时间,围绕教师编制的导学案,完成对教材的阅读并完成导学案布置的基础性内容。预学是"让学"的重要组成,也为课堂深入学习奠定基础。(2)课堂交流和展示成果。课堂上至少有5分钟让学生相互交流自己对基础知识领悟情况,小组成员相互交流答案,针对存在的差异,去异求同,形成共识,存在疑惑的问题可以进一步讨论或请教教师。(3)讨论质疑。在学生学习基础知识的基础上,教师精心设计一些突出能力的、有思维深度的问题,让小组成员讨论,大约要安排8到10分钟左右。讨论的过程就是学习的过程,在讨论中学优生的学科能力得以强化,学困生在讨论中得到小组成员的指导和帮助,相互之间教学相长。

2.让学,要有明确的任务并有督查机制

让学必须保证各个环节有明确的任务,否则就是对学生自由放任,就不会取得预期的学习效果。比如在预学环节,以导学案的形式,要有明确的阅读要求和书面作业,必须有检查的环节,或者在课前统一收缴预学案由教师批阅,或者组长检查,或者组员互查,教师对预学情况做简单通报,鼓励学优生,督促学困生。在课堂交流或讨论之前,要明确任务和展示学习成果的方式，或是书面作业，或是个人讲述，或是个别板书演示等。

3. 让学要注意任务的基础性和适量性

要针对学生的学习实际情况，设计的自学的问题既要突出基础，又要体现出层次性，让不同学情的学生各有所得。导学案上的问题重基础，要让所有的学生通过自学能够基本解决；质疑讨论的问题要体现出一定的深度，保证"跳一跳，够得着"。同时，注意作业的适量性，学生能够用于历史学科的时间是有限的，要保证学生在单位的时间里能够完成作业。

二、历史课堂如何践行"引思"？

就历史学科而言，"引思"，要求教师不能把现成的历史定论结论完整交到学生手中，而是通过对教材、考纲、课标认真研习后，精心设计活动流程和探究的问题，一步步引领学生思考探究，让学生体验获得知识的过程和养成解决问题的能力，从而达成学习目标。

1. 导入设计要唤起学生探究的兴趣

历史是现实的过去，现实是历史的延伸，现实总是打上历史的烙印。历史课堂要善于从现实事件中切入历史，从影视报刊中的事件特别是新闻热点入手，结合煽情性的语言，引领学生走进历史。例如，讲"英国的代议制"，可以从特蕾莎·梅就职首相并签署脱欧文件入手；讲早期殖民扩张可以从"2007 年英国首相布莱尔、利物浦市当局就奴隶贸易表示道歉"入手。只要我们留心，每节历史课都可以从新闻热点中找到切入点，从而拉近历史与现实的距离。

2. 探究问题的设计要体现梯度性、多样性

针对教学不同环节，设计问题要体现梯进层次。起点太难，会让学生产生挫折感而丧失进一步探究热情；问题太简单，又会让学生丧失探究的兴趣。一般说来，对历史知识点的探究遵循顺序是：先是"是什么"，再"为什么"，接着就"怎么样"，然后再"还怎样"，最后总结类比上升到个体感悟。探究问题的设计可以多样化，可以是问答形式、可

以是材料解析的形式，也可以是表格类比的形式，即使同一个知识点，可以从不同的角度、创设不同的情景，追求"柳暗花明又一村"的效果。

3. 探究活动中，教师要激发竞争意识

好胜心是学生的共性，好胜心是促使积极思维的重要动力。教师要设法激发学生的好胜心。从教师语言方面看，多用"比一比，看看谁最行""赛一赛，谁是王者"等煽动性语言，塑造"你行我也行"的竞争氛围。从活动方式看，最常用的就是打分的形式，小组成员每回答一次问题，就评给一个分数，下课时予以累计，对优胜组给予表扬，以此激发组际竞争。角色模拟和情景模拟方式可以激发学生参与的热情。例如，"历史顾问""编导作家"等角色模拟，使学生产生解决问题的紧迫性，感受历史知识的实用性，从而能够积极参与到教学活动中来。以"文物展览或拍卖"的情景模拟，引领学生认识古代手工业的巨大成就。

4. 引思活动要注意发挥学习小组的作用。

充分利用学习小组合作的优势。并以小组为单位，体现组内合作、组际竞争。要注发挥小组长的"领头羊"作用。教师要经常对组长进行培训，使组长发挥引领、监督和调控活动的作用。讨论遇到冷场时，组长及时挑起话题；讨论过分热烈时，组长及时掌控节奏，并适时引领转入下一个活动。

总之，"让学"与"引思"是辩证统一的整体，贯穿在课堂教学五步骤之中，相互作用、交互进行。课前自学、展示成果是让学；课堂示标、教师质疑、是引思；小组讨论既是"让学"又体现"引思"。教师要在"让"与"引"上多研究，做到能让会引，确保让引并重；学生要在学与思上下功夫，做到善学真学，确保学思结合。在具体的教学过程中，要把让学和引思有机融合起来，让学要让得有度，让得到位；引思要引得得法，引得充分。

"125"高效课堂模式在体育教学中的运用

王宇轩

我们知道，传统的学校体育教学主要采用"讲解—示范—练习"的教学模式，强调教师主导作用的同时却忽视了学生的主体作用，很大程度上是以教师为中心，以教为主要目的。教师和学生是领导和被领导的关系，学生始终处于被动接受的地位。我以前的体育课基本上也是这样的一个模式。然而，这样的教学模式已经不再适应新课程标准背景下的体育教学了，也不利于学生主体作用的发挥，更谈不上高效。新课程理念中明确指出"以学生发展为中心，重视学生的主体的地位"。

为响应我市"让学引思"课堂教学改革行动，我校提出并实施了"125"高效课堂模式，在这样的模式下，老师的主导性和学生的主体性更加的分明了，而且，强调了学生才是课堂的"主人翁"，要把学习的主动权交给学生，在这样的课堂中我们看到的是学生之间热情洋溢的讨论；各小组内部密切合作，而不是以前课堂上呈现出的老师一人"满堂灌"。真正地实现了课堂的高效化。

在全校推行高效课堂改革的大环境中，我们体育学科当然也不能落后。而且，创建高效体育课堂也一直是我们每一位体育老师不断追求的目标。那么，我们会问自己：什么样的体育课才算高效的呢？

陈旧的体育课堂模式已经在体育课堂中根深蒂固。然而，随着时代的发展和进步，传统的体育课堂模式已经不能适应现如今的课堂教学；已经不能满足现如今学生发展的需要。我校提出的"125"高效课堂模式为我们体育课的教学指明了方向，可以说是我们体育教学的纲领性文件。

在实施"125"高效课堂模式的过程中我有了一些想法：

一、教师应该积极改变传统教学模式，把"125"高效课堂模式引进课堂

教学中应尽量避免"教师讲，学生听，教师作，学生看"的呆板教学模式，要以学生为主体，变"要我学"为"我要学"，充分调动学生的

216

学习主动性。我校实施的"125"高效课堂模式让老师的主导性和学生的主体性更加的分明了，而且，强调了学生才是课堂的主人翁，要把学习的主动权交给学生，在这样的课堂中我们看到的是学生之间热情洋溢的讨论；各小组内部密切合作，而不是以前课堂上呈现出的老师一人满堂灌。真正地实现了课堂的高效化。俗话说："授人以鱼，不如授之以渔"，教师不但要向学生讲解、示范体育知识、技能，而且还要指导学生掌握体育学习的方法和技巧，使学生会学。在体育教学实践中我主要从以下几个方面着手。

（1）把自学带入教学实践中

自学是一种很好的教学模式。如篮球单手肩上投篮的教学，教师可以在课前准备好挂图、动作方法讲解示意图，课堂上先让学生根据图示学习投篮动作，教师对学生练习中出现的问题加以指导、纠正。另外，教师还可以引导学生创造性学习。如教师提出活动的内容，安排学生自己分组选出组长进行小组活动，这样他们就真正的成了学习的主体，活动中同学间相互帮助、交流，他们的主体作用便得到充分地发挥了。学生是课堂中的主体，是以一定的参与度做保证的，学生没有参与或少参与，就算不上"主体"了。学生的参与状态，既要看参与的广度，又要看参与的深度。就广度而言，学生是否全面参与到课堂教学中来，是否参与了课堂教学中的每个环节；就深度而言，学生是主动的、积极的，还是被动的、应付的。

（2）把提问与答评引入体育教学中

教师应该给学生留有充足的发言机会，教学中开展课堂提问与答评，引导学生积极思考问题，主动参与教学活动，例如，在进行前滚翻教学时，引导学生注意前滚翻低头、含胸、团身的动作要领，积极思考前滚翻的动作原理，带着这些问题在练习中加以体会，就会认识得更深刻。不仅要让同学们动手还要动脑、动口，如提出问题让同学们去讨论，"七嘴八舌"中你会惊喜地发现他们的奇思妙想。要让那些不擅长做动作的同学也能找到存在感。

二、教师要努力改善学习氛围，为新模式的实施提供环境基础

如何提高学生的学习兴趣，需要我们老师做很多的功课。教学中教师要关心每一个学生的学习情况，确保每个学生都能养成自己的兴趣爱好，营造良好的学习氛围，使学生能够在轻松、愉快的氛围中快乐地学习。根据学生的个体差异，以及兴趣爱好的不同，适当地改变教法、穿插新颖的教学内容，能使学生始终保持住参与积极性。对兴趣不同的学生进行分组，让其各自选择自己感兴趣的活动内容。例如，在教学中安排一些健美操、舞蹈、体育游戏等内容，能调动广大学生的学习积极性，由于这些活动没有对抗性，尤其受到了很多女生的欢迎。这样，既可以使所有同学都能找到事做，又能达到同学间相互帮助、交流经验、共同提高的教学效果。要想发挥学生的主体作用，就必须要让他们参与到课堂活动中。如教学中我会适宜的选择一些适合所有同学参与的游戏教材、竞技比赛等，相比于单一枯燥的教材、教法，学生的学习积极性显著地提高了，也有了兴趣。正如我曾做的一个调查问卷——"如何提高同学们的体育学习兴趣"，学生反馈的意见很好地吻合了我的上述观点，同学们很大一部分都提到了以前的体育课堂没有生机、无趣、枯燥无味，建议老师多安排一些比赛，游戏之类的教材。这也让我更加重视师生的交流与沟通。同学有了学习兴趣，主体作用自然就可以充分地发挥了。

三、教学中给学生充分的时间、空间

教学中，我们教师还应给学生留有一定的"自由空间、时间"，让他们根据自己的兴趣、爱好选择活动内容进行锻炼。这样，既能满足他们的兴趣、爱好，也能使他们的特长有用武之地，学生体会到成功的喜悦之后，主人翁的地位就有了，主体作用也就发挥了。正因为如此，我校近年来开展了分班选项教学，可以让学生自主地选择自己喜爱的项目进行学习，这样就可以大大的保证学生的学习兴趣以及学习主动性，摒弃了原先的传统体育教学模式带来的弊端，最大限度地发挥体育课的育人

作用，提高体育课的课堂效率。

总之，一切的教学活动都为获得一个高效的课堂，只要我们秉持"125"高效课堂理念，抓住两个关键点，认真落实五个步骤，体育课定能出彩！

谈在生物课堂中对成果展示的认识

陈海君

成果展示是我校实施的"125"高效课堂关键的一个环节，在教学过程中占有重要的地位。不同的学科，不同的教学内容，各学科组都有自身特点，要求也是不一样。成果展示不仅能展示学生对问题、知识独到的理解，还能规范学生的解题过程，也能展示出学生在学习中的困惑。通过成果展示，学生对知识、规律和方法进行全方位的总结，对学过的知识进行强化记忆。以下我对生物组教学中的课堂展示的想法。

一、成果展示定义

所谓成果展示，就是学生在充分预习、探究、讨论的基础上，在课堂上把自己的学习和小组讨论的成果通过一定的方式展现给老师和其他同学的一种过程。

二、成果展示有何意义

通过自主学习、合作学习的成果展示，能够让学生体验到作为课堂主人公的愉悦和激情，充分挖掘学生的潜力和创造力，充分发挥学生的主观能动性，从而最大限度地调动学生的学习兴趣和积极性，让他们在一种自主、合、作探究的氛围中学习，体验学习的快乐，特别是有助于学生对实验流程、遗传图解和细胞图像、曲线的理解和规范化书写等培养，达到自我实现的终极目标。

三、进行成果展示的原因

1. 成果展示能促进学生积极主动完成学习任务，感受成功或失败，激发学生参与学习。

2.通过成果展示有助于规范学生的语言组织、实验图解等。

3.经过课堂上的展示能暴露学生学习中存在的问题、典型错误，帮助学生针对性解决问题。

4.还能收集大家学习信息作为预判和补救做好课堂教学的调整和准备，有助于老师讲解更有针对性。

四、课堂成果展示需要注意点

1.展示采取的形式和内容对学生的学习有激励作用，让学生在展示中认识自己，发现不足，激发斗志，调动学习的积极性，使自己积极主动参与到学习中来。

2.根据学生的个体差异和基础不同，为每一个学生提供和创造成果展示的机会，不歧视任何一名学生，不放弃任何一名同学。

3.选择合适的内容、时机进行展示，绝不能为展示而展示。

4.因人而异、因内容而已，不同学习情况、不同的学生可采取不同的展示方式，让学生表现自己的个性特长，如擅长写的可以板演、擅长口头展示可以说等等。

5.展示要顾及不同层次的同学，依据新课程理念，面向全体学生，决不能把课堂变成某些优生的表现舞台，而把其他学生都变成观众。

6.成果展示的组织要有一定的常规要

求，形成一定的操作步骤，避免因组织展示而消耗无谓时间，降低课堂学习效率。

7.课堂时间是有限的，因此展示要讲究效率，学习任务应当堂完成，因此课堂展示必须体现典型性，能突出重点，解决难点使形式和内容的统一，最终落实好学习目标。

五、课堂成果展示的形式

学习和考试对学生表达能力的要求是多方面的，口头语言是人际间交流的工具，而学生在考试时多采用书面语言。这就要求在展示的方式上灵活多样，促进学生表达能力的综合提高。

1. 口头展示。口头语言简短、灵活易于展示，形式灵活表达内容丰富，容量大，能够达到训练学生的听说能力，有助于对学生课堂注意力。所以对于生物概念，现象的知识可以采用口头展示的形式，既能节约时间，又能帮助学生锻炼语言表达。

2. 书面展示。例如对实验步骤、遗传图解、生命活动调节的过程，书面语言有助于语言组织和考试的需要，学生的学习虽然是为了培养学生的综合素养，但是目前的教育体制最终都把学习落实到考试上，因此书面表达的规范展示是不可或缺的，在教学中要特别注意。

3. 实物或模型展示。如学过细胞结构、细胞膜结构后让学生来制作模型，通过学生的展示比较认识动植物细胞的结构的差异和细胞膜结构的特点；DNA 的双螺旋的制作有利于加深对 DNA 的成分及结构的理解。

总之，成果展示不仅仅是让小组内一个学生扮演，更不只是展示答案，要把由原来的老师板书讲解换成学生的板书讲解。要充分利用好前后黑板，各个小组同时展示，展示小组讨论沉淀下来的方法、规律和解决不了的疑难问题，引起全班同学的思考和借鉴，达到全体同学高效学习的目标。老师要对展示的内容和展示的学生有设计，确保展示后的点评有针对性和有效性。学生准备展示和展示的过程本身就是一种很好的学习，展示的内容不一定全是准确的答案，也可以是错误的教训，展示过程中老师要巡回指导，认真思考，努力将当堂内容最大限度的让学生掌握。成果展示要尽量采用书面展示，展示的同学字迹要工整认真，板书规范，效率要高。未到黑板展示的同学要认真订正学案，这样才能使全体学生在成果展示和师生点评的环节都处于紧张的学习状态，有事可做。

搞好"五步走"，优化历史课堂教学

高明明

真正有效的历史课堂应该是"穿越时空的对话，思维火花的碰撞，文明薪火的传承。"那么，如何使课堂教学效益最大化呢？下面结合我的教学案例《罗斯福新政》，谈谈自己粗浅的看法。

一、示标导入

俗话说："良好的开端是成功的一半"。必须讲究课堂导入艺术，开篇就引人入胜，激发学生探究的兴趣。

本节课我首先创设罗斯福与胡佛 PK 的情境，胡佛说："最好的经济是完全自由的市场经济，最好的政府是不干预经济的政府。"罗斯福坚定地表示："如果竞选成功，我保证将为美国人民实行新政！"那么罗斯福为什么能够当选总统？他以后又是如何实施新政的呢？通过设问，把学生的注意力集中到课堂上来，积极思考，变被动学习为主动学习。

二、讨论释疑

历史课堂教学的有效性，就是在课堂教学中让学生轻松愉快地融入课堂，要以学生为主导，进行小组交流合作、讨论释疑，而教师则担当学生学习的组织者、促进者。

如我在讲《罗斯福新政》的内容时，我摇身一变成了一名记者，而我的采访对象就是由我的学生扮演的罗斯福总统和他的"智囊团"成员。

各领域"智囊团"成员讲得都很精彩，稍有疏漏其他组员立即补充，课堂气氛异常活跃。这堂课中，历史老师不再是知识的灌输者，而是引导学生感知与体验历史学习过程、掌握正确探究方法的伙伴。

三、展示成果

对于高中历史课堂上的一些枯燥难懂的问题可以采用合作探究法来更好地突破。分析罗斯福的新政的实质和影响是本课的难点，在课堂上我采用合作探究法轻松地化难为易了。

在分析新政的实质时，我设置出一个情境：有人说"新政是苏联计划经济的翻版，我敢打赌，罗斯福一定是苏联收买的间谍。"有人说，"不对，资本家都说罗斯福'向富人敲竹杠'说他天天'吃烤百万富翁'，我看新政简直就是法西斯主义。"通过这个预设的情境，巧妙地把学生置于"发现者"和"探索者"的位置上。组织学生分组讨论，形成观点。老师再适当地点拨总结，学生顿时觉得柳暗花明，豁然开朗。

四、师生点评

一堂成功的历史课，还离不开师生点评环节，对学生进行情感态度和价值观教育，真可谓"润物细无声"。

如《罗斯福新政》这课我是这样设计的：罗斯福新政使美国摆脱了经济危机，挽救了美国的民主制度。通过本课学习，一位身残志坚，敢于直面困难、自信、果敢、信念坚定、乐观豁达的美国总统罗斯福深深地震撼着我们心灵。可以说这样的课堂总结明显升华了本课教学内容和思想，潜移默化中提升了课堂教学的效益。

五、当堂检测

一节课的效果如何，最终还得把知识和能力落实到学生身上作为目标。本节课，我设置了相关习题，当堂检测，效果很好。

总之，通过我校推行的"125"课堂教学模式，我在教学实践中受益匪浅，教学的效果也锦上添花。

优化导学案，提高历史课堂效率
黄晓翠

我校的"125"课堂教学模式践行"让学引思"的思想，践行以教师为主导、学生为主体的思想，力求通过学生自主、合作、探究学习的方式，让学生们在知识的海洋里徜徉、探索，收获宝贵财富。

导学案是高效课堂实施之载体，包括预习案、探究案、训练案，贯穿于学生课前自主预习、课中合作探究和交流展示、课后巩固，是引导学生学习和思考的重要导航仪。历史教师如何利用导学案引导学生课前预习和组织课上探究，是一堂高效历史课成功的关键。在我们的历史学案中，预学案以问题形式呈现，探究案是材料题，最终还是要学生回答问题。一个个问题在历史学案中起穿针引线的作用，是历史课堂"让学与引思"的基础。问题设计质量之高低影响学生学习效果。这就要求我们必须优化历史导学案的问题设计，提高题目质量。

结合历史学科的特点，总结学案编制、运作和课堂教学的经验，笔者认为，优化导学案问题应坚持以下原则。

第一，问题设计体现层次性。学案问题设计的依据是课标、教材和学情，在设计问题时要详细研读课标，钻研教材，了解学生知识掌握情况，设计覆盖知识面广、层次分明的问题。尤其是预习案，要照顾全体同学的积极性，让不同层次的同学都有能回答的问题，都"跳跳脚摘到桃子"。这样才能为学生树立信心，实现良好自主预习效果，也为探究学习奠定坚实基础。

第二，问题设计富有启发性。启发性问题一般在课本中找不到现成答案，必须在熟悉和理解教材的基础上经过分析、综合才能得出答案，对学生有挑战性和新鲜感，往往能激发学生积极思考，突破定式思维，引导学生独立思考和主动参与学习过程。探究案中适当设计启发性题目，既训练巩固基础知识，又能培养学生史论结合的能力，拓宽运用多重史观的视野，提升历史学素养。

第三，问题设计注重趣味化、人性化。现行高中历史教材政治史艰深，经济史复杂，思想史晦涩，还要死记硬背诸多知识点，甚是枯燥无味，缺乏人间烟火。如果问题设计能多联系现实生活，从学生兴趣点出发，激趣学习，富于人情味儿，更能激发人文素养。

需要指出的是，学案是固定的，教师是灵活的，上课时应灵活应用学案，根据实际及时调整题目难度，恰当选择提问对象，及时而有效评价，让学生活动起来，才斩获最佳成绩。

优化学案问题，让学生最大限度参与学习，养成良好思考习惯，真正做到"让学"与"引思"齐飞，最终实现高效课堂。

创新多元论学术课堂竞赛促成长

张大春

课堂教学是学校人才培养的主渠道，是学校办学最基本、最重要的环节，课堂教学质量是长期以来制约学校教育教学质量提升的最重要的因素。我希望通过这次课堂教学竞赛，能够进一步提升我校的课堂教学效益，巩固和发展我校课堂教学改革的成果，培育更多的教学新秀和教学骨干，培养更多的优秀学生，进一步扩大我校的办学影响，提升办学品位。

一、要立足课堂，追求效益

所有老师要从本次求实杯竞赛优课中寻找闪光点，借鉴先进经验，培植课堂教学增长点，推动全校课堂教学改革再上新台阶，再创新辉煌。

二、要发扬成绩，克服不足

此次竞赛中涌现出来的具有示范作用的课例，要回过头来再加工、再修改、再提高，使之成为我们学校的经典课例，不仅要在校内有良好影响，还要争取走出校门，走向全市，乃至全省、全国。课堂教学过程中，存在的明显不足，要进行深刻地反思，避免同样的问题在教学中重复出现。

三、要加强研究，创新管理

教学无止境，没有最好只有更好。老师们要崇尚科学精神，树立终生学习理念，如饥似渴地学习新课标、新教材、新技术，认真研究新高考，拓宽知识视野，更新知识结构，不断提高教学质量和教书育人本领。

希望所有教师都能静下心来，精心研究这门大学问，并力求精益求精，用自己的热情和忠诚去投入，用自己的责任和心血去作为，共创个人事业、学生成长和学校发展的美好明天！

本届学术节立足新时代、聚焦核心素养，参与广泛、多元开放、时代性强、学术味浓，实现了跨年级的学术交流、跨学校的矩阵发力，促进了集思广益，群策群力，实现资源共享，优势互补、合作双赢、共同发展。

让我们以此为契机，形成崇尚精品、严谨治学的优良学风，营造互学互鉴、积极向上的学术生态，推动学校教育教学高质量发展；让我们恪守学术道德，遵守学术规范，努力实现学校高品质发展的奋斗目标。

论如何在数学课堂中进行小组讨论
——响中"125"课堂教学模式案例

数学组　孙芳

随着新课程改革的逐步推广和实施，数学课堂上学生的主体作用的发挥越来越受到重视。我校实行的"125"课堂模式中的小组讨论这一教学环节有助于学生知识的巩固，有助于学生学习兴趣的激发，有助于学生积极交往、有效互动，建立和维持良好的人际关系，有助于师生之间的教学相长，更体现了以学生为主体的教学理念。因此，在课堂教学中实行小组讨论尤为重要。那么，在数学课堂中如何设置学生讨论的问题？什么样的问题值得学生小组讨论？怎样进行小组讨论？我认为在数学课堂中实施小组讨论，可以从以下几点出发：

一、组建科学的讨论小组

组建小组时要充分考虑到小组成员在性别、学习能力、性格特征等方面的差别。每个讨论小组可以由 6 名同学组成，其中数学学习能力较强的 2 名，中等的 2 名，较弱的 2 名，同类型的同学结成对子。在讨论问题时，首先结对子的同学互相讨论，然后所有成员再一起讨论。这样的分配方式，能够让小组成员之间更好的交流、沟通，并有效解决问题。

二、营造和谐的讨论氛围

教师作为课堂教学的引导者，要和学生之间建立平等、和谐的师生关系，营造一种民主、愉悦的教学氛围。在小组讨论中，让每位学生都能积极主动参加小组讨论，不盲目崇拜，不盲目妥协，不碌碌无为，应付了事。在小组讨论时，教师要行走于各小组之间，聆听每个小组每位同学的讨论发言，当他们有独到见解时，要适时给出表扬；当学生遇到困难时，要适当给予鼓励和提示，让每一位学生都能在讨论中敢于表现自己，在讨论中提高自己。

三、设置合理的讨论问题

教师在备课时，对于需要进行小组讨论的问题要认真进行筛选，不能太难，让学生无从讨论，也不能太简单，让学生无须讨论。在问题设置中，题目要有针对性和可讨论性。例如，在苏教版 2019 必修二第 11 章《正弦定理》第一课时的教学中，学生学习了正弦定理的内容后，可以根据定理直接解决简单的"角角边""边边角"问题。那么在问题设置中，可以先设置一类已知三角形中的两边及其对角解三角形的问题，然后通过问题的解答，发现三角形的解的个数产生了差异，再抛出需要小组讨论的问题："为什么三角形解的个数产生了不同？在解题过程中是如何判断三角形解的个数的？"讨论后，再让学生解决如下问题：

1.已知△ABC 中，a=4，B=45°，若该三角形有 1 解，求 b 的取值范围；

2.已知△ABC 中，a=x，b=3，B=30°，若该三角形有两解，求 x 的取值范围.

这样的设计，让学生以具体问题为基础，讨论一般性的结论，体现了数学的从特殊到一般的思想方法，也更符合学生的学习规律。

总之，在数学课堂中实行小组讨论，能有效地激发学生的学习兴趣，巩固数学基本知识和方法，提高学生的合作意识，是值得所有数学教师推广的一种教学方式。

"125" 课改背景下小组长的培养

物理组　张明柱

火车跑得快，全靠车头带！选一位有较强领导力的小组长，对小组建设至关重要。但是，班级里也不是班级成立之初就一定有这样的人选，那就得学生自荐，或同学推荐，或班主任物色培养。下面谈谈如何把选出来的小组长培养成一个合格的小组长，进而成为一名优秀组长。

一、明确小组长职责

1. 行政组长：主持小组全面工作，负责小组队伍建设。行政组长要团结全组同学、帮助同学、组织同学，打造积极向上的小组学习团队，要负责维持本组同学的学习纪律，负责小组卫生值日的安排和打扫等所有小组日常工作，要勇敢地担当起学习小组的学习领袖角色。小组建设中遇到的疑难问题进行组内民主解决，解决不了的及时向老师反映，寻求解决办法。

2. 科研组长：主要负责小组课上、课间、课后学习研讨工作，小组同学学习中出现的疑难问题经小组内讨论仍不能解决的，集中统计后向老师请教。要组织小组成员进行一对一讨论或是小组内部三个层次间的研究解疑。确保每个小组成员实现高效学习，都达到"跳一跳够得着"的学习目标，最终实现小组团队的整体学习目标。

3. 学习组长：主要负责作业收发和学习情况检查。要及时检查小组成员课堂学习情况和每天学习内容的落实情况，学习内容堂堂清，日日清，周周清，月月清；要建立起针对每个小组成员学习态度、学习效果的评价制度，每周公布、总结一次，以督促小组成员不断反思，不断进步；要组织小组成员利用好自主自习，根据要求分层完成导学案。

二、加强小组长监督和考核

1. 小组内有一半以上组员认为组长不称职的向老师反映的，老师找组长谈话一次，指出问题，给予工作改进建议，再试用一周，反映良好的，继续留任；仍然不称职的，采取学生自荐和同学推荐相结合的方式选出新的组长。

2.每次大考后对小组成绩进行评比，对人均总分最高优秀小组的组长和全体组员进行表扬和奖励，优秀小组组长代表全组做经验总结介绍。对人均总分最低的两个小组，由组长代表全组在班会课上向全班同学说明情况，制定改进措施，请全班同学监督。

3.每学期结束，根据一学期几次大考成绩算出综合成绩进行小组排名，排名第一和第二的小组评为优秀小组，对组长和全体组员进行表彰和奖励。

"125"课改背景下，我们应如何写好教学反思？

语文组　朱其清

教学反思，也称教学日记，是教师对自己的课堂教学进行回顾、总结和评价之后的感悟。面对我校大力推进"125"课堂教学模式改革的大背景，我们该如何结合新的课堂改革实践，写好自己的教学反思，则是我们每一名响中老师认真思考的问题。下面笔者将就这个问题，谈几点浅陋的看法。

一、目前教学反思写作存在的主要问题

从个人写作教学反思的实践来看，有时总觉得自己不知从哪个方面去反思，找不到着眼点；有时只有寥寥数语，内容单薄、空洞；有时写出的反思内容，则游离了本节课的内容；有时写出的反思，语言平淡，缺少教学术语，没有理论的高度等等。

二、"125"课堂改革背景下，我们如何写好教学反思

要写好教学反思，首先应明确教学反思应记录哪些内容。教学反思的内容不是教师预先设想出来的，而是经过教学实践，反思、评价、总结出来的。因此，我们在"125"课堂教学实践中，应时时关注"示标导入、讨论释疑、成果展示、师生点评、检测反思"这五个环节在课堂教

学中，所呈现出来的问题，以便为课后写作教学反思，积累写作的素材，找准反思的着眼点。具体地说，我们应从以下几个方面入手进行教学反思写作：

1.写课堂教学中的意外之喜。就是把教学过程中自己感受深刻的、效果明显的做法所产生的现象与感受以及课堂教学中，教师临时应变得当的措施所产生的"意外之喜"记录下来。比如，备课中未曾考虑到，而在课堂上突然爆发出的灵感之花——新的知识点，生成的新问题；教学方法上的临时变更，所产生的前后效果差异，等等。结合"125"课堂五个环节来看，我们不妨关注"示标导入"后，学生是否能够明确自己的学习内容，有无呈现出一股求知的精神状态，从而反思自己的教学目标定位是否准确；"讨论释疑"时，学生有无生成值得思考的问题，从而引发你个人怎样的深思，等等；

在"125"课堂教学过程中，随着教学内容的展开，师生的思维发展及情感交流渐趋融洽，往往会因为一些偶发事件而产生瞬间灵感。这些"智慧的火花"常常是不由自主、突然而至，若不及时利用课后反思去捕捉，便会因时过境迁而烟消云散，令人遗憾不已。

2.写课堂教学中的碧玉微瑕。即使是成功的课堂教学也难免有疏漏失误之处，如教材处理不当、教学方法选用不佳、教学环节安排欠妥等瑕疵。对它们进行系统的回顾、梳理，并对其作深刻的反思、探究和剖析，可以使自己在今后授课中避免类似事件的发生，从而少走弯路，有效地提高自己的教学水平。

比如，我们在"125"课堂实践中，常常会发现这些现象的发生："讨论释疑"时，有的学生和别人一样站在那里，却只做一个小组的局外人；"成果展示"时，整个环节成了班级三两个学生的"独角戏"，其他人则成了一个观众，一个看客，一个只会坐在路边为他人鼓掌的人；有时学生扮演的内容过于庞杂，耗时费力；"师生点评"时，教师的点评不太深入及时，等等。这些"碧玉微瑕"，都值得响中每一个课改人在教学反思时，认真思考研究，并理应成为我们写作教学反思的重要着眼点。

3.写课堂教学后的重整山河之美。一节课下来，静心沉思，摸索出了哪些教学规律、教法上有哪些创新、知识点上有什么发现、组织教学方面有何新招、启迪是否得当等等。及时记下这些得失，并进行必要的归类与取舍，考虑一下再教这部分内容时应该如何做，写出"再教设计"，写出"重整山河"之后的如画壮美。这样可以做到扬长避短、精益求精，把自己的教学水平提高到一个新的境界和高度。

三、撰写教学反思应注意的几个问题

1.以课改思想为指导，以教学实践为基础。写反思时，应敢于突破自己旧有的传统模式，切实转变教学反思，以教学实践为基础。反之，脱离了教学实践而空谈理论的反思，对今后的教学则没有任何完美实际指导意义。因此，写反思时，我们应能将一些教育理论术语适时的嵌入其中，这必将大大提高教学反思的理论高度和深度。我校的"125"高效课堂改革理论基石，源于我们响中老师多年的教学实践，也与盐城市教育有关部门所倡导的"让学引思"教学理念不谋而合。我们在写作反思时，如能以这一理念思想为指导，并结合教学实践展开，我想一定能使我们的反思，变得实在、实效、实用。

2.善于总结，重在及时。要养成课后对教学过程进行"反刍"的习惯，敢于正视现实，勇于发现问题、剖析问题、善于总结。在时间上要做到及时，尽可能抓住瞬时的感受，把它记下来。

3.就事论事，切口要小。在内容上要做到宜小不宜大，宜实不宜虚。可以分点陈述点点滴滴；也可以一事一议，分析一个现象，解决一个问题。不求"面面俱到"，只求一面"津津乐道"。

4.勤于查阅，贵在坚持。要经常翻阅写好的教学反思，从"点点滴滴的小收获"中悟出教育理论的"大道理"，并查阅有关方面的教育理论书籍，以便更好地指导自己的教学实践，形成"从实践到理论回到实践"的螺旋上升的过程。同时还必须要有恒心和毅力，要持之以恒。

总之，教学反思是教师自己积累教育教学经验，提高教学素养的有效方法。尤其是青年教师，更应对此给予高度重视。没有反思，就没有觉醒；没有反思，就没有进步；没有反思，就没有飞跃。在我校大力推进的"125"课堂教学模式改革的背景下，我们需要反思的点有很多，需要反思的面也很广，这需要我们每一个响中人在今后的教学中不断地去探索和发现，去实践和反思。唯有此，才能进一步提高我们的专业水平，才能使我们响中的"125"课堂改革更上一层楼，才能实现响中跨越式的发展。舍弃，别无他途！

最后唯愿：喜欢反思，正在反思的你，早日成为高人一筹的老师！

关于"125"课堂的几点思考

生物组　朱颖

摘要：近几年，我校开展了"125"课堂教学模式的教学改革，新课堂的课堂教学模式毫无疑问，是让教师转换角色，退到幕后；让学生充分投入到课堂中来，最大限度地调动了学生的积极性和主动性，充分发挥学生的主体作用，真正实现了知识与技能、过程与方法、情感态度与价值观三维目标的培养。但在实施过程中也存在着一些问题如学生不够主动、参与度不高、时间有限等，对此分析其原因，提出对策。

一、新课堂的背景

新课堂是指教育教学效率或效果能够有相当高的目标达成的课堂，具体而言是指在有效课堂的基础上、完成教学任务和达成教学目标的效率较高、效果较好并且取得教育教学的较高影响力和社会效益的课堂。课堂高效有个基本的要点，即以尽可能少的时间、精力和物力投入，取得尽可能好的教学效果。尽可能好的教学效果可以从以下两个方面来体现：一是效率的最大化：也就是在单位时间内学生的受益量，主要表现在课堂容量，课内外学业负担等。二是效益的最优化：也就是学生受教育教学影响的积极程度。主要表现在兴趣培养、习惯养成、学习能力、思维能力与品质等诸多方面。

只有效率的最大化或只有效益的最优化的课堂，都不是真正意义上的"新课堂"。只有二者的和谐统一，"新课堂"才能形成。简言之，新课堂至少在教学时间、教学任务量、教学效果等三个要素方面有突破，概括为：轻负担，低消耗，全维度，高质量。

二、存在问题及解决方法

1.学生合作不够主动，组内交流出现冷场，没有人说话。

小组成员接到学习任务后，不知道先干什么，或对某一个问题无话可说。出现这一问题的原因是：有的同学在没有认真读书、深入思考的情况下，就开始小组讨论。他们没有经过深思熟虑，匆忙展开讨论，要么坐享其成，要么人云亦云，盲目随从，对小组内的不同见解根本无法提出真正意义上的赞同或反对，也无法做到吸取有效的内容修正自我观点。

我的解决办法是：为了能够调动组内成员讨论的积极性，我建立小组合作学习讨论记录表。内容包括：积极合作因素和消极合作因素。积极合作因素中包括：监督或观察、操作或记录、主持或服从、倾听或思考、表述自己观点，组员做到哪一点就在相应的位置上加分。消极合作因素中包括：发呆或走神、做小动作、抵触或不参与，符合哪一点就在相应的项目上减分。一周后统计出组内最佳讨论奖，最佳组织奖，最佳进步奖等。

2.学生层次不同，学习合作参与度不均衡。

通过我的观察，小组合作学习确实大大增加学生的参与机会，并能发挥出更多自主性，让学生成为学习的主人。但优等生参与自由发言和小组汇报的次数明显多于学习困难的学生。合作学习时，不少同学在小组活动中无所事事，或做与小组活动无关的事情，学习成绩好的自然成了各组名副其实的代言人，而学习困难和性格内向的学生则只是其陪衬。

出现这一问题的原因是：有的学生性格内向，不善于在人前发表意见，多数时候在合作中沉默不语。有的学生由于基础薄弱，想参与活动却又力不从心；有的同学基础较好，但不善于争取机会。小组分工不明或角色落实不到位，往往学习成绩好的学生成了各小组名副其实的常任报告员，形成小组活动被一二个"积极分子"垄断，而其他学生陪坐的局面。

我的解决办法是：尽可能为学生，尤其是基础较差，经常失败的学生创造更多的成功机会，同时要善于发现他们的进步，并及时给予鼓励，使他感受到成功的乐趣，从而增强他们的自信心。当学生失败而处于情绪低谷时，我们要及时对他们进行开导，鼓励他们在哪里跌倒就从哪里爬起，培养他们乐观，豁达地承受挫折与失败的能力。还有就是对组内成员要进行合理分工，充分发挥每个人的作用激发各人的个人责任，使得每个成员有事可做，对自己负责的那部分任务全力以赴。这样有分有合可以保证全体成员的积极参与。除了按任务分工外还可进行角色分工，如轮流担任记录者、检查者、解说者、组长等。在分工中我们还要注意经常更换角色，使每个成员都轮到过各种角色，体会每个角色的工作和责任，并从中学会互相理解、体谅、支持，从而增强团队凝聚力和归属感。

3. 分组活动时间有限，学生合作不充分。

教师在组织合作学习时，学生有时会对一道问题争论不休，往往浪费了很多交流的时间，导致后面题没有交流时间已经到了。老师让进行下一环节时，就匆匆结束，把合作学习变成走过场。

解决办法：设计合理的问题。教师设计的合作学习的问题在难度适中的基础上，应有一定的挑战性。问题不能太难，不能超出学生的能力范围；更不能简单化，从而抹杀学生合作的兴趣，致使小组合作学习流于形式。小组合作学习问题的难度应该以不脱离学生已有的知识结构，不超越学生当前的认识能力为标准。要进行有效的小组合作学习，我们必须要对小组合作学习的问题有一个总体的设计，并事先让学生知道小组合作学习所要解决的问题，让学生去收集资料，提前思考，使学生在合作学习之前就对问题有了一定的思考和准备。

三、收获与反思

经过近几年的教改实验，结合教学情况和学生的状况，反思"125"课堂教学模式，我深深感到：

1. 思想认识和教学理念上的大飞跃。从理论到实践，从实践到理论，125教学模式是一种非常全新的教学模式，是一种学生喜欢的学习方式，是一种能够操作的教学模式，是一种行之有效的小组合作学习，是一种问题为主线的教学行为。新课堂改变了老师的教法和孩子的学法。传统课堂上老师是绝对的权威，老师的主导单位不可动摇，老师的言语不可置疑，而孩子却是有问题不敢问，也不敢提，更加不用说上台去展示了，但新课堂却打破了这一现象，孩子的主导地位得到体现，老师的辅导地位得以明确，孩子改变观念以后真正成为学习的主人。

2. 新课程的理念真正得到落实。教师树立了"生进师退"的教学观，完成了教师角色的大转型。把课堂还给了学生，把说的权利还给了学生，完成了向编剧、导演的转型。学生实实在在地动了起来，成了课堂的主人，课堂上呈现出了"老师搭台学生唱"的局面。学生自信心增强，展示欲望强烈，学生实质性的参与合作、交流和展示，能力得到发展和提高。

新课堂的实施，促进了教学理念的转变，它是对传统教学颠覆性、革命性的改革。但是这种教学理念和教学模式在刚刚起步，对它的尝试探索还是很有限的。不过我相信，有上级部门的大力支持和精心指导，有全体教师的积极参与和不懈努力，我们一定会在实践中反思，在反思中总结，在总结中提高。

对"125"课堂教学改革的几点感悟

地理组 强燕萌

今年，我加入响水中学这个富有朝气且温馨的大家庭，感觉十分荣幸。踏入新的工作环境，我对新课程及新课标的认知还远没有达到学校所要求的水平，仍存在较大的进步空间，加上新高考新课程改革的突然来临，上课一时有那么一点手足无措。

不过，经过学校在开学前组织的几天培训和9月中旬参加的盐城新课程培训，我对如今的新课程改革有了较新的认识，教学方式也得到了全新的感悟。下面我就对新课程改革谈谈自己的理解。

一、教育理念要更新

伴随新课标的发布，新课程改革的突破点也从之前的"三维目标"转化为"学科核心素养"，这是课标从"教书"到"育人"的跨越式进步，其主要是改变传统课堂教学模式，在课堂教学中充分发挥学生的主观能动性。教师作为新课标改革的执行者和课堂的主导者，要更新自身的观念，调整自己的角色定位，做到在教学过程中调整教学策略，侧重点由教师的"教"向学生的"学"转变，注重学生的差异性教育。

二、落实"125"课堂教学模式改革

在开学前的培训中，教科处倪主任全面详细地讲述了学校推行的"125"课堂教学模式，使我受益匪浅。在这两个月的教学中，各班级一直运用这个模式教学，效果较好，我校提倡的"125"课堂教学模式与新课程改革倡导的以生为本的理念十分切合。

课堂上，我按照五个环节进行教学——示标导入、讨论释疑、成果展示、师生点评、检测反思。课前在黑板上写出学习目标，学生在预习的基础上充分理解在本节课中所学习的内容，经过教师的解读后，明白本节课要掌握的重点方向，以便更好地明确本节课所学知识。讨论释疑环节中，小组成员在完成导学案预习任务的基础上，交流讨论导学案上的探究案，此过程要求全员参与，然后做到在组内分析解决题目。讨论

完毕，小组代表在黑板上展示组内的最佳讨论成果，若有不完善之处，组内成员可进行补充，当组内成员均无补充时，再让班级其他小组进行提问或解答尚未解决的一些问题。在此过程中实行加分制度，一是代表对于小组讨论及成员的肯定，二是代表对于其他小组的鼓励，以此在课堂上形成一个良性竞争，让每个学生都参与到课堂中，让学生活跃于课堂。点评之后，教师进对本节课的知识进行总体归纳，对重点内容再次强调。新知识学习完毕，再完成检测案的题目，及时巩固课堂学习。在此过程中给予每个学生展示自己的舞台，充分发挥自己的长处，也引导学生进行团队合作，使每个人融入课堂中。

每节课对于教师都是挑战，所以课后我们要及时进行教学反思，没有反思就没有进步。在这两个月的教学中，我深刻体会到"125"课堂教学模式可以让学生轻松快乐地学习，激发学生自主学习的兴趣和动力。所以，要做到将一个班级整体的智慧汇聚，进行思考、归纳，能让我们的教学有更多的进步，最终将在教学上收获意想不到的效果。

三、提高专业素养

新课程改革赋予了学生学习主动权，这就对教师提出了更高的要求。面对不同层面、不同知识背景的学生，教师要在课前认真备课，在新课标的指导下，既备教材也要备学生，但不能完全照搬教材，在编写导学案时准确把握知识的难易程度。在课前充分预设教学情景，在课堂上多开展丰富的实践活动，让学生主动参与课堂，真正体会课堂的魅力。比如，在学习《地球的内部圈层结构》时，我提前准备了一颗煮熟的鸡蛋，在课堂上将鸡蛋切开，让学生观察鸡蛋的内部分层来类比学习地球的内部圈层，既增加了学生学习地理的兴趣，也帮助学生理解，更好地掌握知识。同时，在课后也要不断反思自己的教学，为日后提高课堂教学水平积累宝贵经验。

路漫漫其修远兮，吾将上下而求索，新课程改革符合当代社会对人才的需求，作为教师，我要先行一步，深刻认识到新课程改革的益处，也要将新课程改革落实到位。在课后教学反思中不断总结经验，不断完善自己，为响水中学的发展贡献自己的一分力量。

指向语文学科核心素养的"125"课堂教学模式探究

殷明

《普通高中语文课程标准（2017 年版）》明确指出，语文学科核心素养是学生在积极的语言实践活动中积累与建构起来，并在真实的语言运用情境中表现出来的语言能力及其品质，是学生在语文学习中获得的语言知识与语言能力，思维方法与思维品质，情感、态度与价值观的综合体现。语文学科核心素养概括为四个方面，即"语言建构与运用""思维发展与提升""审美鉴赏与创造""文化传承与理解"。

"125"课堂教学模式是我校学习、借鉴省内外成功经验，积极打造的具有响中特色的课堂形式。"125"课堂教学模式中的"1"是指"挖掘师生潜能，促进共同发展"的理念。"2"是指"让学"和"引思"两个关键。"5"是指"示标导入、讨论释疑、成果展示、师生点评、检测反思"五个环节。

为打造"让学引思""以学生为主体"的丰富灵动的课堂，在模式的建构与综合运用中应该突出语文学科核心素养，可以从五环节来达成"挖掘师生潜能，促进共同发展"这一理念的终极目标，致力从课堂模式设计方面切实保障让学生真正学起来，让语文学科核心素养真正得以落实。

一、示标导入，明确素养目标

学习需要有明确的目标，有了目标，随之而制订计划、确定方法、设置检测与检查形式，就能够构成完整的学习与评价环节。

语文学科核心素养的达成要求是学生能在阅读与鉴赏、表达与交流、梳理与探究活动中运用联想和想象，丰富自己对现实生活和文学形象的感受与理解，丰富自己的经验与语言表达；能够辨识、分析、比较、归纳和概括基本的语言现象和文学形象，并能有依据、有条理地表达自己的观点和发现。教师在屏幕上投影展示或者在白板上书写的学习目标一定要少而精，必须要指向语文学科核心素养。教师须明确学习目标，学生必须掌握哪一方面的知识，提高哪些技能，教师均需要做明确要求。

二、讨论释疑，激发思维碰撞

高中语文教学中，学科素养的重点是思维训练。思维发展与提升是高中语文核心素养的组成部分。思维发展与提升是语文教育的重要使命与目标。语言与思维之间存在密切的关系，语言是思维的外壳，思维是语言的内核，语言的建构和运用需要借助思维，而语言的建构和运用又能够促进思维的发展与提升。构建以思维发展与提升为旨归的课堂活动体系，应是语文课堂的一种自觉追求。

教师要围绕文本的理解和根据学生的学习情况设置问题，组织学生对某一内容进行合作学习式讨论。在讨论的过程中，学生掌握知识、生成能力，在合作学习中分享成功、共享体验，将学生的思维引向深入，使学生的语文学科素养得到提高。

语文学科的素养，通常在文本学习中潜移默化得到提升。学科素养的达成目标，必须在文本的问题质疑讨论中实现。例如在《淮阴侯列传》的学习中，对于韩信是否谋反这一问题的探究，教师可以要求学生提出自己的观点，完成学习中的探究活动，也可以通过小组讨论，培养学生辨识、分析、比较、归纳和概括等逻辑能力。

三、成果展示，增强表达素养

学生讨论探究完毕后，以学生为主体，采取多样的、合适的方法，去表达讨论探究的过程和结果。以此激发学生的学习兴趣，通过口头、书写等形式培养学生表达能力品质。语文课教学中，课本剧形式的表演、诗歌类的朗诵、文学类文本的表演式解读、学习成果的小组总结都能够加深学生的理解，检验学生知识的掌握情况和能力提升情况。这种形式，对于提升学生语文学科素养中的表达能力和思维能力，都有十分积极的作用。

语言建构与运用是高中语文核心素养中的本体性要素。语文教育必须以发展学生语言素养为根基，语言是存在的家，建构学生的语言就是建构学生的生活世界和精神世界。语文教育的本质就是开展丰富多彩的语言活动，通过学得促进习得。成果展示环节就是以语言建构和运用为核心任务，从而对学生个体生命的发展具有极为深远的影响。

石中英教授在《教育哲学导论》一书中指出：个体的发展，就其根源来说，不是一种外在的规训或控制过程，而是一种内在的觉醒或成长过程。因为"各尽所能"，学生们都会争先恐后地抓住上台展示的机会，甚至是在规定的讨论时间未结束时，就抢着上台先占据"一席之地"，积极踊跃地希望自己（本组）能在老师和同学们面前"露一手"。这样不仅有效训练学生的深度思维能力，还有助于培养他们的团结协作能力、语言表达能力，增强他们的集体荣誉感。

四、师生点评，提升鉴赏能力

教师组织学生对展示的内容进行合适的评价，及时获知学生的得失，教师针对学生的展示点评，肯定值得借鉴的地方，指出存在的问题；针对对重难点问题进行点拨讲解，归纳方法、总结规律；针对展示点评情况科学合理地对各小组进行评价，表扬激励。经过老师的总结点评，同学们看着黑板上展示的内容，就像"照镜子"一样，能够迅速明确自己思考问题以及解答题目的得失，并且所有同学都可以借此机会提出自己的不同观点，提升自己的鉴赏能力。优秀学生还可以进一步发散思维，拓宽思路；中等学生可以发挥优势，补齐短板；一般学生可以见贤思齐，规避错误。

教师针对课堂上的生成性资源——学生在课堂点评活动中的兴趣、情绪、意见、学习方法、思维方式乃至错误的回答等，巧妙、恰当地运用课堂评价语或激励赏识，或点拨疏导，或拓展延伸，或总结归纳，会使课堂教学更加契合语文核心素养，在教师与学生之间、评价实践与课程目标之间形成良性互动，为教学创造一方和谐、融洽的真情空间。

五、检测反思，助力全面发展

教师组织对课堂教学效果进行检测，并让学生再次对照学习目标，总结反思所学内容，整理好笔记。学生在经过充分的交流和热烈的讨论后，思维比较活跃，这时需要反刍消化，清难点，理重点，逐项过关；需要静心总结归纳，对所学知识掌握更加全面、更加扎实。检测内容必须是与学习目标相吻合的题目；检测方式可以是口头或是笔头检查，也可以是生生互测或师生对测，要灵活选择，注重实效，助力学生全面发展。

语文学科是语言、文学、文化的载体，在反思环节中要在知识积累、文本阅读、思维深化等方面加以强化，并形成学生的人文素养，使学生在实现文化成长的同时，也获得精神的成长和生命的成长。

对于语文课堂教学来说，作为课程的总体目标，语文学科核心素养应当贯穿始终。语文学科核心素养是一种内在的品质，它必然凝聚在完整的人格中，不能分开。四个方面的核心素养本身就存在内在的、不可分割的关系。因此，在"125"课堂教学模式中，无论是在讨论释疑、展示点评还是最终的检测反思环节，四个方面虽有侧重，但是应该都有所体现。

浅析"125"课堂教学模式下的语文教学策略

语文组　高帅

古人云："学贵有疑。小疑则小进，大疑则大进。"在高中语文课堂上，进行探究式学习，是较为常见的方法。至于能取得何种效果，关键在于教师的引导。语文是一切学科的基础，是一切学科学习的基础。在一定程度上讲：语文是"大语文"，是工具性和人文性的统一。语文学科具有人文特色，在语文教学过程中，它可以培养语文的思维能力，提高学生的文学素养，促进学生审美能力的提高，也对促进学生未来的学习和成长起着至关重要的作用。高中语文核心素养是指学生在学习过程中形成的思维和能力，在课堂上，教师要想培养学生的核心素养，就要突破传统的教学模式，创新教学方法，在"125"课堂模式下运用多种形式进行教学，提高学生的动手能力。此外，教师需要充分激发学生的潜能，动员学生学习的积极性，提高学生的综合语文素养。

一、更新教学观念，转变教学方法

在教学实践中老师需要更新教学理念，转变教学方法，真正突出学生的主体地位，真正转变学生的学习观念，让学生由被动接受的学习状态转变到主动探究的学习状态。让学生跟着老师一起进步，运用这种方法来提升学生的语文核心素养。

让学引思的教学就是为了让学生全面发展，让学生顺应时代的发展，让学生能够真正领悟社会主义核心价值观。教师必须改变传统的"一言堂"式课堂，要以学生为中心，让学生成为自我学习的主人。把课堂重点放在养成学生的逻辑思维、创新思维、体系思维等基本素质上，放在变学生被动接收为主动探寻上。从一定程度上讲，只有主动探寻式的学习才是最优的学习方式。培养学生的自主探寻知识的能力，教会学生自主学习以及良好的学习习惯正是"大语文观"的体现，能够让学生获得终身学习的能力和观念，有利于学生的多方面的可持续发展。

二、"125"课堂教学中让学生学会自主、合作、探究的学习方式

如果语文老师可以在课堂探究过程中引发学生对语文课的好奇与热爱，那么在学习新知上就可以由被动转化为主动，使学生爱上语文课堂，爱上语文学习，而不是把学习视为一件苦差事。只有将学习变为一种乐趣，才可以实现语文课堂的有效教学。学生有了一定的求知欲，个人素养、价值观与审美能力才能实现的目标。当然，要实现这一点，离不开教师的课堂实践和课前的教学设计。

例如：教师在进行古诗词课堂教学时，可以将所有学生分为几组，这样学生就可以在教师的指导下，通过小组内的合作完成教师分配的任

务。如教师让学生整理出跟西湖有关的诗句，学生可以在课后通过网络、书籍等进行相关资料的查询，然后组内学生一起进行诗句的整理。在正式授课时，教师可以让学生在课上把自己整理好的诗句分享给全班的学生。这种课堂设计有利于学生自主收集资源和自主学习，整个过程里充满了乐趣，让学生逐步展示了他们组织信息资源的能力，激发起学生对语文课堂的热爱，学生在不断地积累中学识的修养逐渐被培养出来。

三、在"125"课堂学习中培养学生兴趣

兴趣是最好的老师，我们用"学生成绩＝兴趣＋能力"来说明兴趣在课堂教学中的重要性。如果学生学习没有兴趣，就谈不上自主学习，更说不上让学生合作、探究学习了。

那么为了在课堂教学上让学生产生学习兴趣，要做好以下工作：

1. 教师在教学设计上要下功夫，上课一开始以趣引入，激发学生学习兴趣。课堂引趣的方式很多，教师一定要根据教学内容精心设计，例如：设疑，故事引趣，小品引趣，谜语引趣等，还可以根据本地区风俗联系生活实际激趣引入。

2. 兴趣不能只停留在引入新课层面上，应深入课堂，贯穿课堂教学始终。这是激活课堂教学气氛的基础。教师作为课堂教学的引导者和组织者，应想尽一切办法让课堂气氛活跃起来，教师要蹲下身子，与学生平等交流，让学生感受到合作学习的氛围。

3. 新课标提出的自主探究并不是说上课时小组里几个人在一起讨论讨论就算是自主探究了，而是看老师如何激发学生，让学生自己产生探索课文内容的兴趣，并且扎实有效地探讨到一定的深度，这才是课堂教学有效性的高境界。

4. 课堂作业设计注重开发学生的创造潜能，促进学生持续发展。语文作业是积累、感悟和运用语言文字的载体。所以，精心设计好课堂作业，能巩固新学知识，形成能力，培养学生良好学习习惯，给学生打下扎实的语文基础，提高课堂教学的有效性。

四、"125"课堂尤其注重教学过程评价

1.教师在课堂教学中对学生的评价应特别慎重,不能以分数为衡量学生的唯一标准,应该考虑到语文人文性特点。法国著名寓言作家拉封丹有一则寓言:北风和太阳比试,看谁能把一个摇船人的大衣吹掉。北风呼呼猛刮,摇船人紧紧裹住大衣,北风无可奈何。太阳温和地照耀着,摇船人解开衣扣,脱掉外衣,结果太阳获胜。这则寓言告诉人们,方法得当就能以柔克刚。一句赞美的话语比老生常谈的说教和严厉地批评和责备更有力量。课堂是学生获得知识的主要渠道,教师在课堂中对学生的评价直接影响孩子的成长。

2.课堂教学中引导学生作好自我评价。当学生完成练习或回答一个问题后,让学生独立思考、判断、想一想自己在问题解决过程中的成功之处和不足之处,养成自我检验的习惯,让学生对自己进行评价。既是知识的再现,同时又是对自己的能力和方法进行全面的反省,重新认识和评价形成对自我思想行为的反思意识。当然,学生自我评价后应有反馈,以便教师了解学生的掌握程度,对新知识掌握不好的学生,运用鼓励性评价语言给他一个客观公正能激发他积极向上的评价,并在练习中允许他通过努力再次自我评价,让学生不断地取得成功,不断地感受成功的快乐,不断产生追求新知识的欲望,从而增强学生学习信心。

五、结语

总之,通过教师的引导,学生自己独立寻找解决问题方法以及同学合作讨论解决问题。使受教育对象懂得合作讨论是一种重要的学习方式,学会听取别人看法与观点并清晰地表达教学是师生之间、学生之间交往互动与共同发展的过程。这从客观上要求老师优化课堂教学过程,树立教学的有效性理念。

基础教育的改革必须做好课堂教学的有效性,提高教师教学质量,提高学生的学习兴趣。使教学从传统的"教师教,学生学"的被动模式向教师与学生、学生与学生之间的讨论研究方式转变,转变为学生的主

动学习。

最后，课堂教学以教师的"爱"贯穿始终，是一门艺术，它要求我们在实践中不断地研究、总结，不断地探索提高课堂教学的有效性。

基于"125"课堂模式的新思考

地理组　赵志美

今年，已经是我正式从教的第二年了，很幸运的是赶上了新教材、新课改的浪潮。为了帮助我们尽快地适应新教材，市里多次组织地理新教材集体培训，对此，我也有了一些自己的看法。关于新课程、新高考，我觉得首先还应该是新教材，因为教材是课程，高考的基础也是开端。现在，我们的教学进度已经来到了选修，新教材也基本上都和我们见过面了，对于这几本教材，给我的感受就是自然。每本教材都充满了自然的色彩，非常符合现在所提倡的"绿水青山"。同时，教材内容也发生了很大的变化，与以前相比删繁就简，对于必修班的学生，遵循的是了解地理，拓宽视野，激发他们探索自然的热情，因此，也更容易让学生接受。而对于选修班的学生来说，他们面临的是新高考，所以从选择性必修课本也可以看得出来，知识不仅更加系统而且也更有深度。但是新高考不是唯分数论，而是考查学生的综合素质，对此，我们学校提出了"125"课堂，根本目的就是让学生学起来，动起来，真正做到以学生为主体，让学生主动学习，喜欢学习。

经过了高一一整年的"125"课堂的学习，我现在已经基本可以灵活运用"125"课堂模式，不是再像高一一样生搬硬套。对于"125"课堂教学模式的运用，我也有了一些自己的想法。

一、在"125"课堂中经常会出现一些生成性的问题

在当代好课堂活动中，我被选中开设一节展示课，当时的课程内容是《城乡内部空间结构习题讲评课》，在学生们积极讨论后，由一位男生上台讲解地租水平变化特征，整个讲解过程流畅而富有条理，这位男生

也获得了班级同学掌声，我对他的讲解也非常满意。但此时确有一位女生提出了自己的疑惑，首先她认同男生的答案，但是她觉得男同学没给大家讲明白地租次高峰为什么会出现，可能是这位男同学没有考虑到这方面，因此有些紧张，于是我组织同学们对这个新生成的问题再次进行讨论并交流，最终，由这位男同学给大家解释，地租次高峰出现在道路交汇处，并为大家复习了影响地租高低的因素。

从在这个题目讲解结束后，我也在同学们面前表扬了这两位同学善于思考的好习惯。对于这次讲评课，我有所感触，在课堂上，一定不要害怕新生成的问题，因为那一定是学生学习中薄弱的地方，把它补上了，学生的基础才更扎实。另外，新生成问题代表学生有所思考，这是好的现象，老师应该抱有鼓励的态度，而且从这节展示课来看，学生提出问题并自己解决，给了学生很大的成就感，这也极大地增强了学生学习的积极性。

二、"125"课堂更需要老师的教育机智

在高一的一节课上，当时的课堂内容是《地球内部圈层》，在讲解了横波纵波的概念和特征以后，我给同学们举例，如果地震发生时，有个小朋友正在湖上划船，那他会有怎样的感觉？同学们异口同声，只感受到纵波，所以是上下颠簸，但是有位同学说如果在地面上地震时下雨了，那是不是也只能感受到纵波，当时很多同学听到他的问题都笑了，都觉得他是在故意抬杠，但我没有接着回答他，而是先问他：即使地震时下雨了，那你现在是站在地面上，还是站在水里？这位同学反应很快，我这样一问，他接着就明白过来，即使下雨，人也是站在地面上的，就能够感受到横波和纵波。从这次课中，我真心觉得教师这个职业并不简单，它承担着教书育人的重任，督促我课前不但要充分备课，而且还要备学生，从学生角度考虑问题，这也要求我不断提高自己的知识储备和教学技能，以应对各种问题。

"125"课堂就是要让学生成为课堂的主人，主动积极地参与到课堂

教学的每一个环节中，无论是在讨论释疑、成果展示、师生点评还是最终的检测反思环节，他们都会学有所得，学有所获。学习兴趣得以提升，学习成绩有了进步，开启了良性的学习循环之路。

当然，我也觉得，"教学有法，教无定法，贵在得法"，"125"模式包含的五个教学环节并非固定不变，在具体操作时，可以根据不同的学科、不同的课型、不同的学生等现实因素，适时进行增删调整。

课堂教学模式的变革与创新，绝非一日之功，需要我们进行持之以恒的艰苦的探索，更需要全校教师的通力合作。从根本上转变教师的教学行为和学生的学习行为是一个探索过程，也是一个创新过程。我会在"125"模式的基础是结合学生的实际，潜心钻研，创造出适合学生学情的新的模式。

第三节 课改优秀教学案例

于从明老师 2019 年在《地理教育》发表的教学设计

"江苏乡土地理与区域可持续发展的融合"专题复习教学设计

摘要：对高中地理教师而言，开设基于乡土地理研究的专题复习课，是富有创造性和挑战性的工作。本文以一节高考复习课《江苏乡土地理与区域可持续发展的融合》为例，立足于培养学生的地理核心素养，从材料搜集分析整理，到考纲和课标研读，到考情学情分析，到思路构思和教案编写、探究活动的设计，以及课后反思、专家点评，一一作了具体介绍。

关键词：乡土地理高考专题教学设计

【学习目标】

1. 学会利用已经掌握的地理知识（规律、原理），思考分析评价乡土地理可持续发展中的条件、方向，并探讨解决问题的对策及其影响。

2. 学会利用多种途径获取并解读有效地理信息，能够有针对性地分析解决区域可持续发展中的实际问题。

3. 学会自主合作学习，科学分析并能规范表述；培养学生科学的思维习惯和严谨的治学态度。

【学习重难点】

重点：探究活动 1. 评价交通建设对区域发展的主要影响。2. 分析洪泽湖洪灾严重的主要原因和防治洪灾对策。3. 分析里下河平原农业可持续发展的对策。4. 分析江苏沿海风能开发的背景、区位条件、方向、措施和意义。

难点：通过对身边的区域可持续发展问题的分析探究，总结回答区域可持续发展相关问题的一般方法和策略。

【教法学法】

教法：启发式教学法、合作探究分析法，以及"问题展示—小组互动—展示点评—总结升华"的教学流程。

学法：课前自主预学、小组合作探究、分组展示点评、经典问题训练。

教学流程	教师活动	学生活动	设计意图
课前预习	课前将江苏省政区图、地形图和交通图，连同课堂活动的三个探究题，编制成一份预学案，发给学生（预学案略）	提前进行半小时左右的自主预学，书写答案备用	为课堂教学有序互动作铺垫
导入新课	江苏高考综合题第28或29题，连续五年都有10分以上考查江苏区域地理及其可持续发展问题。PPT简介江苏省政区图、地形图和水系图，展示考纲要求，布置小组分组展示和点评	观看PPT江苏省地图，认识家乡所在地的位置特点和环境特征	以情激趣，感受身边地理也与高考息息相关
探究活动一	提前准备：材料一连盐铁路（连盐快速铁路）是国家沿海铁路的一部分，全长234公里，建设标准为国铁Ⅰ级双线电气化快速铁路（具备运行动车组条件），设计速度为每小时200公里（平面预留250公里每小时），预计2018年8月建成，建成后将成为青岛至上海的快速铁路通道	第一小组展示预学答案，其他同学点评和评分	通过探究家乡快铁开通对家乡的影响，暴露答题分析和表述中的不足，锻炼学生分析交通线对区域可持续发展的影响的能力
探究活动一	材料二连盐铁路示意图（下） 1.分析连盐快铁开通对苏北地区的主要影响（6分） 		线对区域可持续发展的影响的能力

教学流程	教师活动	学生活动	设计意图
探究活动二	提前准备：材料一洪泽湖，我国第四大淡水湖。在江苏省西部淮河下游，苏北平原中部西侧，原为淮河中下游结合部的浅水小湖群。公元1128年以后，黄河在淮阴（今淮安）以下夺淮河下游河道入海，使淮河失去入海水道，使原来的小湖潴水扩大为洪泽湖。由于洪泽湖发育在冲积平原的洼地上，故湖底浅平，岸坡低缓，湖底高出东部苏中平原4~8米，成为一个"悬湖"。在治淮以前，洪泽湖是汪洋一片，既无固定湖岸，又无一定形状。 材料二洪泽湖及其周围地区示意图 2．分析洪泽湖洪灾严重的主要原因，并探讨防治洪灾的对策（8分）	依据课前预习，第二小组展示答案，其他同学自主点评和评分。	训练学生学会分析自然灾害的成因，并思考相应对策，提高学生对本地河湖灾害成因及其对策的分析能力
探究活动三探究活动三	提前准备：材料一里下河平原位于江苏省中部，总面积13500多平方公里。平原地势极为低平，状如锅底，地面高程从周围海拔4.5米，逐渐下降到海拔只有1米左右，大致从东南向西北缓缓倾斜。内部河网稠密，还有大纵湖等诸多湖荡。 盐阜人民在汉代以前就利用沼泽滩地种植水稻和进行淡水养殖。为防止洪涝灾害，人们在地势相对高起的部位，修成四周环水的小块高地（俗称"刹田"），种植庄稼，可以旱涝保收。如今这里物产丰饶，为著名的商品粮、油料和水产品基地。 材料二里下河地区示意图 3．依据可持续发展的基本内涵，分析里下河平原农业可持续发展的对策（5分）	依据课前预习，第三小组展示答案，其他同学自主点评和评分。	通过该活动帮助学生进一步理解可持续发展的基本内涵，训练学生利用图文资料分析本地平原农业可持续发展对策的能力
过渡与完善	【归纳总结】区域可持续发展材料分析题的一般考查内容和答题策略（快速选择分析）（下表1）	归纳理解区域可持续发展的一般内容和答题策略	从二维角度深入科学看待区域可持续发展问题的考查

教学流程	教师活动	学生活动	设计意图
学以致用	【实战演练】江苏沿海地区风能可持续发展的区位条件、发展方向、对策措施及产生影响分析 (下表 2)	分小组快速完成	依据实例,开展针对性训练,及时巩固
	【高考经典回顾】1.2017 年江苏高考 28 题;2.2016 年江苏高考 29 题 (接下表 2)	快速思考答题思路,分组展示	用高考题进行当堂检测训练
课后思考	【单点剖析】提示课后进一步进行对乡土地理可持续发展问题进行单点纵向思考。如以南京市为例:南京港和南京市的区位条件异同;南京江北新区的可持续发展对策;影响南京市城郊农业生产的主要因素等	课后作业:思考单点问题,进行纵向探究	提升思考深度,多维度探析区域可持续发展问题

【归纳总结】

表 1:区域可持续发展材料分析题的一般考查内容和答题策略(快速选择分析)

内容	可持续发展					答题策略
	区位条件		方向	对策(措施)	影响	
	有利 / 不利	自然 / 人文			积极 / 负面	
城市、乡村						①找准切入点,厘清答题思路;②用足材料所给的具体素材(图像、表格和文字)③联系书本理论和生活实际,进行补充完善
农、工、商						
旅游						
资源	开采					
	利用					
	调配					
交通运输	站点					
	线路					
自然灾害						
生态系统						
其他						

【实战演练】

表2：江苏沿海地区风能可持续发展相关分析（分小组快速完成）

区位条件	方向	措施	意义

【高考经典回顾】略

【课后反思】

1. 反思设计过程：整体设计程序比较合理，可操作性强；基本按照设计思路，顺利完成了预定的预学、探究、展示、点评和总结提高等环节。个别问题的设计不太科学，影响学生答题质量；探究的量有点大，导致节奏前松后紧。

2. 反思教师活动：教学思路清楚明了，活动紧凑，表达自然大方，声音响亮，表述严谨科学规范。真正做到重视点拨引导，及时总结归纳的作用。

3. 反思学生活动：学生全程积极参与，自主—合作—探究—展示—点评，形式多样，思维活跃，生成性好。

【专家点评】

本节课以一个又一个创新案例、创新活动、创新思维，多角度展开探究活动，不断激发学生的思考热情，课堂教学高潮迭起，生成不断。虽然有些缺点，但是真正为大家上了一节优质的乡土地理与高考复习相结合的示范教学课。

本节课通过多种形式探究活动，充分"暴露"了学生思考分析、表述解答过程中的问题，为教师有针对性地进行点拨、引导和总结提高，提供"优质资源"，有效增加了课堂教学的内涵、维度和效度。真正从人的品格、能力需要出发，设计能够促进生命成长，促进人生发展的学习过程。我们教学设计只要不畏困难，勤于教研，善于合作，敢于创新，再难设计的课堂也能够出彩。

参考文献

杨洁丁．热点聚焦：地理教育国际宪章2016[J]．尧清，译．中学地理教学参考，2016（8）：22-24.

（本文发表于2019年《地理教育》第8期）

曹相月老师 2021 年江苏省优质课评比一等奖作品

第 3 章 基因的本质第 2 节 DNA 的结构（第一课时）

班级：_____ 学习小组：_____ 姓名：_____

【学习目标】

1.讨论 DNA 双螺旋结构模型的构建历程。

2.概述 DNA 分子双螺旋结构的主要特点。

【学习重难点】

DNA 分子双螺旋结构的主要特点。

【合作探究】

科学史料 1DNA 分子是以 4 种脱氧核苷酸为单位连接而成的长链。

探究一：脱氧核苷酸是怎样连接成 DNA 单链的？假说？

活动一【活动要求】

依据假说，小组合作将 2 个脱氧核苷酸连接成一条 DNA 单链。

活动二【活动要求】

小组合作将 4 种脱氧核苷酸连接成一条 DNA 单链

材料用具：

探究二：DNA 由几条单链构成？假说？

科学史料 2 二战后就有科学家用电子显微镜测定出 DNA 分子直径约为 2nm，该直径比脱氧核苷酸单链的直径要大。

科学史料 3 威尔金斯等科学家指出三链螺旋结构中 DNA 含水量的理论值与实际不符。

科学史料 4 沃森和克里克对富兰克林的 DNA 的 X 射线衍射图进行分析得出 DNA 呈螺旋结构，并发现第 4 层线上的斑点消失了，研究表明，这是受另一条螺旋的干扰。

探究三构建一个DNA的双链平面结构

【深度思考1】两条链之间通过什么分子连接的？

活动三【活动要求】小组合作用提供的单链图片模型连接2条DNA单链。

科学史料5 磷酸和脱氧核糖亲水，碱基疏水。

科学史料6DNA在细胞内处于有水环境中。

【深度思考2】位于DNA内部的碱基如何配对连接？

【深度思考3】同种碱基之间为何不能相互配对？

科学史料7DNA衍射图片表明DNA的直径恒为2nm。

科学史料8 嘌呤直径＞嘧啶直径。

【深度思考4】嘌呤和嘧啶之间能任意配对吗？

科学史料9 奥地利生物化学家查哥夫对DNA分子的碱基分析量表。

来源	碱基的相对含量／%			
	A	G	C	T
人	30.9	19.9	19.8	29.4
牛	27.9	22.7	22.1	27.3
大鼠	28.6	21.4	21.5	28.4
母鸡	28.8	20.5	21.5	28.4
酵母菌	31.3	18.7	17.1	32.9
结核杆菌	15.1	34.9	35.4	14.6
小麦胚乳	27.3	22.7	22.8	27.1

【深度思考5】两条链是同向平行还是反向平行？

科学史料10 富兰克林给DNA拍了很多张X射线衍射图谱，她发现DNA存在翻转180度后图谱看起来还是一样的。

活动四【活动要求】小组合作构建一个含有 4 个碱基对的 DNA 双链平面结构模型。

【深度思考 6】如何检验构建的模型是否正确？

归纳总结：DNA 双螺旋结构的主要特点

（X 射线衍射技术：用 X 光透过物质的结晶体，使其在底片上衍射出晶体图案的技术，这个方法可以用来推测物质晶体的分子排列。）

【开拓视野】

被遗忘的英格兰玫瑰—富兰克林很多人都知道沃森和克里克发现 DNA 双螺旋结构的故事，然而，有多少人记得罗莎琳德·富兰克林，以及她在这一历史性的发现中做出的贡献？富兰克林生于伦敦，早年毕业于剑桥大学。她利用在法国学习的 X 射线衍射技术，成功地拍摄了 DNA 晶体的 X 射线衍射照片。当时，沃森和克里克也在剑桥大学进行 DNA 结构的研究，威尔金斯在富兰克林不知情的情况下给他们看了那张照片。根据照片，他们很快就领悟到了 DNA 的结构。沃森和克里克未经她的许可使用了这张照片，富兰克林并没在意，反而为他们的发现感到高兴，还在《自然》杂志上发表了一篇证实 DNA 双螺旋结构的文章。这个故事的结局有些伤感，当 1962 年沃森、克里克和威尔金斯获得诺贝尔生理学或医学奖的时候，富兰克林已经在 4 年前因为卵巢癌而去世。按照惯例，诺贝尔奖不授予已经去世的人。此外，同一奖项至多只能由 3 个人分享，假如富兰克林活着，她会得奖吗？性别差异是否会成为公平竞争的障碍？后人为了这个永远不能有答案的问题进行过许多猜测与争论，但富兰克林的贡献是无法磨灭的，与世长存。

第 3 章　第 2 节《DNA 的结构》教学设计

【教材分析】

《DNA 的结构》普通高中课程标准教科书（人教版）生物必修模块 Ⅱ 第三章第二节的内容。本节是以科学家沃森和克里克的研究历程为主线，并通过学生动手尝试建构模型，加深对 DNA 分子结构特点的理解。

从知识结构的角度看，本节内容是在学生学习了"遗传因子的发现"和"基因和染色体上的关系"以后，从分子水平上进一步阐明遗传的本质。关于 DNA 双螺旋结构的特点和碱基互补配对原则又是学习"DNA 分子的复制"以及"基因表达"等内容的重要基础。

【学情分析】

学生已掌握核酸及脱氧核苷酸的相关知识，懂得 DNA 是主要的遗传物质，这为新知识的学习奠定了认知基础。另外学生具备一定的认知能力，思维的目的性、连续性和逻辑性已初步建立，保证探究式教学的正常开展。

生命观念：解析 DNA 的双螺旋结构，概述 DNA 结构的主要特点，认同结构与功能观。

【教学目标】

科学思维：通过"制作双螺旋结构模型"的"探究·实践"活动，培养学生建构模型的科学思维。

科学探究：体验合作学习和交流在知识、技能学习中的重要性；体验模型构建的科学研究方法与能力。

社会责任：通过 DNA 双螺旋结构的探索历程领悟多学科交叉的重要性，认同科学家的探索求真、交流合作等科学精神在科学领域的重要性。

【教学重难点】

教学重点：1.DNA 结构的主要特点；2. 制作 DNA 双螺旋结构模型。

教学难点：DNA 结构的主要特点。

【教学方法】

教法：引导探究法、模型建构法与多媒体辅助教学法相结合。

学法：自主学习法、合作交流法。

【设计流程】多媒体播放感受螺旋美的视频，让学生思考视频中呈现的各种物体都有一个相似的结构是什么。这个结构的创意来自于哪一个生物大分子？引入课题：DNA 的结构。

引导学生阅读科学家构建 DNA 结构模型的故事，体会科学家善于捕获和分析信息，合作研究以及锲而不舍的科研精神。

⇩

创设探究情境一：呈现科学史料，引导学生思考脱氧核苷酸之间的连接方式，提出假说。

⇩

活动：学生依据假说尝试构建 DNA 单链模型

⇩

呈现脱氧核苷酸结构式，指出脱氧核苷酸之间的连接方式。学生修正模型。

⇩

创设探究情境二：DNA 由几条单链构成的？引发学生讨论提出假说：一条链，两条链，三条链，四条链等。

⇩

呈现科学史料 2、3、4，引导学生分析得出 DNA 是双链螺旋结构

⇩

活动：构建一个 DNA 的双链平面结构。

⇩

作品展示。

⇩

模型分析，得出 DNA 分子双螺旋结构主要特点

⇩

课堂小结：以思维导图形式形成板书，回顾学习的内容，形成知识链。

赵娜娜老师 2018 年江苏好教育联盟特等奖作品

第六课　价值的创造和实现教学设计

一、总体设计思想
紧密联系时政热点，设置情境，围绕探究任务展开活动，实施议题式教学。由子议题构成的问题链成为教学设计的整体逻辑线索，有利于学生在对子议题的分析、讨论、突破中形成了整体知识框架同时培养学生的合作能力、思辨能力和创新能力。

二、教学内容分析
本框题是统编版普通高中课程标准实验教科书思想政治必修四《哲学与文化》第二单元第六课第三框。如何实现人生价值是本框的核心内容，本框教学内容贯彻落实《课程标准》规定的"探寻实现人生价值的条件和途径，阐明生活的意义，理解只有对社会做出贡献才是真正有价值的人生。"重点强调劳动和奉献是实现人生价值的根本途径。

三、教学目标
政治认同：树立正确价值观、崇高的理想与坚定的信念。 科学精神：充分利用有利条件、克服不利条件，创造必要条件，在个人与社会的统一中实现价值。 公共参与：把尊重客观规律与发挥主观能动性结合起来，积极投身于为人民服务的实践。

四、教学方法
本节课让学生以小组合作的形式，参与课堂活动，相互交流分享、相互评价，以提高学生合作学习、探究学习的能力。

五、教学重点及难点
教学重点：在劳动和奉献中实现人生价值。难点：在个人与社会的统一中实现价值。

六、教学过程		
教师活动	学生活动	设计意图
【课前热身】《少年》课桌操	课前集体做课桌操	课前在熟悉的旋律中热身，调动学生情绪。

【导入新课】 视频：为了致敬建党 100 周年，人民日报推出了改编版《少年》。 党史上的初心少年，以青春书写壮丽篇章。 新时代的世纪少年，以青春守护盛世中华。 吾辈当自强！今天，让我们一起通过"学党史悟人生正青春"学习价值的创造和实现。重温红色岁月，缅怀峥嵘历史。 本节课总议题：如何成为了不起的人？	观看视频	学史明理学史增信学史崇德学史力行。从党史中悟人生，趁青春去践行，为本节课的主线，增强学生的社会责任感和家国情怀。
【学习目标】 政治认同：认同积极投身于为人民服务的实践，是实现人生价值的必由之路，也是拥有幸福人生的根本途径。 科学精神：积极主动参与社会公益活动，为社会作出贡献。 公共参与：科学把握在劳动中、在个人和社会的统一中、在砥砺自我中创造和实现人生价值。	齐读学习目标	以目标引领课堂，目标具体，可操作，同时预设问题与生成性问题结合，更能体现突出重点，解决难点，从而提高课堂的实效性。
【一个初心故事】——守护英灵大爱中国 子议题一：什么是真正有意义的人生？ 议题情境：37 年如一日，没有休息过一个星期天，既是负责人，又是讲解员，又是摄影员，又是绿化修剪员，又是文员的他，被表彰为"全国红色文物保护感动人物"。 他艰苦创业，埋头苦干，多方争取项目资金，先后参与修建粟裕将军词的大门楼、苏中人民抗日纪念广场、	议题活动：小组讨论，言简意赅、阐述观点 活动时间：3 分钟。	通过守护英灵 37 年的东台老兵顾平的初心故事，贴近生活、贴近实际，激发学生学习兴趣。进而让学生了解中国共产党党员讲奉献、有作为、敢担当，有利于激发学生浓浓的家国情怀。通过问题引导学生思考究竟什么样的人生才是有意义的人生，便于学生更好地理解要弘

		扬劳动精神，实现人生价值。
抗日烈士纪念塔、新四军第一师纪念馆、东台市革命烈士纪念馆等纪念设施，打造"抗日烈士"、粟裕将军、东台英烈、新四军一师等主题系列建筑群。 与此同时，他千方百计征集史料展品 2000 多件，主持编辑了东台市烈士英名录，被民政部中华英烈网录用、编辑出了苏中四分区抗日烈士英名录，极大地丰富了陵园红色文化内涵。 有人问是什么信念让您 37 年如一日的坚持在烈士陵园的岗位上？顾平说："37 年，我与烈士陵园建立了深深的感情，能为烈士服务是我们的职责，更是光荣。" 议题任务：结合守护英灵 37 年的东台老兵顾平的初心故事，探讨什么是真正有意义的人生？		
【一首革命歌曲】——壮丽史诗歌唱祖国 子议题二：《黄河大合唱》光靠作者个人是否能完成？如何正确处理个人与社会的关系？ 议题情境：《黄河大合唱》由冼星海作曲，写成于抗日战争时期，1938 年秋冬，作者随抗日部队行军至大西北的黄河岸边。中国雄奇的山川，战士们英勇的身姿激发了作者的创作灵感，时代的呼唤促使他怀着高涨的爱国热情谱了一篇大型朗诵诗《黄河吟》，后来被改写成《黄河大合唱》的歌词。作品由八个乐章组成，它以丰富的艺术形象，壮阔的历史场景和磅礴的气势，表现出黄河儿女的英雄气概。	议题活动：欣赏《黄河大合唱》第七章《保卫黄河》，以合唱或朗诵的形式进行展示；并派代表回答问题，其他组评价。 活动时间：3 分钟	通过一首革命歌曲，既有利于活跃课堂气氛，又有利于唤起学生浓浓的红色情怀。启发学生思考《黄河大合唱》光靠作者个人力量是难以完成的，必须在个人和社会的统一中才能完成创作。

议题任务:《黄河大合唱》光靠作者个人是否能完成?如何正确处理个人与社会的关系?		
【一部爱国电影】——一部电影热血中国 议题三:实现人生价值需要哪些主观条件? 议题情境:《八佰》 议题任务:观看预告片,思考将士们的事迹启示我们实现人生价值需要哪些主观条件?	议题活动: 1.观看《八佰》终极预告片。 2.结合《八佰》,写两句影评,每句不超过25字并说明其哲学依据。	通过观看《八佰》终极预告片,让学生感受将士们视死忽如归的爱国热情,激励当代青年学生勿忘国耻,自强不息,肩负众望,砥砺奋进。以写影评的方式引导学生总结出需要在砥砺自我中走向成功,新颖有趣。
议题追问: 有人认为:只要有坚定的理想信念,就一定能实现人生价值。对这一观点进行评析。	活动:小组讨论、总结要点、派出代表进行展示。 时间:3分钟	通过一道辨析题,既深化了对本课内容的思考,又启发学生要将爱国付诸实际行动,有利于增强学生综合运用教材知识分析解决问题的辩证思维能力。
【一篇党史佳作】——百年峥嵘青春中华 素养提升:齐声重读李大钊之《青春》(节选) 吾愿吾亲爱之青年, 生于青春死于青春, 生于少年死于少年也。 进前而勿顾后,背黑暗而向光明, 为世界进文明,为人类造幸福。 以青春之我, 创建青春之家庭,青春之国家, 青春之民族,青春之人类, 青春之地球,青春之宇宙, 资以乐其无涯之生。	全体起立,以青春之名,重读先辈华章。	通过集体朗诵李大钊之《青春》(节选),便于提升学生的核心素养。 通过了解在一百多年前,李大钊携笔从戎,以文报国,成为中国最早的马克思主义者和共产主义者,以此激励广大青少年以"青春之我"为祖国作贡献。 通过每周完成四个"一",培养学生理论联系实际的能力、收集信息的能力。引导学生去

【成为了不起的人】 议题延伸：每周完成四个"一" 任务内容： 一个初心故事； 一首革命歌曲； 一部爱国电影； 一篇党史佳作。 活动要求： 以赤子之诚追随世纪初心 以拳拳之心绘铸最美献礼	组长合理分工，查阅相关资料，合作完成。	关心国家大事、关注生活、关注身边的事，通过了解中国共产党人的初心使命，知道中国共产党始终为了人民、始终依靠人民，始终做到从群众中来到群众中去。作为当代青年学生当以赤子之诚追随世纪初心，努力成为了不起的人。
七、板书设计		

（赵娜娜，中学一级教师）感谢金太阳集团组织的第四届"中国好教育" 2018 年度同课异构活动，这是一场盛宴。虽然结束已久，但是至今想起仍然让我回味无穷。

赛课，是一个痛并快乐着的过程。因为磨课像是要把一层一层的皮扒掉，无数次地想要放弃，无数次地像是要无法呼吸，当灵感来临的那一刹那却又像是获得了新生。历尽艰辛的磨课，真正上课的过程，与学生一起学习，合作，提升，又是一个幸福而又快乐的过程。除了在磨课和上课的过程中有很大的收获，在听课的过程中，我也深切地领会到"人外有人，天外有天"，结合自己的教学实践，找到了差距，也找到了自己改进的方向。

杨吉华老师 2020 年江苏省高中物理教学优课评比一等奖作品

《牛顿第三定律》教学设计

一、教学内容分析

牛顿三大定律是一个有机的整体，牛顿第一定律和牛顿第二定律解决了单个物体的运动和力之间的关系，但自然界的物体是相互联系、相互影响、相互作用的，一个物体在受到其他物体作用的同时也会对其他物体有作用，牛顿第三定律就是研究物体之间的相互作用的关系。只有充分地研究物体之间的相互作用，才能比较全面的认识物体的运动规律。

《普通高中物理课程标准》中，在"相互作用与运动定律"二级主题下对本部分内容的要求是"理解牛顿运动定律，能用牛顿运动定律解释生产生活中的有关现象、解决有关问题。"通过作用力与反作用力总是共生共灭、大小相等、方向相反等性质的学习，其独特育人价值在于通过对第三定律的学习，能够启发学生客观、辩证地评价周围的事物。

二、学情分析

学生在学习牛顿第三定律之前，已经学过几个具体的力、力是物体间的相互作用；学会了对物体的受力分析，掌握了物体的运动规律，在本章的前面两节又刚刚学过牛顿第一、第二定律，这是学习牛顿第三定律的基础。但是学生对物体间的作用是相互的理解不够深刻，不明确提出作用力与反作用力概念的意义，而且受日常生活经验的影响，在学习过程中，往往形成一些错误认识，混淆了物体间的相互作用力和平衡力。如果不创设便于学生感受和理解的情境，学生经过努力的记忆，可以背诵牛顿第三定律的表述，但是并不能转变学生已有的错误认识，理解不透彻，用来解决实际问题时仍然出现错误。

牛顿当年也是经过大量的实验和前人的总结才得出"牛顿第三定律"，因此，教学中应该采取分组进行实验探究的方法，既可以增强学生的学习兴趣，又可以转变学生"作用力反作用力与一对平衡力"混淆在一起形成的错误认识，还可以培养学生解决实际问题的能力。

三、教学目标

知道力的作用是相互的，认识作用力与反作用力。

通过实验探究作用力与反作用力的关系，理解牛顿第三定律的确切含义。

能够运用牛顿第三定律分析和解释生活中的问题，体会作用力与反作用力和一对平衡力的区别。

四、教学重难点

重点：（1）掌握牛顿第三定律；（2）区分平衡力跟作用力与反作用力。

难点：（1）从实例中理解牛顿第三定律"总是"的含义；（2）区分一对作用力与一对平衡力。

五、教学方法

实验探究法（演示实验、学生分组实验），讨论法。

六、教学器材

分组器材：两个弹簧秤，两块海绵，两辆小车，条形磁铁两块，气球一个；

演示器材：力传感器组件、数据采集器及配套计算机设备等，自制视频和 PPT 等。

七、教学过程

（一）引入

1."鼓掌"引入课题。

2.展示学习目标，明确学习任务。

（二）课堂探究

探究活动一：通过生活实例，认识作用力和反作用力。

1. 讨论与展示：让学生借助实验器材或身边的物品，或联系生活，为大家展示作用力和反作用力。

（设计意图：创设问题情境，发挥学生主动性，培养学生对生活的关注，锻炼学生的观察能力和思考能力，体现合作学习意识。）

2. 交流与总结：通过对生活实例的分析，你认为作用力与反作用力有怎样的关系？请从以下几个方面进行讨论。

（1）两个力的作用点；（2）两个力的性质；（3）两个力的方向：

（设计意图：让学生通过对生活实例的观察分析，进行概括总结得出规律。培养合作探究意识，体现从生活走向物理的新课程理念。）

探究活动二：实验探究作用力与反作用力的关系。

实验探究 1：用两个弹簧测力计探究作用力与反作用力的关系。

1. 实验方案：

2. 实验结论：

B　　　A

（设计意图：学生自行设计实验方案，培养合作意识，体会探究学习过程。师生点评实验方案，指出在物体处于运动状态或者受到变力时不易测量，同时提出科技的发展使得我们的实验手段也有了大幅提高，然后介绍基于力传感器的 DISlab 数字化实验设备。导入实验探究二。）

实验探究 2：用力传感器探究作用力与反作用力的关系。

师生合作完成演示实验，得到实验数据，并分析数据曲线。

（设计意图：在弹簧测力计探究的基础上，使用传感器进一步探究作用力与反作用力的关系，既体现科学技术的魅力，能够更直观、更精确地反映作用力与反作用力"总是"大小相等，有利于学生理解一对相互作用力之间同生共灭的关系，又能够激发学生爱科学用科学的科技情怀。）

总结实验结论，给出牛顿第三定律：

两个物体之间的作用力与反作用力**总是**大小相等、方向相反、作用在同一条直线上。

公式：$F = -F'$（负号表示方向相反）

讨论与交流：如何理解"总是"两个字的含义？

（设计意图：在大量生活实例和实验探究的基础上，通过讨论和交流，对牛顿第三定律所反映的作用力与反作用力的关系达到深层次的理解，明确这一关系不受任何条件限制。）

探究活动三：牛顿第三定律的应用。

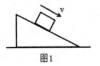

应用一：分析弹簧秤测重原理。

问题1：弹簧秤的示数显示的是哪个力的大小？

问题2：为什么弹簧秤的示数可以反映物体重力的大小？

问题3：弹簧秤测重时需要注意什么问题？

思考与讨论：一对平衡力与一对相互作用力有哪些区别？

（设计意图：创设问题情境，考察学生对牛顿第三定律的理解，导出本节难点。通过比较一对相互作用力和一对平衡力，将观察对比与科学理论思维方法结合起来，这不但有助于兴趣和能力的提高，也有助于形成唯物主义世界观和辨证的认识论。）

应用二：用牛顿第三定律解释下列现象。

实例1：神舟六号发射图。实例2：人走路姿势图。实例3：直升飞机飞行图。

（设计意图：通过展示生活中有关牛顿第三定律应用的实例，解释其中原理，让学生体会物理知识对生产、生活的巨大影响；调动学生参与科技活动的热情，增强学生将物理知识应用于生活和生产实践的意识，促使学生勇于探究与日常生活有关的物理学问题。）

（三）检测反思

1. 图1为木块沿粗糙斜面下滑，找出下列力的反作用力：

图1

（1）木块对斜面的压力——

（2）斜面对木块的摩擦力——

2.图2为电灯通过轻绳悬挂于天花板上，请说明下列每组力的关系（一对作用力与反作用力或一对平衡力）：

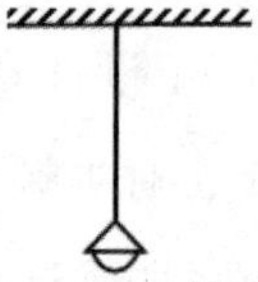

（1）电灯的重力和轻绳对电灯的拉力：

（2）轻绳对电灯的拉力和电灯对轻绳的拉力：

（3）天花板对轻绳的拉力和电灯对轻绳的拉力：

图2

3.关于马拉车，说明下列情形中马拉车的力和车拉马的力的大小关系：

A.马拉车不动　B.马拉车匀速前进　　C．马拉车加速前进

（设计意图：让学生在具体问题情境中找到给定力的反作用力，辨析两个力是一对作用力与反作用力还是一对平衡力，检测学生对牛顿第三定律的理解。）

（三）课堂小结

1.知识层面：一对相互作用力的关系，以及它与一对平衡力的区别

2.方法层面：建立在观察、猜想、实验基础上的科学探究方法及讨论交流下形成结论的合作学习方法。

八、板书设计（右）

九、教学反思

6.3 牛顿第三定律

一、作用力与反作用力：二、牛顿第三定律：

AB "总是" 的含义：

1.作用于不同物体与质量无关

2.性质相同与运动状态无关

3.反向、共线三、一对平衡力与一对相互作用力的区别：

4.大小相等同体（可抵消）、性质不一定相同

5.同时产生、同时消失、同时变化不一定同生同灭、同变化

本节课注重知识的获取过程，从学生身边的物体间相互作用引入新课，使学生亲身体会作用力和反作用力的关系。在探究作用力和反作用力的关系时，从定性研究到定量研究，循序渐进，使学生经历物理规律的发现过程，掌握探究的一般方法，培养科学思维习惯。最后回到实际应用中，使学生体会牛

顿第三定律在生产和生活中的应用。整堂课的设计体现"从生活走向物理，从物理走向生活"的新课程理念。

（杨吉华，教学小结）2019 年 12 月 26—28 日，有幸参加由中国好教育主办的课堂竞赛，活动中收获很多。

主办方将本次竞赛设在山美水美的贵州兴义，让我们在比赛之余领略了大美贵州的风土人情，心情非常愉悦。来自全国各地的优秀教师同堂竞技，本着虚心学习的目的，活动中我认真听了十余节课，各位老师准备充分、课堂表现力都极强。对于教材的把握和教学的设计都充分体现了新课程理念，围绕核心素养的培养开展教学。课堂教学以生为本，不同形式地调动学生的积极性，开展课堂讨论与展示，使课堂活起来。

通过本次活动，首先在专业素养方面，我从同行的展示与评委的点评中收获很多，对于这节课有了更深层次的理解，对自己以后处理教材、处理课堂方面有很大帮助。其次，本次活动让我深刻体会到新课堂模式已经在全国各地学校蔚然成风，课堂改革势不可挡，这坚定了我对于新课堂模式的信心。在以后的教学中，我们要继续优化与完善，让新课堂模式落地生根，发挥它的真正价值！

非常感谢中国好教育为我们提供的这么好的学习交流机会，感谢中国好教育为课堂改革所做出的巨大贡献！

张馨文老师 2020 年"求实杯"课堂教学竞赛一等奖作品

《祝福》教学设计

【设计思路】

本节课以鲁迅的小说《祝福》为文本，以"关于祥林嫂之死的刑侦报告"为情境，分设死者档案、追查凶手、案件回放、刑事判决、冷峻思考五个活动，引导学生梳理文本、分析文本继而学会阅读小说，把握作者深刻揭露旧社会封建礼教对劳动妇女的摧残和迫害，封建思想文化的流弊和余毒，控诉封建礼教吃人本质的主旨。旨在引导学生阅读小说文本时抓住小说三要素：人物、情节、环境，使其在品读文本、了解社会背景的基础之上，准确把握祥林嫂的形象特征，探究造成祥林嫂悲剧的社会根源，领悟鲁迅先生冷峻叙述中所蕴含的强烈爱憎之情。在学习过程中，生生、师生互动，小组交流、讨论、深入探讨，真正做到"让学""引思"，让学生成为课堂的主人，学有所获。

【教材分析】

本篇文章选自人教版必修下册第六单元，专题导读提到"社会现实复杂多样，人间世相千姿百态，我们需要以正确的立场、睿智的头脑和敏锐的眼睛，去观察思考，分析鉴别"。

本篇小说写于 20 世纪 20 年代，正是中国新文化运动的发展时期，而阻碍中国进入民主、科学时代的最大障碍就是中国两千多年遗留下来的腐朽、愚昧的封建思想。在这一典型社会背景下的妇女——祥林嫂是封建思想、封建迷信最大的受害者。因此，要在人物与环境共生、互动的关系中认识人物性格的形成与发展，着重关注作品的社会批判性。

【学情分析】

此次课堂教学的受众是高一年级普通班的学生，这一层次的学生对基础知识掌握较扎实，但是对文本深刻内涵与意蕴的理解相对吃力。因此，针对重难点问题，应给予学生充分的时间，让他们小组讨论、交流，佐助以教师的指导、点拨，方能实现教学相长。

【教学目标】

1.引导学生准确把握祥林嫂的形象特征。

【设计意图】旨在引导学生阅读小说文本时抓住小说三要素中的重要人物，在此基础上领会小说主旨。

2.引领学生探究造成祥林嫂悲剧的社会根源。

【设计意图】旨在带领学生在品读文本、了解社会背景的基础之上，探究造成祥林嫂悲剧的社会根源，把握作者深刻揭露旧社会封建礼教对劳动妇女的摧残和迫害，控诉封建礼教吃人本质的主旨。

3.带领学生领悟鲁迅先生冷峻叙述中所蕴含的强烈爱憎之情。

【设计意图】旨在带领学生读懂鲁迅先生于文中表达内心愤激的反语，理解作者对封建思想文化的流弊和余毒的控诉，激励学生在经历过每个泪眼模糊独自疗伤的黑夜后，依然坚定前行。

【教学重点】

1.引导学生准确把握祥林嫂的形象特征。

2.引领学生探究造成祥林嫂悲剧的社会根源。

【教学难点】

1.带领学生领悟鲁迅先生冷峻叙述中所蕴含的强烈爱憎之情。

【教学方法】自主学习、交流合作、小组探究、讨论释疑。

【课时安排】一课时

【教学过程】

一、示标导入

1.情境导入

旧历12月25日是一个特殊而沉重的日子，一位穷困潦倒的妇女在这一天晚上永远地闭上了双眼。她的离开是那么的潦草，甚至都来不及做一个简单的交代，生命的乐章就在最热闹的《祝福》声中戛然而止。那样凄惨的场面，任谁都痛心疾首。今天，咱们高一（9）班就一起穿越岁月的风尘，为她写一份刑侦报告。

【设计意图】创设情境，激发学生学习兴趣。本文采用了倒叙的手法，在情节安排上，把祥林嫂在富人们的一片祝福声中寂然死去的悲剧结局放在前面，巧妙地为学生设置了一个悬念，有一定吸引力。为祥林嫂拟写刑侦报告同样能够吸引学生投入情境，并了解刑侦报告的基本格式。

2.展示学习目标

（1）准确把握祥林嫂的形象特征。

（2）探究造成祥林嫂悲剧的社会根源。

（3）领悟鲁迅先生冷峻叙述中所蕴含的强烈爱憎之情。

二、深入文本，讨论释疑

活动一：了解死者。撰写死者档案。

【设计意图】引导学生根据刑侦报告格式中死者基本情况涵盖的内容撰写死者档案。切实落实"让学""引思"的思想，把课堂交给学生，教师适时引导、点拨，指引学生具体从姓名、性别、年龄、身份、死亡时间、死亡地点等方面入手，继而更加了解祥林嫂。

活动二：追查凶手。谁是杀死祥林嫂的凶手？

【设计意图】引导学生思考死者生前接触过哪些人？谁的嫌疑最大？通过具体分析提供准确证据。同时主动了解社会背景，即20世纪20年代正是中国新文化运动的发展时期，而横亘在中国进入民主、科学时代前进道路上的巨大障碍就是中国两千多年遗留下来的腐朽、愚昧的封建思想。

活动三：案件回放。梳理祥林嫂生前经历。

【设计意图】为活动二辅助提供信息辅助。

三、成果展示及点评

1. 明确：死者档案

姓名：祥林嫂性别：女年龄：四十上下。

身份：寡妇、逃妇、女佣人、被卖的女人、改嫁的女人、幸福的妻子、幸福的母亲、再次丧夫的寡妇、被赶出自己家房子的人、女佣人、乞丐。

亲属：无遗产：一个竹篮、一个破碗、一根下端开裂的长竹竿

死亡时间：昨天夜里，或者今天（祝福声中）

死亡地点：鲁镇

死亡原因：内心的绝望。

2. 明确：鲁四老爷、卫老婆子、祥林嫂的婆婆、柳妈、众人以及"我"，他们在精神上、灵魂上都影响了祥林嫂，他们自觉或不自觉地受封建伦理道德、礼教思想的驱使，致使祥林嫂成为愚昧、吃人的封建礼教思想的牺牲品。因此，每个人都是凶手。

四、拓展延伸

活动四：刑事判决。分别给凶手们拟写判决书。

【活动意图】旨在引导学生在逐一分析文中人物形象后，根据其对祥林嫂的伤害程度分别给凶手们拟写判决书。同时也给予学生积极向上的价值引领——天网恢恢疏而不漏。法治社会，所有不法的事情终究都会接受惩罚。正义也许会迟到，但永远不会缺席。

明确：开放式问题，言之有理即可。

五、冷峻思考

鲁迅的"彷徨"：鲁迅先生也在《祝福》反语愤激道"然而在现世，则无聊生者不生，即使厌见者不见，为人为己，也还都不错。"意思是说，然而在现在这样的人世间，无所依靠而活不下去的人不如死去，使讨厌见他的人不再见到他，这样一来，对人对己，也还都不错。

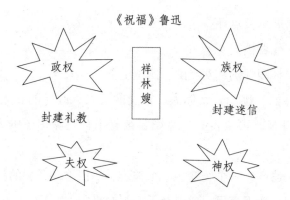

《祝福》鲁迅

政权

族权

祥林嫂

封建礼教

封建迷信

夫权

神权

我们的"呐喊":在"薄情"的世界里深情地活着!

【活动意图】封建的政权、族权、夫权、神权四大绳索编织成严密的网,将祥林嫂捆绑在其中,直至她窒息而死,她亦有过反抗。可是,祥林嫂的挣扎与抗争本身就带有浓厚的封建礼教与封建迷信色彩,她的种种抗争行为也无不处处体现着对封建礼教与封建思想的低头。但是,我们不能始终沉浸于悲戚苦楚之中无法自拔,需提醒学生——好在你们有幸遇见了现在的时代,时代更有幸遇见了现在的你们。秉持积极向上的价值观,在"薄情"的世界里深情地活着!

六、板书设计(附图)

七、教学反思

本节课以鲁迅的小说《祝福》为文本,以"关于祥林嫂之死的刑侦报告"为情境,分设死者档案、追查凶手、案件回放、刑事判决、冷峻思考五个活动,引导学生梳理文本、分析文本继而学会阅读小说,把握作者深刻揭露旧社会封建礼教对劳动妇女的摧残和迫害,封建思想文化的流弊和余毒,控诉封建礼教吃人本质的主旨。旨在引导学生阅读小说文本时抓住小说三要素:人物、情节、环境,使其在品读文本、了解社会背景的基础之上,准确把握祥林嫂的形象特征,探究造成祥林嫂悲剧的社会根源,领悟鲁迅先生冷峻叙述中所蕴含的强烈爱憎之情。在学习过程中,生生、师生互动,小组交流、讨论、深入探讨,真正做到"让学""引思"，让学生成为课堂的主人，学有所获。

本篇文章选自人教版必修下册第六单元，专题导读提到"社会现实复杂多样，人间世相千姿百态，我们需要以正确的立场、睿智的头脑和敏锐的眼睛，去观察思考，分析鉴别"。

20世纪20年代，正是中国新文化运动的发展时期，而阻碍中国进入民主、科学时代的最大障碍就是中国两千多年遗留下来的腐朽、愚昧的封建思想。在这一典型社会背景下的妇女——祥林嫂是封建思想、封建迷信最大的受害者。因此，要在人物与环境共生、互动的关系中认识人物性格的形成与发展，着重关注作品的社会批判性。

叶澜教授曾经提出："人类的教育活动起源于交往。"教育是人类一种特殊的交往活动，教学活动作为教育活动的一部分，没有沟通就不可能有教学，失去了沟通的教学是失败的教训。在教学过程中，我未能切实参与到学生的讨论中，与学生之间缺乏合作的关系。

无论是情境的创设还是内容的呈现，无论是问题的设置还是讨论事宜，均应"为了一切学生"，多层次、多维度、多渠道地开展教育活动，教育的最大使命就是尊重学生的个性差异，尽可能地创设条件，发展学生的思维能力，培养学生的思维品质，促进学生的发展。

在课堂教学过程，高一（9）班学生既能够独立思考，也能够参与到讨论氛围中。学生的发言次数多达20余人次，但那些没有发言的同学却大致能占班级的一半，虽然一节课不能面面俱到，但也考虑到对这些不举手同学在课堂语言上的表达能力的培养。

非常感谢学校给我们提供这样一个展示自我的平台，让我拥有一从写教案、教学设计到上课再到最后反思从而感悟整体教学过程的机会，让我了解到自己在教学过程中的不足之处。

衡量一堂课好与不好的标准——学生所获，以此来验证自我的教学操作是否科学。在今后的教学过程中，我会积极带领学生感悟生活、阅读经典、学会思考、练习表达，一步一个脚印，一起成长。

周婷老师 2021 年"求实杯"课堂教学竞赛一等奖作品

一个人的遭遇（节选）教案

【设计理念】

《一个人的遭遇》编排在苏教版高中语文必修二第二专题第一板块"遭遇战争"中，居专题、板块之首。小说通过一位老兵对战争的回忆，讲述战争带来的创伤。在切入点上，本文与一般描写战争的作品不同。一般描写战争的作品以战争的残酷、血腥为主，本文主要描写战争给人带来心灵上的创伤，写那种永远都不能弥补的心灵上的损失，用这种心灵创伤来谴责法西斯的罪恶，比单纯写鬼子暴行更有力。由于作品篇幅教长，需要了解作品前半部分梗概与后半部分主要情节。可以从索科洛夫的遭遇和他的内心活动描写入手研习。教学中要找准切入点，战争中多次写到梦，内涵丰富。由浅到深设计问题展开，长长八页的文本便可以全部贯穿起来，文本的主要信息也都涵盖其中。三个"梦"串起了主人公所有的遭遇，折射了主人公丰富的内心世界。"索科洛夫之梦"辏聚的是一个人的遭遇，辐射的是一群人的苦难。这样，作者就在"梦"的叙述中，深化了小说的主题。

【教学目标】

1. 借助索科洛夫的"梦"的分析，感受战争对人的摧残；

2. 理解与领悟在特定情境下，人性的坚韧与伟大。

【教学重难点】

1. 借助索科洛夫的"梦"的分析，感受战争对人的摧残；

2. 理解与领悟在特定情境下，人性的坚韧与伟大。

【课时安排】一课时。

教学过程：

一、示标导入

同学们，抬起头，睁开你们那亮得像雨后黑夜的星星一样的小眼睛，看一下这里，你们看到了什么？深深的黑眼圈，没错，你们知道原因吗？昨天夜里，老师做了一个梦，一个已经做过了两次的梦，一个什么样的梦呢？我梦到第三次月考结束了，翻一翻大家的试卷，张凯文的作文和两篇阅读又是空白，哎呀！半夜醒来，我再也睡不着啦！

老师何以会做这样的梦呢？梦是什么？弗洛伊德认为："梦是潜意识欲望的满足。""梦体现着深埋在潜意识里的情感，而那些被回忆起来的梦的碎片则能帮助我们揭露这些深藏的情感。"老师尚且会因你们的进退而深受困扰，那么遭遇战争的人呢？他们的梦又辏聚了一个人怎样的遭遇呢？今天我们就一起来学习肖洛霍夫的《一个人的遭遇》，走进索科洛夫的梦中，去感受战争对人的生活特别是心灵的摧残。理解与领悟在特定情境下，人性的坚韧与伟大。

二、讨论释疑

过渡语：现在请同学们迅速地浏览课文，找出文中关于索科洛夫的三个梦的叙述。请大家放声自由地读一读。思考 2 分钟，然后小组内交流讨论。

索科洛夫做了哪些梦？索科洛夫为什么会做这些梦？梦的结果如何？
索科洛夫为什么要收养凡尼亚？

三、成果展示

展示内容	展示小组	点评小组	展示位置
探究 1 第一个梦	？	？	后黑板
探究 1 第二个梦	？	？	后黑板
探究 1 第三个梦	？	？	后黑板
探究 2	？	？	口头展示

展示要求：书写认真；简洁扼要；限时 2 分钟。

点评要求：书写 5 分；内容 5 分；1 分钟点评答案，4 分钟从细节入手，去寻找索科洛夫平静外表下那颗不平静的心。

四、师生点评

（一）索科洛夫做了哪些梦？索科洛夫为什么会做这些梦？梦的结果如何？

过渡句：索科洛夫是一个经历过残酷战争的战士，他的坚强是异于常人的，那么请大家从梦因和梦果一系列的细节入手，去寻找他平静外表下那颗不平静的心。（点评人从细节来释梦）

1. 第一个梦、梦因及梦的结果。

（1）俘虏营，梦一家团聚；（2）战俘营中受尽折磨，家人成了他活下去的希望；（3）梦碎，因为最先打破美梦的是妻子女儿被炸死了。下面，来跟大家分享一下我们从索科洛夫的梦中窥探到的那个痛苦的心：为什么说战俘营中受尽虐待，请大家看一下文中第 1 节，这边的细节描写让人特别心痛，下面请大家跟我一起来读一下这一段"……上校和掩蔽部里的军官，个个都亲切地跟我握手道别。我出来的时候，激动极了，因为两年来没有受到过人的待遇。嗐，再有，老兄，当我跟首长谈话的时候，我的头好一阵习惯成自然地缩在肩膀里，仿佛怕挨打一样。你瞧，在法西斯的俘虏营里把我们弄成什么样啦……"在这里，一个"缩"字，写尽了非正义的战争对其身体与心灵的折磨，以致给他留下了难以改变的"阴影"，所以他思念家人，日日夜夜和他们对话，我们读第 4 段，我们会发现，是家人团聚的美梦在鼓励着他熬过战俘营中的分分秒秒，也是对家人的渴望让他一次次试图逃离。最终他回来了，可是回来后迎接自己不是家人团聚，而是妻女死别。请大家看一下第 5 节这一句："我走到我们一家住过的那地方。一个很深的弹坑，灌满了黄浊的水，周围的野草长得齐腰高……一片荒凉，像坟地一样静。"我在想，索科洛夫当时一定想起了那个曾经美好的家园，妻子笑容甜美，女儿活泼可爱，可惜，如今只有坟地一样的静，读到这里，身体猛地颤抖不停，我们虽然年轻，但却从这样如此平凡的叙述中体会到了战争给人带来了的穿心的悲痛！

过渡句：我为你能体会并理解这种痛感到欣慰，你是个善良懂事的孩子啊！确实，精神支柱倒了，谁能不心痛？可是三个月后，索科洛夫竟又做起了白日梦了，怎么回事？

2.第二个梦、梦因及梦的结果。

（1）军营，梦天伦之乐；（2）儿子是他的骄傲，也是最后的欢乐和希望。（3）梦碎，因为他的儿子死了。然后根据内容打分。下面，我们一起从索科洛夫的如此平凡的梦想的破碎中去倾听他心痛的声音。战争夺去了索科洛夫的妻女，可是当他得知儿子还活着的时候，立马喜气洋洋起来，对生活充满了希望。而且儿子他还当上了大尉，这让他非常骄傲。于是，索科洛夫开始频繁地做着老头儿的梦："等到战争一结束，我就给儿子娶个媳妇，自己就住在小夫妻那儿，干干木匠活儿，抱抱孙子。"你听，多实在的梦，对我们来说是在平凡不过的生活了，一开始读到这里，总觉得梦想二字有点大词小用了，可是当看到他的儿子阿拿多里被一个德国狙击手打死了的时候，我才理解了战争中以及战争后，能平平凡凡地过日子是一个多么奢侈的愿望。尤其是看到第9段时，他记忆中的儿子是一个肩膀狭窄、脖子细长、喉结很尖的男孩，又总是笑嘻嘻的；而他看到的恰是一个年轻漂亮、肩膀宽阔的男人，眼睛半开半闭，仿佛在望着很远的远方，但是嘴角依然保存着那一丝微笑。战争差一点让索科洛夫认不出自己的儿子，可见他们分别了太久，战争也将儿子磨炼成了一个更加勇敢的坚强的战士。梦再次落空了，可是他没有哭，"我的眼泪在心里干枯了"，在远离祖国的德国土地上，他埋葬了自己最后的欢乐与希望，心里仿佛有样东西断裂了。战争仿佛让他再也不能正常地宣泄了自己的悲伤了，我在想，战争给人留下的伤何时才能愈合？

过渡句：是的，索科洛夫已经被战争折磨忘记如何放声哭泣了，两次梦都碎了，他就这样闷在心里，压在心底。——板书：梦碎。

279

3. 第三个梦、梦因及梦的结果。

（1）乌留平斯克，梦死去的亲人。（2）战争结束了，家破人亡，战争留下了无尽的创伤。（3）噩梦缠身，绵绵不绝。然后根据内容打分。这个梦是最让人心疼的梦，"差不多天天夜里我都梦见死去的亲人。而梦见得最多的是：我站在带刺的铁丝网后面，他们却在外边，在另外一边……我跟伊琳娜、跟孩子们天南地北谈得挺起劲，可是刚想拉开铁丝网，他们就离开我，就在眼前消失了……奇怪得很，白天我总是显得挺坚强，从来不叹一口气，不叫一声'哎哟'，可是夜里醒来，整个枕头总是给泪水湿透了……"这是泪水浸染的不幸遭遇，更是泪水洗不去的战争梦魇。我没有太多的言语，日日夜夜的噩梦和无尽的眼泪已让我窒息，战争啊，战争，你何时才能够真正结束，创伤啊，创伤，你何时才能愈合，让这个可怜人得一夕安寝？

过渡句：正如苏联著名的文艺理论家勃拉果衣在《社会主义现实主义的杰作——论〈一个人的遭遇〉》中指出的："无论任何事件，也无论任何时候，都不可能彻底抚慰在战争中耗尽了心血、被战争'折磨摧残'、已经站在死亡门前的安德烈·索科洛夫，都不可能使他忘记自己的遭遇，都不可能补偿他所承受的可怕的损失。"所有的苦难，在梦中重演，日日夜夜，年年月月，这场关于梦魇的电影没有尽头——板书：梦魇。

过渡句：可是无论索科洛夫被梦魇怎样缠绕，他"白天我总是显得挺坚强"，为什么？难道仅仅是出于作为一个军人的尊严吗？这得要从索科洛夫的另一个"梦"说起，文中第15节，"我要领他当儿子"，可以说，索科洛夫的这个梦是成真的，成功地领养了凡尼亚。——板书："梦"圆

（二）索科洛夫为什么要收养凡尼亚？（学生口头展示与点评）

明确：战争给这两人带来的共同遭遇引起的共鸣。

追问：战争给凡尼亚带来的伤害有哪些？从哪些细节可以看出战争对孩子的伤害？

明确：外貌—脏；吃—人家给什么就吃什么；住—走到哪儿睡到哪

儿；亲人—爸爸在前线牺牲，妈妈被炸死在火车里……

于是"这时候，我的热泪怎么也忍不住了。"而凡尼亚在听到"我是你爸爸"后的疯狂表现，让人心痛。"天哪，这一说可说出什么事来啦！他扑在我的脖子上，吻着我的腮帮、嘴唇、脑门，同时又像一只太平鸟一样，响亮而尖利地叫了起来，叫得连车仓都震动了："爸爸！我的亲爸爸！我知道的！我知道你会找到我的！一定会找到的！我等了那么久，等你来找我！"他贴在我的身上，全身哆嗦，好像风里的一根小草。"我的眼睛里上了雾，我也全身打战，两手发抖……"

凡尼亚的动作近似疯狂，对亲情的渴望和父爱，令人心酸。我们一起来读一读。所以说，与索科洛夫一样，这个孤儿的遭遇，不只是肉体上的，更是纯洁心灵上的伤害。我们来找一找文中的细节，一个词，一句话，战争已经给幼小的心灵带来了哪些伤痕呢？"他听到我的叫声，身子哆嗦了一下""悄悄地说""这样的一个小雏儿，可已经学会叹气了。""老兄，你以为关于皮大衣，他只是随便问问的吗？"亲爱的同学们，一个幼小的孩童，他能记得关于父亲的只剩下皮大衣了。这是对战争最严厉的控诉啊！索科洛夫，他自己早已是千疮百孔了，但是，他还是一下子就打定主意要给这个小雏儿遮风挡雨，让他重回爱的怀抱。因为自己的不幸，他更能理解和同情别人的不幸，由于自己失去了家，他更能理解和同情那些无家可归的人的艰难。

师评：所以，无论是梦碎还是梦圆，都是对非正义战争的一种控诉与批判，都揭示了战争对家庭的毁灭，更直接揭示出战争对人的生活特别是心灵的摧残。——板书：永久的创伤。那么，在"做梦（梦想）—梦碎—再梦—再梦碎—梦圆—还梦"的遭遇中，你读出了一个怎样的"一个人"？我们看到了一个历经苦难而坚忍不拔、饱受摧残而心地善良平凡的英雄。我们不禁感叹，人啊，你可以是多么坚韧与伟大！——板书：坚韧而伟大。

五、检测反思

做"梦"的只有索科洛夫一人吗?

明确:不是。苏联人以平均每个家庭牺牲一个人的代价赢得了反法西斯卫国战争的胜利。再请同学们看一组数据:

第二次世界大战使人类蒙受空前灾难。战火蔓延到 40 个国家,有56 个国家参战。在抗击德意日法西斯的战争中,双方动用军事力量 9000万人,其中苏联 2200 万人,中国有 4.5 亿人卷入战争。据不完全统计,战争中军民共伤亡 9000 余万,其中苏联伤亡约 3000 万人,中国伤亡约3500 万人。死亡者达 5500 万人,是历次战争中死亡人数最多的一次,其中苏联死亡 2700 万人,死亡者中有一半是无辜的平民。"做梦的何止索科洛夫一人?索科洛夫之梦"辏聚的是一个人的遭遇,辐射的是一群人的苦难。所以只有与索科洛夫有过相同遭遇的一群群"我"才能理解战争留给人的创伤到底有多深。小说最后主题又更进了一层:呵护孩子们的幼小心灵,为了他们不再成为孤儿,为了他们不再经历战火……

"年轻人,你们有责任思考未来,思考如何建立一个更加美好、没有战争和威胁的明天……"——【波兰】克瓦希涅夫斯基。

学生齐读。

六、板书设计 (略)

【预习案】 沁园春·长沙

班级_____   姓名_____   组别_____

学习目标:

1.通过朗读和鉴赏学会如何把握诗歌情感。

2.学会鉴赏诗词中的写景艺术。

一、写三句有关"秋"的诗词,并体会诗词所传达出的情感。

(1)_____情感:_____

(2)_____情感:_____

(3)_____情感:_____

二、加点的字注音。

百舸争流____；怅寥廓____；浪遏飞舟____；挥斥方遒____；

三、解释句中加粗词语的意义并识记之。

漫江_____；百舸_____；峥嵘岁月_____；岁月

稠_____激扬_____；寥廓_____；风华正茂_____；

挥斥方遒_____浪遏飞舟_____；粪土当年万户侯_____

四、填写出名句的上句或下句。

（1）看万山红遍，层林尽染；_____，_____。

（2）_____，_____，谁主沉浮？

（3）指点江山，激扬文字，_____。

（4）雄关漫道真如铁，_____。

五、朗读《沁园春·长沙》三遍，体会文本所表达出的情感。

【探究案】

一、反复朗读上阕写景部分，并分析其写景艺术。

上阕写景句：

1.写景艺术赏析。2.概括出"同学少年"的形象。3.结合全词概括出词人的形象。

二、综观全词，探究并总结词人是如何抒发满腔豪情的？

【检测案】

秋日题窦员外崇德里新居唐刘禹锡

长爱街西风景闲，到君居处暂开颜。清光门外一渠水，秋色墙头数点山。

疏种碧松通月朗，多栽红药待春还。莫言堆案无余地，认得诗人在此间。

【注】堆案，堆积案头，谓文书甚多。

1.联系全诗，概括作者"开颜"的原因。

2.简要赏析额联、颈联的写景艺术。

3.尾联表达了作者什么样的情感？

第四节 "125"同题异构教学设计

《包身工》教学设计 1

语文组 顾萌

【教材分析】本篇文章选自人教版选择性中册第二单元，作为一篇报告文学，本文兼有实用类文本和文学类文本的特征。对于学生阅读能力的训练提升具有较高的价值。《包身工》主要反映的是底层民众的苦难，揭示了包身工制度所反映的社会历史现实。

【学生分析】《包身工》为报告文学，学生之前并未接触过这类文本题材，作品内容比较深刻，学生不易理解，所以要给予他们充分的时间思考、交流以及讨论并且教师也要进行适时的引导。

【教学目标】

1. 了解包身工的苦难生活，挖掘其根源，认清包身工制度的罪恶本质。

2. 思考中国革命的意义，培养学生的历史责任感和使命感。

【教学重点】了解包身工的苦难生活及其背后所反映的社会历史现实。

【教学难点】认清包身工生活如此悲惨的根本原因是未能进行革命，思考革命意义。

【设计意图】《包身工》是我国报告文学的开山之作，作者以铁的事实，精确的数据，精辟的分析和评论，把劳动强度最重，地位最低，待遇最差，痛苦最深的奴隶一样做工的女孩子们的遭遇公之于世，愤怒控诉帝国主义和买办势力的残酷剥削与掠夺中国工人的罪行，让人们深刻认识到半封建半殖民地社会的土壤上产生的包身工制度所带来的罪恶。

文章篇幅较长，具有很强的思想性和艺术性，课文虽是老文章，所反映的是 20 世纪初的事，和现如今我们的时代有较深的隔膜，但是文章所体现的时代意义和人文内涵却是相通的。为此，此次教学可以联系实际，让学生拓展思维，进行探究和交流，对文章有更深入的理解和感悟。

【课时安排】1 课时

【教学过程】

一、示标导入

在黑板上写下 5 个词语院自由、尊重、劳动、权利、爱。

现在有一种不可抗拒的外部力量要你舍弃其中一个，你会划掉哪一个？好，现在请你再划掉两个，最后在剩余的两个之间只能选择一个，你会选择哪一个？

每个人的选择不同，老师也并不知道同学们在心灵深处坚守的是什么，但我知道，同学们的选择过程很艰难。所以我们更应该珍惜眼下我们所拥有的，善待生命。可是有这样一个群体，她们没有自由，不被尊重，蜷缩在被爱遗忘的角落，她们只有劳动浴劳动浴再劳动浴直至死去，她们就是——包身工浴生命已然逝去，她们给我们留下的只有一封未能寄出的信。

【设计意图】包身工这一群体非常特殊，她们没有自由、尊重、权利、爱。重复的劳动构成了她们每天的生活。所以从这几方面入手，让学生进行选择，引起学生的热烈讨论，活跃课堂氛围。一般来说没有人会选择劳动，顺势引出包身工这个课题，进入文本的正式教学中，既扣住了文章主题，也让学生活动了起来。

二、讨论释疑

在这个过程中设置了一个大的情境活动：

这是一封跨越了九十多年的信，也是一封还未启封的信。

打开后信里只有几句话和一张类似"劳务合同"的卡片……（PPT 展示信具体内容）

响水中学高一（11）班的同学们针对这份"劳务合同"展开了热烈的讨论，一致认为这份"劳务合同"是不合理的，请大家以《包身工》为依托，进行分析。

活动一：审理不合理的"劳务合同"

要求：从文章中找出让你心灵震撼的语段，从手法、效果方面进行分析，感受包身工的悲惨生活。

【设计意图】让学生紧扣文本，从文章中逐字逐句的去分析这些包身工们的苦难生活到底表现在哪些方面，训练学生的归纳概括能力。让学生交流展示，将课堂真正交给学生。

活动二："帮助"包身工们寻找出路

"劳务合同"不合理就应该进行维权。那么请大家想一想当时的包身工们可以向谁求助呢？请你们来帮她们找找出路。

【明确】无人可求走投无路！

【设计意图】让学生从分析包身工们的悲惨生活挖掘造成包身工苦难生活的原因，如果她们有向人求助的机会她们可以向谁求助？分析到最后就会发现无人可求，求助父母？父母认为包身工是去享福的曰求助社会？半殖民地不必顾虑到社会的纠缠和官厅的监督，所以包身工们没有出路。

【过渡】不是"劳务合同"吃人，而是社会吃人！但是包身工们真的没有出路吗？

【明确】唯有革命才是真正的出路！

三、师生点评

在两个活动结束后展示名家语录：

这篇文章虽然发表于六十多年前，但是只要这世界还存在着类似的暗无天日、惨无人道、以吮吸人血为业的生活角落，我深信，它就会始终具有呼唤理性，呼唤正义，扫除压榨的社会冲击力。——唐达成

《包身工》的成就，概括起来说，就是重大社会问题的深刻揭示和生

动感人的艺术形象的完美结合。——张春宁

【设计意图】这一部分主要是为了让学生对主题有了一定的理解之后再进行升华。

四、检测反思

同学们的热烈讨论引起了校团委的注意，恰逢学术节，校团委需征集学生的文学作品，请大家在对本篇文章探讨的基础上为《包身工》设计封面及腰封。

五、板书设计

《包身工》教学设计 2

语文组　平怡

一、文本解读

报告文学《包身工》是中国报告文学史上划时代的作品，作者以铁的事实、精确的数据、精辟的分析和评论，把劳动强度最重、地位最低、待遇最差、痛苦最深的奴隶一样做工的女孩子们的遭遇公之于众，愤怒控诉了帝国主义和买办势力的残酷剥削和掠夺中国工人的罪行。我们现在学习这篇作品，其中最大的意义就是懂得我们现在的生活是多么来之不易的，如何珍惜并为之而不懈奋斗是本堂课设计的一个切入点。

二、学生分析

学生与其中人物所处时代的隔膜，彼此生活境遇，体验的迥异，特别是情感体验的限制，使得作品情感与学生情感上产生差异，这在一定程度上有碍于心灵的"介入"。要让学生从现实再回到那个黑暗的时代去感受残酷，这本身就是本课需要解决的问题。

三、目标设计

1. 梳理文本，解构《包身工》一文中多种称呼符号的内涵。

【设计意图】对文中对"包身工"的各种蔑称进行综合性地分析，让学生在文本中体会"包身工"和普通工人的区别，探究"包身工"背后的符号意义，去感受 20 世纪底层女性的悲哀。

2. 研究探讨，挖掘包身工苦难命运的根源，认清包身工制度的罪恶本质。

【设计意图】结合学案和课文中的背景材料，让学生从政治经济的角度去剖析包身工制度存在的原因，思考夏衍先生甘愿卧底其中也要揭露这一制度黑暗本质的原因。

3. 交流共促，引导学生关心时事，培养历史责任感和人权意识。

【设计意图】促进新时代新青年以史为鉴，承担责任。

四、教学条件

在本节课的教学中，运用多媒体教学。

五、教学过程设计

（一）导入

他曾为新电影劈山开路，也曾为新戏剧鸣锣击鼓。他曾为新文学披荆斩棘，更为新报刊另辟蹊径。他以一支笔绘尽风云诡谲的飘摇年代，却在临终前高呼只有《包身工》可以留下警世之言。究竟是怎样的作品让夏老念念不忘，值此建党一百周年，我们希望能在这样的日子里让这一报告文学的明珠以影视化的形式重绽光华，向党的百年献礼。（学生对文章的作者和作品的体裁有初步的了解。）

（二）情境呈现

近日，我校高一年级拟拍摄几部以底层劳动妇女为主体的电影，为党的一百周年献礼。经过多方考量，我们选取以夏衍先生的报告文学代表作《包身工》为蓝本。请结合自我解读，为电影的拍摄工作建言献策。

【设计意图】结合当下建党百年的时代背景，影视化呈现，更注重人物塑造、剧情和主旨，力求贴合报告文学文学性的要求。

（三）活动一：一封家信，千里哀情

电影计划以一封成功传递出去的家信开篇，请同学们代入写信人的视角，结合文本，谈谈你将如何通过日常境遇的描绘说服父母接你回家。

【设计意图】借由书中的实例进行艺术性的想象和加工，让学生成为"包身工"的一员，在诵读和讨论中代入包身工的生活，体会本文第一条叙事线索要要包身工的一天，借此初步感受文本。

思维导引：结合时代，生活的艰辛、肉体的苦楚未必能够打动你早已食不果腹的双亲，文本中是否还有其他事情是你作为一个人而无法忍受的？

【设计意图】引导学生从称呼这个角度探究包身工悲剧的根源要对精

神的摧残、对人格的摧毁。

（四）活动二：罪行披露，万户伤情

回乡以后，你为了不让更多的女孩儿重蹈覆辙，决定将自己这些年见到的事和"拿莫温"们的真实嘴脸告知乡邻。请同学们小组讨论，选取典型片段，探究悲剧根源。

【设计意图】报告文学兼具新闻报道的真实和文学作品的艺术表达，这一活动旨在引导学生从书中真实而典型的事例出发，进行情节概括，对文中的第二条叙事线索要包身工制度的产生、发展、疯狂以及注定毁灭的结局进行深入理解。

思维导引：黑夜，静寂得像死一般的黑夜，但是，黎明的到来，是无法抗拒的。索洛警告美国人当心枕木下的尸首，我也想警告某一些人，当心呻吟着的那些锭子上的冤魂！

【设计意图】分析黑夜和黎明的时代含义，引导学生为黎明前的黑暗寻求光明的火种。

（五）活动三：路在何方，百家争鸣

影片的最后，如果要你为迷茫的包身工们指一条出路，以夺回她们被剥夺的人格、打破束缚她们的牢笼，作为新时代的新青年，你们小组决定说什么？。

【设计意图】让学生思考包身工们获得拯救是否可行，引导他们站在时代角度，以新时代新青年的身份向备受压迫的包身工们建言献策。

（六）活动四：齐唱《国际歌》

跨＝百年的声音，告知受压迫的女孩：用马克思列宁主义武装自己，敢于反抗不公的命运，要夺回属于个体的尊严和人格。

思维导引：愿中国青年都摆脱冷气，只是向上走，不必听自暴自弃者流的话。能做事的做事，能发声的发声。有一分热，发一分光，就令萤火一般，也可以在黑暗里发一点光，不必等候炬火。此后如竟没有炬火，我便是唯一的光。——鲁迅思考：如何看待逃跑女工受罚的场面？要自救，还是他救？如何自救？

（七）作业实践

乱世哀音已经离我们远去，盛世长叹却又在青年耳边响起。繁华之下，阴影犹在。弱势群体难以保全，智障奴工、暗用童工等消息仍在互联网上跳动，请同学们结合所学，以阅读札记的形式谈谈你对此种现象的理解。

【设计意图】历史已成灰烬，但灰烬中尚有余温。本作业结合当下时代问题和单元设计任务，旨在让学生关注人权，关注现实苦难，将课堂教学落实到实际中去。

（八）结语：李大钊《青春》

六、板书设计：略

The Old Man and the sea 教学设计 1

英语组　束午

一、教学设计说明

1.The reading passage consists of two parts, the introduction to Ernest Hemingway and his novel The Old Man and the Sea and the excerpt from the novel. A brief introduction of the author and the novelist needed;

2.As required in the reading part, the character of the old fisher man and the writing style of Ernest Hemingway should be paid careful attention to, which should also be an important part of the extended reading. This part of the lesson could be intended to strengthen students' ability of information intake in reading;

二、学习目标与重点难点

1. The plot of the reading material is comparatively simple, so it's important for the students to comprehend the theme of the story beyond the given information;

2.The understanding of the character of the fisher man and the writing style of Ernest Hemingway should be given top priority.

三、整体教学思路

1. Give some background knowledge of Ernest Hemingway to get students familiar with the writer, which will in turn help students understand the reading passage;

2. Offer students opportunities to voice their opinions in front of the class;

3. Make students the master of storyline and decide subsequent story.

四、教学内容分析

1. The differences in language between a classic work and a common reading material can be seen clearly in the reading process. This part requires a comprehensive ability, which will not be included in this 45 minutes as it may be dealt within the following session.

2. After several times of fierce struggle, the fisher man is still determined. This could serve as an evidence of Hemingway's writing style. But to truly understand an author's writing style demands considerable reading and thinking, which can not be achieved in one class. A guess about the ending of the novel as a story might be good enough for students to better understand "can be destroyed but not defeated."

五、学习者分析

1. The reading ability of Grade2 students is still to be developed, so it maybe quite difficult for them to fully understand a classic work, especially when it is directly excerpted.

2. This part of extended reading should be employed firstly with the intention of giving students an opportunity to appreciate literature, as is stated at the bottom of each page. Too much expectation of the students is not modest.

六、学习目标

1. To truly accept the way of Hemingway's article statement, and the differences in language between a classic work and a common reading material;

2. The understanding of the character of the fisher man and the writing style of Ernest Hemingway.

七、学习重点难点

1. To truly accept the way of Hemingway's article statement, and the

differences in language between a classic work and a common reading material;

2. The understanding of the character of the fisher man and the writing style of Ernest Hemingway.

八、学习评价设计

理解小说节选文本的基础上，学会分析海明威先生在表达老人与大鱼之间多次搏斗的描写方式，进而了解海明威的写作风格。本文本的学习具有良好的文学欣赏价值，同时对于学生在了解小说的写作方式上有一定的帮助。海明威写作风格的分析在这节课中占据了提升能力的主要篇幅，对于教师上课而言具有一定的难度，但是仁者见仁智者见智，学生可以以自己的角度适度恰当的去理解文本的形成方式。

本课最后的任务，是让学生写自己对于海明威作品中"人不能被打败"的思想的理解，具有一定的文学难度，但是对于新课标而言，正是从文本理解到移情作用的考查，符合了新课标中阅读文本对于世界观培养的高级需求。

九、学习活动设计

环节一：(Lead-in)

教师活动 1 Show pictures to students and guide the students into the topic.

学生活动 1 Look at the screen and listening carefully. Think about the quality of a hero.

活动意图说明：(To arouse students interests and to get them prepared for the topic of the class.)

环节二：Fast-reading

教师活动 2 Give task, observe and offer attention.

学生活动 2 Read the passage quickly for the first time and try to answer the three questions given on the screen.

活动意图说明 To understand the passage as a common material.

环节三：Background information

教师活动 3 Make a transition to the next part of the class.

学生活动 3 Listen and look at the screen.

活动意图说明 To transit to the next step.

环节四：Careful-reading

教师活动 4 Give task, observe and offer attention.

学生活动 4 Read the passage again and discuss in pairs the questions.

活动意图说明 To further understand the theme of the story and Hemingway's writing style.

环节五：Post-reading activity

教师活动 5 Give task, observe and offer attention.

学生活动 5 Have a group discussion and take a guess towards the ending of the story.

活动意图说明 To help students better understand the theme of Hemingway's writing: a tough man "can be destroyed but not defeated."

环节六：Representation

教师活动 6 Give task, observe and offer attention.

学生活动 6 Representatives of the groups, come to the front of the classroom to give their version of the subsequent story.

活动意图说明 To strengthen students' ability of organizing topic discussion and speech.

环节七：Conclusion and assignment

教师活动 7 Uncover the real ending and give assignment as homework.

学生活动 7 Listen attentively

活动意图说明 To get students ready for the coming task.

十、板书设计

1. A. The character of the old fisher man:

B. Details from the excerpt:

2. A. Hemingway's writing style:

B. Examples from the excerpt to support your view:

十一、作业与拓展学习设计

Write down your understanding of "A man can be destroyed but not defeated." within a short passage. (120 - 150 words)

十二、特色学习资源分析、技术手段应用说明

Guiding activity, Elicitation teaching in story reasoning

十三、教学反思与改进

反思：1. 课堂的容量和节选文章篇幅的关系，导致学生对于海明威的写作手法已经风格的了解过于纸片化，不能达到深刻的程度。

2. 文学作品，尤其是文学大师的作品，本身具有很强的文学难度，学生真正意义上的热爱还言之过早。

改进：1. 专门的系列化的文学作品赏析课的开设，可以帮助学生更加长效的，深刻的理解文学作品与普通的纪实文学的差异所在，通过一段时间的实践，学生可以更好地做到语言知识的积累，赏析能力的提高；新高考的读后续写，一定意义上是很好的延伸性阅读探索，学生可以自主，甚至是自由的探索故事发展的方向，更投身于文学写作和阅读的实际探索和尝试。

The Old Man and the sea 教学设计 2

英语组　徐娟

一、教学理念

深度学习是指在教师的引领下，学生围绕一些具有挑战性的学习主题或任务，积极参与、体验成功、获取发展的学习过程。是在理解学习的基础上，以培养高级思维能力、反思能力和解决实际问题能力为目标的一种学习。促进学生深度学习，就是促进学生主动地、积极地、批判性地学习，并将所学知识迁移到新的情境中，去尝试解决新的问题。

如何让英语学习不是浮于浅表的、机械模仿的，而是真正能落到实处，触及学生的思维、情感、态度和价值观，需要在教师在教学过程中注重教材文本间的结构性、连接性和整合性。实现对教材文本的理解分析到对信息的整合与加工。通过在具体情境中的运用与评价，对所学内容加以转化和创造，最终实现解决问题及建构新世界的深度学习目标。

拓展性阅读为译林版高中英语新教材的新增板块，是对主阅读板块的补充。为改变传统英语阅读教学处理碎片化、理解浅表化的状况，教师应引导学生整体理解单元主题，通过多层次立体化的阅读活动，深入探究单元主题意义。本节课以单元整体教学观为引领，结合拓展性阅读板块的特点，将教学设计分为理解和赏析两个部分，融合文本解读和写作风格赏析等多种活动，实现对单元主题的深度探寻。

文本解读对有效开展教学具有重要意义。教师可以从主题角度、内容角度、文体角度、语言角度和作者角度进行文本解读 (张秋会、王蕾，2016)。本节课主要从主题和内容角度入手解读文本，帮助学生理解文本、拓展内涵、发展思维，从而提高英语教学的有效性。

《普通高中英语课程标准》指出：普通高中英语课程具有重要的育

人功能，旨在发展学生的语言能力、文化意识、思维品质和学习能力等英语学科核心素养，落实立德树人根本任务。本节课的教学设计是依据《课程标准》的要求，发展学生的英语学科核心素养，发挥英语学科的育人价值。

二、课例简介

本课教学内容为译林版高中英语新教材必修第二册 Unit4 Extended reading 板块，单元话题为探索文学，语篇内容节选自海明威小说《老人与海》，由引言和正文两部分组成。引言部分简要介绍海明威生平和正文发生的背景：老人在海上捕鱼 84 天，每次都空手而归，终于在第 85 天遭遇大马林鱼。正文部分介绍了老人与大马林鱼斗的过程，通过对老人行动、语言和心理状态等描写，刻画出老人"可以被毁灭但不能被打败"的"硬汉"形象。小说节选部分篇幅不长，语言简洁却极富感染力，体现了海明威鲜明的写作风格。

三、教学分析

1. 设计分析

本课的教学设计分为学习理解、应用实践、迁移创新三个层面。理解旨在帮助学生从主题意义、文体特征、关键信息点等方面解构语篇内容。任务活动设计遵循"由整体到细节、由浅深"的原则。从关联主阅读、挖掘引言信息、深入研读文本三个方面逐层深入，开展阅读理解活动，引导学生理解语篇内容，探究主题意义，并为后续的赏析及剧本改写活动奠定基础。

2. 学生分析

本节课的教学设计对象是高二年级的学生。针对本节课在高一时学生已经有过学习的过程且在高二的语文课本中刚刚接触过《老人与海》的课文学习，已经具备相关文学作品的积累与文化的沉淀，但是在综合应用方面还有待提高。另外这一材料及话题与此阶段青少年的智力和心理发展水平相适应；因此在教学设计的过程中，本节课通过设计兼具趣味性和挑战性的语言活动来培养学生的思维能力。

3. 教学目标

（1）通过问题链以自主学习的形式更好地理解作品中"硬汉"这一概念；

（2）以小组合作形式梳理和整合文本进行深度分析和解读作者独特的写作风格；

（3）基于文本就小说中的不同意象及背后的象征通过小组讨论形式发表个人观点；

（4）合作探究完成小说到剧本的改写活动并予以表演。

四、教学过程

Step1 Lead-in

教师通过课前播放电影《老人与海》的剪辑视频来导入本课。师生对话如下

T: Whose novel is it?

Ss: Hemingway

T: What's the story about?

Ss: It tells the story of an old fisher man named Santiago.

【设计意图】教师可借助视频、图片、标题等引出话题，激活学生的背景知识，让他们对阅读材料产生兴趣，从而导入新课（何锋，2017）。本环节通过"What's the story about?"这一问题来找准学生的学习起点。为有效的课堂教学找准方向，激发学生整合阅读的期望为理解文章做好铺垫。

Step2 Inquiry

（1）Read for structure　引导学生快速阅读全文，验证自己的预测，同时找出相应的段落。教师板书提示词 Struggles: Old man VS Fish 随后利用这些提示词引导学生确定文章结构。节选部分共十五段老人与鱼间共有五个轮回的搏击。

T: How many times has the old man tried?

S: Five times. Round 1 (Para. 1 - 3); Round 2 (Para. 4 - 6); Round 3 (Para. 7 - 12); Round 4 (Para. 13 - 14); Round5 (Para. 15)

【设计意图】本环节旨在引导学生关注文本主要信息，进行信息转换，梳理和简化课文主要内容。教师通过有效任务的设计，鼓励学生灵活运用寻读和略读等阅读策略，迅速捕捉文章框架结构。

（2）Read for appreciation

在分析文章结构之后，教师继而追问：Do you think he is a TOUGH man? Why? 帮助学生整理观点背后的事实依据，从而形成观点及论据：I think he is a tough man, though the fish swam away every time, the old man never gave up and always tried it again.

教师展示文本片段 "You are killing me, fish, the old man thought. But you have a right to. Never have I seen a greater. Or more beautiful, or a calmer or more noble thing than you, brother. Come on and kill me. I do not care who kills who".

提问 What other techniques does Hemingway employ?

引导学生借助表格发现对比的写作技巧 (physically weak VS mentally strong)

Physical state VS 1.＿＿ state

He felt faint ... but he held on the great fish all the strain that he could. This time I'll pull him over.

His 2.＿＿ was too dry to speak but he could not reach for the water now I must get him alongside this time

He had been on the point of 3.＿＿ each time. But I will try it once more.

His 4.＿＿ we're mushy now and he could only see we'll in flashes. I'll try it again...

he felt himself going before he started... I will try it 5＿＿.

【设计意图】分析写作风格,感悟语言魅力。教师引导学生再次研读文本,通过分析、综合、评价等高阶思维活动,赏析语篇的文体特征与修辞手法,分析海明威作品的写作风格,促使学生将所学知识用于文学作品的分析鉴赏之中。教师引导学生从写作风格、语言特征等角度进行文本赏析,旨在推动学生基于单元话题实现深度学习和思考,帮助他们拓宽视野,丰富阅历,训练思维,提高人文素养以及审美、鉴赏和评价的能力。

（3）Read for thinking C Describe personalities with adjectives 学生根据教师指导,查找文本中相关信息,得出回答"calm, fearless, confident, brave, strong will, determined"

（4）Read for critical thinking What do the old man, the fish and the sea stand for in the excerpt?

教师引导学生总结作品中老人的性格点,分析老人、鱼和大海的象征意义。

【设计意图】英语学习需要"整进整出",只有大量地整体输入,才能实现语言的自由输出。为缓解学生的紧张情绪,教师示范如何通过查找文本信息、组织语言,回答问题。学生在教师示范下自主查找文本相关信息,组织语言回答问题。

Step3 Consolidation

Choose one of the struggles between the old man and the fish and adapt it into short play.

【设计意图】践行英语学习活动观和读写结合的教学理念,设计此类迁移创新活动,引导学生继续深入研读教材文本,内化所学语言、文化、语篇知识。通过合作探究和创造性的表演外化所学语言知识;提高创新思维、逻辑思维;增强合作交流意识;优化自主、合作、探究的学习方式,培养学生在真实情境中解决问题的能力,发展英语学科核心素养。

Step 4 Homework

Polish up your short play

【设计意图】家庭作业是课堂教学的延伸与拓展，是检验课堂教学质量、巩固教学效果的重要手段。情景短剧的优化有利于培养学生在学习中精益求精的意识。

五、板书设计

1. 在导入环节，教师及时板书本课标题 B2U4 Extended Reading The Old Man and the Sea, 鼓励学生根据标题检索相关文学作品的积累与文化的沉淀。

2. 在文本结构梳理和阅读欣赏阶段，授课教师先后板书帮助学生理解文本的关键词教师板书提示词 Struggles: Old man VS Fish, Physically weak VS Mentally strong; Features of Writing style: short, simple, repeated; Qualities 这些词是文章的高度概括，也是板书的主要内容。

3. 在就小说中的不同意象及背后的象征进行小组讨论阶段，教师板书 Old man, Fish, Sea 同时引发学生跳出文本思考更多的含义引导学生深化内涵，拓展外延，实现从基于文本、深入文本到超越文本的飞跃。

4. 在本节课的主题升华阶段，教师勾画书本外形（将已板书的内容包含在书轮廓内）。最后，围绕板书内容作如下总结 With a good understanding of the qualities and benefits, effective ways, we can appreciate the beauty of literature in the past, at present, in the future.

【设计意图】板书设计体现了本单元"经典文学的探索"的主题。书籍，代表着我们对于文学作品在文化中地位的肯定，对于文学作品推广与传承的坚定信念。正确的认识，有效的方法将使文学作品在现代社会中依然闪耀着耀眼的光芒。（责任编辑：徐娟）

《细胞的增殖》教学设计 1

生物组　薄云飞

一、教材分析

"有丝分裂"是苏教版高中生物学"分子与细胞"第四章第一节"细胞增殖"中的内容，是学生在学习了细胞的组成、结构、功能之后，进一步认识细胞的发展、死亡、异常增殖等的基础。通过这一部分的学习，既能巩固前几章的知识，又为进一步学习减数分裂、遗传变异乃至选择性必修模块等奠定坚实的基础。

二、学情分析

植物细胞有丝分裂各时期的主要变化是本节课的教学重点。学生在初中已经学过"细胞通过分裂产生新细胞"，又具有必修 1 前几章的学习经验，对细胞的结构、功能等有一定的了解，这些为本节课的学习打下了基础。但是有丝分裂是一个抽象、动态、连续的变化课程，内容繁杂且理论性很强，常规教学方式容易导致学生停留在观察、记忆表层理解的水平，课堂枯燥，缺乏主动探究过程。

三、教学目标

1. 简述细胞增殖的周期性。

2. 概述有丝分裂的过程。

3. 通过学习有丝分裂，是学生更好的认识生命的延续。

四、教学重点和难点

1. 重点：理解细胞增殖和细胞周期性概念。

2. 难点：真核细胞有丝分裂过程中，各个时期染色体的行为变化。

五、教学策略

对于本课的教学，教师应结合图像信息，通过多媒体课件和物理模型等形式，把细胞增殖中染色体的形态和数目的物理材料的形式展现，让他们通过看、论、说等形式去领悟细胞增殖的内涵。

六、教具学具

扭扭棒、磁力贴纸、白板。

七、教学过程

1. 创设情境，导入新课。

请学生观看本班学生从受精卵发育到现在的视频，设置问题，引出细胞增殖，导入新课。

教师设问：刚才的视频，让我们看到了生命的美丽和成长的力量。那么大家有没有想过：一个个体的成长需要哪些条件？构成我们身体的细胞一般是大是小？多细胞生物体的增大，主要是因为细胞体积变大了呢？还是因为细胞数目增多了？

通过观看视频，让学生自主得出生物体生长的主要原因，激发学习兴趣。

2. 探索新知：细胞周期。

教师设问：进行有丝分裂的细胞是能够连续分裂的细胞，连续分裂的细胞，从一次分裂完成时开始，到下一次分裂完成时为止称为一个细胞周期。这个图是以有丝分裂的细胞为例的一个细胞周期，同学们从图中可以看出一个细胞周期包括哪两个阶段呢？从图中我们还可以看出分裂间期占的比例特别大，那么具体占多大的比例大家知道吗？分裂期呢？

深度思考一：请同学们分析导学案中的数据，以及探究实践获得的统计数据，能得出哪些结论？

【设计意图】学生能够带着问题进入下面的学习，培养学生"分析数据得出结论"的科学思维。

3. 借助模型和PPT图片，建立概念。

通过模型设置问题串，帮助突破有丝分裂过程中相关的新概念。

教师设问：

（1）分裂间期为分裂期进行了哪些物质准备？遗传物质复制了几次？

（2）活动一：尝试用手中的材料模拟以下过程并提出以下要求：①将复制前后的染色质展示在白板上。②标注复制前后染色质和 DNA 的数目。

【设计意图】利用简单材料构建物理模型，将微观结构放大，变抽象为直观，培养学生观察和操作能力。

4.深度思考二：观看视频，尝试总结有丝分裂各时期的特点；观看要求：注意观察各时期过程中染色体和细胞其他结构的变化。

5.学生总结、归纳有丝分裂各时期的特点并组织学生以体细胞染色体数 2n=4 的生物为例，小组进行讨论，并构建有丝分裂过程中各时期的模型。提供活动材料，明确活动任务。在学生建模过程中，教师参与学生的讨论，了解他们的想法并对其进行积极的评价。

学生活动：合作探究，动手构建模型。每组两位展示，两位写出本组讨论出的特点，其他同学关注展示内容并讨论。

【设计意图】呈现教学资源，引导学生进行模型的构建，建立直观感受，并深入理解相关过程和培养学生的合作探究意识、动手能力。

6.活动二：模型构建，尝试用手中的材料模拟以下过程。

活动主题：教师组织学生用手中的材料模拟有丝分裂过程中染色体的行为变化。

活动要求：同学们根据构建的模型，归纳相关规律，将各时期染色体的行为变化展示在黑板上。

【设计意图】让学生根据自己的观察、判断和分析，得出结论，体现学生学习的主体性、主动性和独立性，在学习过程中逐步发展学生的科学思维。

7.归纳总结，加深理解。

教师总结：本节课我们主要学习了分裂间期和有丝分裂期的主要特征，通过构建各时期模型并掌握相关变化规律。同学们也知道了有丝分裂期的顺利进行离不开分裂间期的准备。最后，老师为大家准备了有丝分裂之歌，让我们感受生命之美，一起来把今天所学的内容回顾一下。

【设计意图】对本节课内容进行总结，从课堂回到生活，丰富学生的精神层面。通过歌曲既增加趣味性又加深学习印象。

八、板书设计

细胞的增殖：

1. 细胞周期。

2. 高等植物细胞有丝分裂过程。

《细胞的增殖》教学设计 2

生物组　薛梅

一、教材分析

《细胞的增殖》是必修 1《分子与细胞》模块第 4 章第 1 节的内容。细胞增殖是重要的细胞生命活动，是生物体生长、发育、繁殖、遗传的基础，是在第二章细胞结构与功能基础上对细胞生命活动认识的深化，同时也是学习必修 2《遗传与进化》模块中遗传学内容的重要前导知识。因此，该节内容在生物学教材中占有举足轻重的地位。

二、学情分析

学生之前只了解过染色体的概念，对于有丝分裂的过程没有接触过。本节内容较为复杂和抽象，传统的讲授教学既不符合学生的认知规律，又违背科学探究的本质，因此，在讲解知识的时候，借助多媒体和构建模型帮助学生感受细胞分裂的动态性和连续性。在教学中侧重学生掌握基础知识并遵循学生的认知规律，让学生积极参与进来，充分体现学生的主体地位。

三、教学目标

1. 通过观察有丝分裂模式图，总结出各时期的主要特征。

2. 通过构建有丝分裂过程各时期变化模型，掌握相关变化规律。

四、教学重点和难点

1. 重点：细胞分裂间期和有丝分裂期各时期的特点。

2. 难点：细胞分裂间期和有丝分裂期各时期染色体的行为变化。

五、教学策略

本节课围绕"细胞的增殖"这一主题，通过合作探究、模型建构、交流展示、视频观察等多种手段。层层深入，使学生在形成概念的同时发展生物学学科核心素养。教学过程中，依据课程目标和学情，创造性地使用教材，在学生进行模型建构时，要注意对内容要点、程序方法等提出明确的指导意见。在染色体、染色单体、DNA 的计数和探索其变化规律方面，给予适当的点拨。

六、教具学具

双色毛根、圆形磁铁、白板。

七、教学过程

1. 创设情境，导入新课。

请学生观看小草生长视频，设置问题，引出细胞增殖，导入新课。

教师设问：同学们知道动植物体都是由什么构成的吗？那么从细胞的角度考虑，生物体生长的原因是什么呢？

【设计意图】通过观看视频，让学生自主得出生物体生长的主要原因，激发学习兴趣。

2. 探索新知：细胞周期。

教师设问：进行有丝分裂的细胞是能够连续分裂的细胞，连续分裂的细胞，从一次分裂完成时开始，到下一次分裂完成时为止称为一个细胞周期。这个图是以有丝分裂的细胞为例的一个细胞周期，同学们从图中可以看出一个细胞周期包括哪两个阶段呢？从图中我们还可以看出分裂间期占的比例特别大，那么具体占多大的比例大家知道吗？分裂期呢？为了研究方便又将分裂期划分为哪些阶段呢？为什么间期比有丝分裂期占的比例大很多呢？各时期又有什么样的特点呢？下面让我们以高等植物细胞有丝分裂过程为例寻找答案。

【设计意图】学生能够带着问题进入下面的学习，激发学习欲望。

3. 借助模型，建立概念。

通过模型设置问题串，帮助突破有丝分裂过程中相关的新概念。

教师设问：（出示高等植物细胞结构模式图），下面老师来考考大家，图中这些结构你们认识吗？为了让同学们更直观地了解这些结构，老师制作了一个模型（出示模型）。

教师再次设问：大家知道这个模型（染色质模型）代表什么吗？如果它缩短变粗了同学们还认识吗？那这两个结构是同一个物质吗？染色质和染色体是什么样的关系呢？如果由这样的结构变成了两个需要经历了怎样的过程呢？复制后的这两个结构会通过一个着丝粒相连，现在叫什么呢？染色体的数目看着丝粒的数目，同学们看看复制前后染色体数目有变化吗？那 DNA 的数目呢？如果是体细胞中含有 4 条染色体的植物，间期复制前后有数量发生了什么变化呢？

【设计意图】将抽象的内容形象化，学生通过看模型，更直观地了解细胞核染色体的变化，为下面的模型的构建奠定一定的基础。通过分析模型，对新旧知识进行衔接，学习新知识的同时回顾旧知识。为下面学习染色质、染色体、DNA 的数量关系这一难点做铺垫。

4. 合作探究一：归纳各时期特点，构建模型。

教师设问：复制后的 DNA 如何平均分配到两个子细胞中的呢？下面请同学们观看视频并参考书本中有丝分裂模式图思考各时期的特点，小组内讨论归纳。

组织学生以体细胞染色体数 2n=4 的生物为例，小组进行讨论，并构建有丝分裂过程中各时期的模型。提供活动材料，明确活动任务。在学生建模过程中，教师参与学生的讨论，了解他们的想法并对其进行积极的评价。

学生活动：合作探究，动手构建模型。每组两位展示，其他同学关注展示内容并讨论。点评组进行点评，可对展示组模型中存在的问题进行改进。

【设计意图】突出学生的主体地位，引导学生自主学习，对各时期的特点归纳总结，培养学生的观察、比较、归纳、概括等科学思维能力，提升学生的生物科学素养。通过探究构建有丝分裂过程中染色体变化的模型，锻炼动手能力、合作学习能力，增强团队意识，培养创新精神。

学生点评交流，培养口语表达能力和逻辑思维能力。

5. 合作探究二：根据模型，归纳规律。

教师组织同学们根据构建的模型，归纳相关规律：染色单体形成和消失的时期，核膜、核仁消失和重现的时期，染色体出现和消失的时期，纺锤体出现和消失的时期。

【设计意图】让学生根据自己的观察、判断和分析，得出结论，体现学生学习的主体性、主动性和独立性，在学习过程中逐步发展学生的科学思维。

6. 巩固练习。

教师组织学生进行相关问题的抢答。

【设计意图】对学习的内容进行及时的回顾。发现问题，并及时改正。

7. 归纳总结，加深理解。

教师总结：本节课我们主要学习了分裂间期和有丝分裂期的主要特征，通过构建各时期模型并掌握相关变化规律。同学们也知道了有丝分裂期的顺利进行离不开分裂间期的准备。一句话与大家共勉"厚积分秒之功，始得一鸣惊人。"同学们应该重视平时的积累，做好充足的准备，去迎接人生道路上的每一次"高考"。最后，老师为大家准备了有丝分裂之歌，让我们一起来把今天所学的内容回顾一下吧。

【设计意图】对本节课内容进行总结，从课堂回到生活，丰富学生的精神层面。通过歌曲既增加趣味性又加深学习印象。

八、板书设计（略）

《中国特色社会主义道路的开辟与发展》教学设计 1

历史组　石文超

一、课标分析

课程标准要求认识真理标准问题讨论和中共十一届三中全会的历史意义；认识改革开放以来中国在各个领域取得的成就、综合国力及国际影响力的不断提高，认识"一国两制"对祖国完全统一的重大意义。

二、教材分析

以改革开放为主线，兼及"一国两制"与祖国统一大业，将本课分为三个模块部分：

模块一：穷则思变

模块二：改革开放

模块三：一国两制

三、教学目标

1. 知识与能力

认识真理标准问题讨论和中共十一届三中全会的历史意义；认识改革开放以来中国在各个领域取得的成就、综合国力及国际影响力的不断提高，认识"一国两制"对祖国完全统一的重大意义。

2. 过程与方法

个人填写知识提纲，分组讨论典型问题。在学习过程中要适当结合教材内容以及教材所提供的历史史料和历史图片，并在教师的指导下，进行合理分析，根据学习要求积极进行探究活动以强化改革开放和"一国两制"的认识。

3. 情感、态度与价值观

通过本课的学习，使学生认识到改革开放 40 余年的历史成就，总结改革开放和社会主义现代化建设的基本经验；认识祖国和平统一是中华民族的根本利益所在。激发学生积极创新、创造美好未来的使命感。

四、重难点分析

重点：中共十一届三中全会的历史意义、"一国两制"的理论与实践

难点：改革开放和社会主义现代化建设的基本经验

五、教学过程

【示标导入】

1. 课程标准：（1）了解改革开放的背景；（2）认识真理标准问题讨论和中共十一届三中全会的历史意义；（3）认识改革开放以来中国在各个领域取得的成就、综合国力及国际影响力的不断提高；（4）认识"一国两制"对祖国完全统一的重大意义

2. 导入教学：

从新时期到新时代，中国人走出了自己的发展之路—中国特色社会主义道路。

【基础回顾】穷则生变要改革开放背景

（一）中共十一届三中全会

（1）背景 （2）内容—转折 （3）意义

2. 民主法制建设

（1）拨乱反正平凡冤假错案

（2）《关于建国以来党的若干历史问题的决议》1981 年

（3）通过《中华人民共和国宪法》1982 年

（二）改革开放进程

1. 对内改革

（1）首先开始于农村。

（2）城市改革 1984 年全面开展。

2. 对外开放

3. 社会主义市场经济体制

（1）提出：_____年提出改革的目标；（2）初步建立：_____

（三）、"一国两制"与祖国统一大业

1.提出：20世纪80年代邓小平"一个国家，两种制度"针对_____问题。

2.实践香港、澳门回归。

（1）香港1984年《中英联合声明》1997年7月1日恢复行使主权

（2）澳门1987年《中葡联合声明》1999年12月20日恢复行使主权

3.两岸关系的发展

【释疑讨论】

1."文革"后的中国，面临着什么样的困境？

20世纪70年代的世界能给困顿中的中国带来什么机遇？

2.对内：改革首发于农村的原因？概括国有企业改革的内容以及影响？

【展示成果】

1.材料一：1984年，国务院颁发了《关于进一步扩大国营工业企业自主权的暂行办法》，提出国企可以拥有生产经营计划权等10项自主权。1986年，国务院下发了《关于深化企业改革增强企业活力的若干规定》，提出要推行各种形式的经营承包责任制，给经营者充分的经营自主权。1985年颁布的《国务院关于国有企业工资改革问题的通知》规定，从1985年开始，实行职工工资总额同企业经济效益按比例浮动的办法，（企业）一般上缴利税总额增长1%，职工工资总额增长0.3%~0.7%。

材料二：到1987年，建立了经营责任制的企业达到8843家，占国企总数的77.6%。1987年，实行承包的国企完成产值2452亿元，同比增长11%，实现销售收入2797亿元，同比增长14.8%，上缴国家财政收入同比增长4.7%。20世纪80年代后半期，电视机、自行车、缝纫机等进入民众的生活，都是工业经济迅速发展的结果。

（1）根据材料二，概括我国国有企业改革的主要内容。

（2）根据材料二、材料三并结合所学知识，回答我国国有企业改革的主要作用。

2.简述我国对外开放格局发展的特点摭师生点评

【检测反思】

1. 1979—1981 年，中国减少粮食播种面积 5000 万亩，有计划地扩大了经济作物的种植面积，在有条件的地方还开始逐步退耕还林还牧，鼓励农村在经济合理原则下举办社队企业。这些政策（　　）

A. 推动了农村经济结构的调整

B. 加快了私营企业发展

C. 完善了家庭联产承包责任制

D. 健全了市场经济体制

2. 1988 年，来自全国各地的人才涌向海南，仅半年时间到海南求职的人数竟高达 20 万，形成中国当代史上极为壮观的人才流动大潮。造成这一现象的主要原因是（　　）

A. 自由贸易区在海南落地

B. 海南经济发展成绩显著

C. 中国加快对外开放步伐

D. 国有企业改革全面铺开

3. 1972 年，中国致函联合国非殖民化特别委员会，指出"香港、澳门是被英国和葡萄牙当局占领的中国领土的一部分，解决香港、澳门问题完全是属于中国主权范围内的问题，根本不属于通常所谓殖民地，范畴"。联合国采纳了中国的立场。中国政府这一举措（　　）

A. 奠定了独立自主外交政策的基石

B. 掌握了解决港澳问题的主动权

C. 是"一国两制"的具体体现

D. 标志着香港和澳门回归祖国

4. 2017 年台湾民众调查显示，45.9% 的台湾民众支持国民党在"中

华民国"的宪法基础上，为了两岸和平发展与人民生计，继续与中国大陆交流协商，34% 则不支持。材料说明（　　　）

A. 民众支持是两岸统一最终途径

B. "九二共识"得到了广泛认可

C. 两岸和平与发展符合主流民意

D. "一国两制"是统一根本方法

【知识结构】

《中国特色社会主义道路的开辟与发展》教学设计 2

历史组　辛元

一、设计思路

本课的设计思路是将历史人物串进历史课堂，以邓小平同志为引线，对课本知识点进行高度整合。本课自命题为：《那人·那事·那时代》，即那人——不惧风雨，不畏过往，此部分主要介绍邓小平同志生平简介及其在政治上遭遇的"三起三落"；那事——开启新途，改变中国，此部分主要讲解邓小平同志虽然在政治上遭遇了挫折，但是他依旧鉴定初心，带领中国人民进行改革开放，实现祖国统一，探索出了一条中国特色社会主义道路；那时代——特定环境，特定政策，此部分主要讲授邓小平同志摸索出来的措施是在一种特定的环境下进行的，由一个人物的遭遇透射时代环境，在这种特殊的环境下必须要变革。这样的讲授，通过一根主线贯穿了全文，纲举目张。同时，通过这样的讲述，一方面可以将课本知识融入鲜活的生命；有利于提高学生的参与度。本课主要通过设计问题的形式，引导学生分析材料和理解史事，从而达到培养学生历史思维能力的目的，使学生成为学习的主题。

二、教学分析

(一) 课题及教学内容分析

本课内容包括"伟大的历史转折"、"改革开放的进程"和"'一国两制'与祖国统一大业"三个子目。中共十一届三中全会作出了改革开放的伟大决策，是改革开放和建设中

国特色社会主义道路的起点。中共十二大、十三大、十四大不断推动改革开放走向纵深发展。我国的经济体制改革经历了从农村到城市、从计划经济到市场经济的进程。在经济体制改革的同时，我国实行了对

外开放。对外开放从经济特区开始，从沿海到内地，从政策性开放到制度性开放。"一国两制"是邓小平提出的完成祖国统一大业的伟大构想，而香港、澳门回归，验证了"一国两制"构想的科学性。祖国统一是大势所趋，必将实现。

（二）学生情况分析

高一普通班的学生学习自觉性稍差，基础知识相对薄弱，但是学生对中国历史相对熟悉，对邓小平同志的身世很感兴趣，通过人物讲授的方式可以提高学生的学习兴趣和参与度，从而达到课堂教学目的。

三、教学目标

1.梳理 40 年来改革开放的基本线索和重要成就。（核心素养：时空观念）

2.通过展示多个史料，学生通过对史料的论证和分析，提高史料实证和分析的能力。（核心素养：史料实证、历史解释、唯物史观）

3.通过小组讨论、合作探究，分析中共十一届三中全会及改革开放的重大意义，认识"一国两制"构想对实现祖国统一的重大影响。（核心素养：家国情怀）

通过改革开放以来中国在各个领域取得的成就及国际影响力不断提高的学习，学生深刻体会我国社会主义制度的优越性，增强民族自豪感和自信心。（核心素养：家国情怀）

四、教学重点和难点

（一）教学重点：中国十一届三中全会的内容，改革开放的过程。

（二）教学难点：经济体制改革与对外开放的关系，中共的政策调整与改革开放之间的关系。

五、教学过程

（一）导入新课

屏幕展示材料：播放改革开放四十年取得重大成就的视频。

教师：中国有今天得发展成就，就是我党在当时抓住了历史发展大势，抓住了历史变革时机，在这个过程中，以为伟大的人物带领中国人民走向了富裕，这个人是谁呢？就让我们一起走近这位伟人，去探寻中国发展的秘诀。

【设计意图】通过视频，概述本课内容，并激发学习兴趣。

一、那人——不惧风雨，不畏过往屏幕展示材料：

邓小平（1904—1997）四川广安人。1904 年 8 月 22 日生。原名邓先圣，……1926 年初到苏联学习。

屏幕展示材料：

"第一落"：1933 年 2 月，因拥护毛泽东的正确主张，被党内"左倾"领导人斗争、撤职、下放。

"第一起"：1933 年 6 月，被临时党中央上调到中央军委总政治部担任秘书长。

"第二落"：1966 年"文革"开始后，失去一切职务。

"第二起"：1973 年恢复副总理职务。

"第三落"：1976 年，中共中央政治局根据毛泽东提议，一致通过撤销邓小平职务，保留党籍。

"第三起"：1977 年 7 月中共十届三中全会恢复邓小平的党政军领导职务。

过渡：

革命理想高于天。理想信念是中国共产党人的政治灵魂。中国共产党能够历经挫折而不断奋起，历尽苦难而淬火成钢，归根结底在于千千万万中国共产党人心中的远大理想和革命的信念始终坚定执着，始终闪耀着火热的光芒。——2018 年习近平

【设计意图】通过邓小平的生平简介，引发学生的思考，引导学生树立正确的人生观，价值观，实现对学生情感态度价值观的培养。通过邓小平政治生涯中的"三起三落"，引导学生正确看待挫折。通过这种方式，发挥历史的育人作用。通过习近平主席的这段话，再次强调理想信

念的重要性，引导学生从现在起树立正确的理想信念。同时，起到引入下文的作用。

那年要开启新途，改变中国

（一）十一届三中全会的召开屏幕展示材料：

一个党，一个国家，一个民族，如果一切从本本出发，思想僵化，迷信盛行，那它就不能前进，它的生机就停止了，就要亡党亡国。这是毛泽东同志在整风运动中反复讲过的。只有解放思想，坚持实事求是，一切从实际出发，理论联系实际，我们的社会主义现代化建设才能顺利进行，我们党的马列主义、毛泽东思想的理论也才能顺利发展。——邓小平《解放思想，实事求是，团结一致向前看》

设问1：请同学们思考材料的主旨是什么？

屏幕展示材料：十一届三中全会

设问2：请结合教材思考在这次会议上，中共领导人作出了哪些重大决定？说出这次会议的内容与意义。

设问3：我们说中共十一届三中全会是一次伟大的历史转折，请同学们结合刚才所讲思考：转折体现在哪里？

【设计意图】通过材料学生更容易理解当时党的思想僵化，必须要解放思想，我国才能顺利的发展，培养学生阅读和分析史料的能力。通过图片和文字材料，增加学生学习的趣味性。学生通过讨论得出结论，培养了学生的合作探究能力和概括能力，促进学生对知识的更快掌握和学习。

（二）改革开放的历程

屏幕展示材料：

实践证明，保持必要的社会政治安定，按照客观经济规律办事，我们的国民经济就高速度地、稳定地向前发展，反之，国民经济就发展缓慢甚至停滞倒退。——《中共十一届三中全会公报》（1978.12.22）

设问4：请结合教材思考：中共领导人为经济发展做了哪些努力？对

内如何？对外如何？农村怎么改？城市怎么改？

1. 对内：经济体制改革

展示概念解释：经济体制改革的前提、实质、主要内容。

（1）农村：家庭联产承包责任制

展示：农村改革的经过和内容。

教师：家庭联产承包责任制实行之后，我国农村的面貌有了很大的改变，农民的生活水平有了大幅提高，这些都是因为家庭联产承包责任制实行包产到户，充分调动了农民的生产积极性。

（2）城市：国有企业改革

教师：请同学们根据教材概括国有企业改革的内容、过程、中心环节、方向和意义。

【设计意图】历史概念是学生在学习的过程中必须掌握的，我们的学生存在的问题主要就是概念不清楚，因此涉及重要的概念讲清楚最重要，同时也让学生掌握"生产力决定生产关系，生产关系必须适应生产力的发展"这一规律，这也符合历史核心素养的要求。

2. 对外：开放

屏幕展示图片并说明：（深圳改革前后图）从图片中我们可以看出深圳发生了天翻地覆的变化，而这一切都得益于对外开放政策。邓小平同志通过南方谈话，向人们解释了"计划不等于社会主义，市场也不等于资本主义，计划和市场都是发展经济的手段"，解放了人们的思想。同时也提出了要建立经济特区，而深圳就打开了对外开放的第一扇窗。于是，1980年起，我国先后建立了深圳、珠海、汕头、厦门、海南五个经济特区。

屏幕展示材料：

材料经济特区内：外商投资企业在所得税方面所享受的优惠待遇，比我国内地的中外合资企业所纳所得税要低一半。对进口的生产资料和生活资料，根据不同情况实行免税、减税，特区企业出口的产品，免征工商统一税。在外商投资方向、投资数量、企业经营管理、劳动工资等

方面也给予优惠待遇。——《中国经济通史》

设问5：经济特区有哪几个？特殊在哪里？对外开放的过程如何？对外开放的特点又是什么？

屏幕展示材料：

1982年，中共十二大，邓小平提出"建设有中国特色的社会主义"重大命题。

1987年，中共十三大，提出社会主义初级阶段理论，确立"一个中心，两个基本点"基本路线。

1992年，中共十四大，明确提出我国经济体制改革的目标是建立社会主义市场经济体制。

2000年，十五届五中全会，提出实施"走出去"战略，后来发展为"引进来"和"走出去"相结合的开放战略。

2001年，中国正式加入世界贸易组织，使中国更深层次地参与经济全球化进程，参与国际规则的制定。

说明：改革开放是一个不断发展完善的过程，是经历了无数中国共产党人的努力。

【设计意图】学生理解中国改革开放不断在深化即可，使用时间轴的形式呈现，更符合高中生的学习特点，线索清晰。

(三)"一国两制"与祖国统一大业屏幕展示材料：

制度可以不同，但在国际上代表中国的，只能是中华人民共和国。……祖国统一后，台湾特别行政区可以有自己的独立性，可以实行同大陆不同的制度。司法独立，终审权不须到北京。台湾还可以有自己的军队，只是不能构成对大陆的威胁。——选自《邓小平文选》

设问6：请结合教材思考：中共领导人是如何推动祖国统一的？内涵是什么？

屏幕展示材料：

"一个国家，两种制度"，具体说，就是在中华人民共和国内，十亿

人口的大陆实行社会主义制度，香港、台湾实行资本主义制度——邓小平《一个国家，两种制度》（1984 年）

屏幕展示资料：（香港回归图片）

【设计意图】理解"一国两制"伟大构想的含义，知道其成功实践的成果。此部分用材料和图片的形式展示，学生更容易理解改构想，达到教学目的。

（四）开启新途，改变中国

屏幕展示材料：

"贫穷不是社会主义""发展才是硬道理"，改革开放的社会主义建设道路，指引中国实现跨越式发展。而经济腾飞又带来了社会进步和生活巨变。

1949 年人均 GDP27 美元；1978 年 GDP3624.1 亿元，人均 GDP190 美元改革开放后的发展：大大缩小与发达国家的差距，1990 年居世界第十，发展中国家第二；2001 年世界第六，发展中国家第一；2006 年，世界第四，超过法国、英国。

得出"人民生活水平大大提高"的结论。

【设计意图】通过史料和实际数据及图片展示，让学生深刻体会改革开放对中国经济带来的巨变，增强学生的民族自信心和自豪感，培养学生的爱国情怀，让学生深刻感受社会主义制度的优越性。

材料：这半个多世纪的历史反复证明：什么时候，我们执行了毛主席的革命路线，遵循了毛主席的指示，革命就胜利；什么时候。离开了毛主席的革命路线，违背了毛主席的指示，革命就失败，就受挫折。……让我们高举毛主席的伟大旗帜，更加自觉的贯彻毛主席的革命路线，凡是毛主席作出的决策，我们都坚决维护；凡是毛主席的指示，我们都始终不渝地遵循。——摘自 1977 年 2 月 7 日社论。

材料：地方政府、企业在计划经济体制下，物资统一供应、价格统一规定、人事统一安排、工资统一定级、财政统收统支等，都像绳索捆绑得企业无法动弹。以至于出现了"修个厕所都要打报告审批"、销售的火柴要涨价两分钱需要层层上报至省委常委会讨论决定。

材料：1978 年的中国企业是一幅怎样的景象？也许我们从外国人眼中能看得更真切一点。美国记者马修斯在中国工厂观察记中写道，当我走进一个车间的时候，有三名女工正在同旁边桌上的另外三名女工聊天。在我逗留的几分钟里，只有一个女工干了活……去年，全厂 85% 的工人都增加了少量的工资，对很多人来说，是 10 到 20 年来第一次增加工资。一位日本记者发现重庆炼钢厂使用的机械设备全都是 20 世纪 50 年代以前的。其中 140 多年前英国制造的蒸汽式车钢机竟然还在使用。《读卖新闻》记者写道一日本的集成电路工厂干净得一点灰也没有，相比之下，上海这家工厂简直像马路工厂。

上海内燃机研究所的 31 名技师，平均年龄是 56 岁。

——摘编自吴晓波《激荡三十年中国企业 1978—2008》

材料：国营企业效益日趋下降也导致国家财政收入困难。财政收入的年均增长，"一五"时期为 11.0%，"二五"时期为 0.2%，1963—1965年为 14.7%，"三五"时期为 7.0%，"四五"时期为 4.2%。1974 年、1976两年为负增长，出现了"大跃进"以来第二个财政困难时期。从财政角度看，单纯依靠国家财政投资支持国有企业发展的老模式已经到了它的极限。——国家统计局编《中国统计年鉴（1993）》

设问 7：请思考：邓小平处在一个什么样的时代？

材料：邓小平说过："我们的改革和开放是从经济方面开始的，首先又是从农村开始的。为什么要从农村开始呢？因为农村人口占我国人口的 80%，农村不稳定，整个政治局势就不稳定，农民没有摆脱贫困，就是我国没有摆脱贫困"。

材料：集体化运动破坏了小岗村农民的自我谋生手段。为了应付特殊的自然环境，小岗村人几乎每一户都掌握了一种特殊的技能或手艺，以便在农闲外出谋生。但是，合作化和人民公社限制和禁止他们使用这些手段，还禁止他们外出。从而在根本上破坏了村民原有的谋生手段和技能。当农业生产无法改善农民生活。而农民又缺少其他的谋生手段时，农民党人也就无路可走了。——萧冬莲《农民的选择成就了中国改革——从历史视角看农村改革的全局意义》载《中共党史研究》，2008年第6期1978年12月地点：严立华家。

我们分田到户，每户户主签字盖章，如以后能干，每户保证完成每户的全年上交和公粮，不在（再）向国家伸手要钱要粮。如不成，我们干部作（坐）牢杀头也干（甘）心，大家社员也保证把我们的小孩养活到十八岁。

......

小岗村1979年卖给国家粮食12497公斤，超过政府计划的7倍；卖给国家油料12466公斤，超过国家规定任务的80倍。还有钱，小岗农副产品收入47000元，平均每人400多元。在当时，对这群"叫花子"来说，这无疑是一座光芒四射的金山。——马立诚、凌志军著作《交锋》

设问8：请思考：为什么改革首先发生在农村？城市存在哪些问题？

材料：如果中国在1997年，也就是中华人民共和国成立四十八年后还不能把香港收回来，任何一个中国领导人和政府都不能向中国人民交代，甚至不能向世界人民交代。如果不收回，就意味着中国政府是晚清政府，中国领导人是李鸿章。——邓小平

【设计意图】课堂时间有限，提前印发资料给学生，既提高了学生的参与度，又激发了学生的学习兴趣，同时也节省了课堂时间。通过学生的合作探究，提高学生的合作能力和总结分析材料的能力，达到了对学生历史思维能力的培养。

设问9：请思考：为什么要实行一国两制？

教师：本部分为学生课堂探究环节。教师课前印发史料给学生，上课时引导学生进行分小组课堂探究，并总结时代背景，理解特定环境下实行特定的政策。

课堂小结

播放视频《孤勇者》致敬 2021 年努力又可爱的每一个人，谁说站在光里的才算英雄，每一个平凡的我们都是中国特色社会主义的建设者。

有一种坚持，实在最艰苦的地方，只争朝夕，攻下贫困的堡垒，做群众的知心人；有一种付出，是在重重大山的偏远之处，立下"愚公志"，敢啃"硬骨头"，用汗水扑出康庄大道；有一种牺牲，冲在扶贫第一线，以无私赴使命，用生命铸就美丽家园。——唐海鹰《用热血铸忠魂，以生命赴使命》

【设计意图】升华主题，使学生感悟作为中学生的使命与担当。

六、教学思路

本课教学内容庞杂，知识点重点，学生学起来难度较大，一节课的容量太过复杂，因此，在备课的时候采用了对课本进行整合，课外与课堂相结合的模式，以邓小平这个历史人物贯穿全文，整节课分为三个部分，以邓小平的个人生平简介引入讲解，以其为中国的建设作出的实践为线索贯穿整节课，突破了传统的教学方式，符合本班学生的学情。本节课的优点之处在于：对课本进行了高度整合，转换了新的教学思路，突破了讲背景、内容、影响的模式，而采用先讲是什么，再讲为什么的方式，更容易调动学生的学习积极性和参与度，同时，思路清晰，脉络连贯，更适合高中学生的学习。采用学生自主探究的方式，使学生真正参与到课堂教学中，既培养了学生合作探究的能力，也提高了学生的历史思维能力，突出了学生学习的主体地位。

《自然灾害的成因——洪涝》教学设计1

地理组　蔡小月

一、教学目标

根据新课改的要求和学生已有的知识基础和认知能力，我确定的教学目标是：

（1）知识与技能目标：通过自主学习，学生能够知道洪涝基本概念。

（2）过程与方法目标：通过合作学习，学生能够掌握洪涝产生的原因、洪涝的危害和如何对洪涝进行防避。

（3）情感、态度、价值观：通过课堂中穿插的游戏和播放的视频，学生能够学会在面对灾难时乐观、团结和爱。

二、教学重难点

本课的教学重点：通过合作学习，学生能够掌握洪涝产生的原因和如何对洪涝进行防避。

本课的教学难点：通过课堂中穿插的游戏和播放的视频，学生能够学会在面对灾难时乐观、团结和爱。

三、教学方法

主要采取的教学方法："125"课堂教学模式、讲授法、讨论法、引导启发法。

四、教学过程

1.导入新课

本课主要采用：通过寒潮来袭，明确寒潮是冬季常发生的自然灾害，引出与之相反季节夏季易发生的自然灾害是什么——洪涝

【从现实生活入手，激发学生的兴趣，而且能够引导学生思考，并且引出新课题】

2. 讲授新课

在讲授新课时，为了突出本节课的第一维知识与技能目标，首先引导学生自主学习，学生对洪涝基本概念和知识初步感知。

【接着将游戏穿插进课堂，通过这种方法，既体现了新课改中以学生为主体的思想，又调动了学生学习的积极性】

游戏规则结束后直接问学生洪涝会不会产生危害，危害大不大相关问题，得到回应后，回归课本洪涝灾害是 20 世纪除地震之外对人类社会造成损失最严重的自然灾害。书上的相关案例请同学朗读，点评朗读后，明确书本 1998 年和 2011 年案例对学生来说太过于遥远，而我国今年也发生了严重的洪涝灾害——河南。引出河南的案例。

3. 讨论释疑

首先通过洪涝灾害危害很大，引出河南洪涝并且出示材料让学生思考：洪涝的危害有哪些？

河南灾害的损失重、人员伤亡大。7 月 16 日以来，河南省洪涝灾害已造成郑州、新乡等 16 个市、150 个县市区、1366.43 万人受灾，有 73 人遇难。累计紧急转移安置 147.08 万人。5.5 万间房屋倒塌，农作物受灾面积 1021.4 千公顷，其中绝收 179.8 千公顷，郑州市地铁全线停运，大面积断电、停水，通信信号差，市民的生产生活受到了严重影响。郑西、郑太、郑徐及普速的陇海线、焦柳线、宁西线、京广线部分区段封锁或者限速运行，影响旅客列车 186 列，209、310 国道交通中断。常庄、郭家咀水库险情危及郑州市城区和南水北调中线工程安全。接着既然知道了洪涝危害又大又多，那我们就要需要知道洪涝产生的原因，通过河南洪灾视频相关报道和案例图请同学讨论分析河南发生洪涝的原因？

盛夏到了，一场突如其来的狂风大暴雨袭击中原大地，它的强度之强令人惊叹。郑州仅用一天时间降下 630 多毫米，接近当地常年一年的总降水量。总的来看，河南的雨情汛情主要有四个特点：降雨总量大、雨强极值高；洪水的来势猛，工程出险多；影响范围广，社会关注度高；

灾害的损失重、人员伤亡大。从气候、地形和社会经济因素考虑。

再紧接着以小见大，以河南地区洪涝灾害为例，思考：洪涝灾害的发生跟哪些因素有关系？

最后洪涝灾害的发生是不以人的意志为转移的，那面对洪涝灾害如何防避

4. 师生点评并小结

首先明确洪涝的概念。

其次洪涝的危害有哪些？从直接危害和间接危害入手。

接着分析洪涝的形成原因，从自然原因和人为原因两个角度进行。

最后寻求面对洪涝灾害防避措施。

5. 升华主题

揭示本节课有一条游戏暗线，看游戏率先完成的组是否愿意帮助其他组的同学逃离洪水，渡过难关，如果愿意帮助则解锁了本节课隐藏学习目标：在面对灾害时候乐观，团结和爱，同时导学案的第 4 个学习目标留白，等待学生解锁并填写。如果没有帮助别的组，则在最后遗憾地告诉大家这件事，并且告诉大家在面对灾害时候要保证自身安全的情况下，尽最大可能帮助他人。

【体现地理新课标要求：人地协调观】

五、作业布置

用课余或课后时间完成导学案后面的习题，达到知识的巩固。

六、习题练兵

洪涝灾害是我国常见的自然灾害之一，深刻影响着我国的经济生产和人民生活。"近百年来我国洪涝灾害发生频率分布示意图"。读图完成下面小题。

1. 下列关于我国洪涝灾害分布的正确描述是（　　　）

A. 西北地区没有洪涝灾害

B. 东部地区洪涝灾害北多南少

C.青藏地区洪涝灾害较多

D.台湾地区洪涝灾害频繁多发

2.长江中下游平原地区洪涝灾害多发,与其成因密切相关的自然因素是（　　）

A.岩石、植被　　　C.土壤、植被

B.气候、地形　　　D.资源、水文

2018年5月,南方多地出现强降雨天气,造成安徽、江西、湖北、湖南、广东、广西等地持续遭受洪涝灾害。据此完成第3—4题。

3.南方多地发生洪灾的原因主要有（　　）

①地形以平原为主　　②降水较多

③农业用水少　　　　④城市排水设施落后

A.①②　　B.②④　　C.②③　　D.①④

4.下列人类活动会诱发或加剧洪涝灾害的有（　　）多选

A.兴修水库　　　　B.围湖造田

C.流域内植被遭破　　D.上游山区陡坡开荒

七、板书设计

1.洪涝直接危害

2.洪涝危害

3.洪涝的成因

4.洪涝灾害的防避

《自然灾害的成因——洪涝》教学设计 2

地理组　强燕萌

【教材分析】

本节教材通过对洪涝灾害成因、危害及防治等问题的学习，加强学生对自然灾害的认识。我国是一个洪灾频发的国家，以洪灾为案例实施教学，探究洪灾的成因，寻求防避措施，具有重要的现实意义。通过资料，分析洪涝灾害发生的原因既加强了学生对灾害的认识，又锻炼了综合思维能力，还有助于防灾减灾意识的形成。

【课程标准】运用资料，说明常见自然灾害的成因。

【学习目标】

1. 理解洪涝灾害的概念，说出洪涝灾害的危害。（人地协调观）

2. 运用资料，分析洪涝灾害的形成原因。（综合思维、区域认知能力）

3. 结合实例，了解洪涝的防灾减灾措施，树立保护环境的意识。（地理实践力）

【教学重难点】

教学重点：运用资料，分析洪涝灾害的形成原因；说出洪涝灾害的危害及防避措施。

教学难点：分析洪涝灾害的形成原因。

【教学过程】

新课导入：教师本人在 2021 年 7 月 20 日买票回家（西安）未能按时到达，猜一猜为什么？引出河南郑州由于暴雨而导致了洪涝灾害。通过一个小视频给学生展示今年夏天郑州的经典画面，启发思考：为什么郑州今年夏季洪涝如此严重？带领学生初步分析原因。

设计意图：引入生活案例，创设问题探究情境。学生通过现象问题思考背后产生的原因，并带着问题学习本节课的内容。

一、分析洪危害

问题：请同学们结合图片的内容，说说洪涝灾害有哪些方面的危害。

设计意图：运用相关图片，指导学生归纳危害，利于培养学生提取有效信息的能力。

二、模拟实验

介绍实验器材：无盖透明塑料瓶一个（如图所示）；瓶盖一个；水杯两个。

思考：有哪些方法可以使瓶子里的水更快从溢水口溢出？

实验一步骤：用瓶盖将排水口堵住；将瓶身倾斜约30°用手扶着水瓶，并用一个杯子往瓶子里倒水。

实验二步骤：将瓶身倾斜约30°用手扶着水瓶；用两个杯子同时往瓶子里倒水。

简介实验步骤，播放模拟实验视频。

学生观察实验，据观察结果说明造成洪涝灾害的原因可以从哪两个角度分析。

设计意图：通过观察模拟实验视频，让学生说明造成洪涝灾害的原因可以从哪两个角度分析。培养学生的观察思维能力，为分析洪涝灾害的成因打下基础。

三、合作探究

1.探究一：探洪成因

材料一：

材料二：城镇化快速扩张过程中，原有的河道、湖泊等透水、蓄水性强的"天然调蓄池"被占用、填平，被不透水的硬化地面取代。郑州市从2000年到2021年，不透水面积从373km²增加到了1147km²，随着城市发展这些调蓄湖如今基本消失。

黄河上游流经黄土高原，植被破坏，水土流失，大量泥沙汇入黄河。

到下游时，河水流速减缓，泥沙淤积，河道淤塞，抬高了黄河河床，使得郑州开封以下河段成为闻名的地上河，若突遇强降水，将加剧洪涝灾害。

问题：请同学们结合以上资料，分析在2021年7月河南郑州遭遇特大洪灾的原因？

设计意图：小组合作，让学生通过分析图、文等材料，分析出可能形成洪涝的原因，提高学生总结分析材料的能力、小组合作能力、区域认知能力和综合思维培养。

每组一位同学上讲台展示讨论成果，对照材料内容分析对应成因。点评组对展示组的成果进行点评补充。教师对学生的展示予以总结归纳。对材料中洪涝灾害的成因进行小结，

两方面：（1）来水：降水集中且多暴雨；植被少。（2）去水：河道弯曲；地势低平；河床抬高；地面硬化；围湖造田；占用河道等。(红色部分属于人为原因，黑体字部分属于自然原因)

设计意图：学生通过点评，提高口语表达能力和综合思维能力。引导学生形成正确的逻辑，明确影响洪涝灾害的成因。

【教学实践】

2.探究二：防洪支招——列举造成此次洪灾的原因，提问：针对以上原因，我们可以采取哪些措施来防避洪涝灾害呢？当洪涝灾害来临时，我们应该怎么办？

教师归纳：洪涝灾害来临时：（1）向高处转移；（2）求救；（3）借助救生设备或漂浮物逃离。

小组讨论3分钟，根据诱发此次洪涝灾害的原因，提出适当的防洪措施。

设计意图：教师列举洪灾成因，合作探究针对每个成因可采取的措施利于学生思维拓展、提高地理实践力。

3.探究三：引洪入思——如何打造"海绵校园"？

学以致用，结合所学知识，请你为学校出谋划策，为减轻学校暴雨时期的积水提出有效措施，并画在图中相应的位置上。

设计意图：让学生将所学知识运用于身边情境，培养学生的知识迁移能力和语言组织表达能力。

四、课堂小结：面对大自然，或许我们都是渺小的。大自然中的水，时而轻歌曼舞，时而咆哮不止，但究其根本，只有实现了人与自然的和谐共处，才能感受水的曼妙舞姿。只要我们运用科学的防灾减灾方法，一定能把灾害的损失降到最低。最后让我们共同祈祷：愿灾难远离人类，愿平安永伴家园。

设计意图：最后的总结结合时代背景，提升本节课的主旨，培养学生的人地协调观。

板书设计（略）

第四章　课改成效、成果及其推广

十年课改路，付出了许多汗水，也收获了不少回报。不仅收获了丰硕的理论和实践成果，还为响水中学内涵发展和教育质量提升，为提振全县教育信心作出了杰出贡献，获得了省市级教育主管部门多项荣誉表彰，得到了许多教育专家和教研机构的广泛赞誉。

	时间	成果名称	奖项名称	获奖等级	授奖部门
项目获奖励情况统计	2014年	基础教育课程改革	盐城基础教育课程改革先进集体	市级	盐城市教育局
	2016—2020年	教育工作先进评选	江苏省教育工作先进集体（3次）	省级	江苏省教育厅
	2017年	中小学校本课程评选	江苏省优秀校本课程评比一等奖	省级	江苏省中小学教研室
	2018年	中学课堂教学改革	盐城市"让学引思"课堂教学改革"先进学校"	市级	盐城市教育局
	2018年	"125"课堂教学模式	盐城市"让学引思"课堂教学改革优秀模式	市级	盐城市教育科学研究院
	2018—2020年	江苏省教科研先进单位评选（2次）	2018江苏省教科研先进学校2020江苏省教科研先进单位	省级	江苏省教育科学研究院
	2020年	打造高中"125"课堂教学模式的实践研究	盐城市基础教育教学成果二等奖	市级	盐城市教育局

	时间	成果名称	奖项名称	获奖等级	授奖部门
项目获奖励情况统计	2021 年	课程教材改革先进集体评选	江苏省高中英语、语文、物理课程教材改革先进集体	省级	江苏省中小学教研室
	2022 年	基础教育课程改革先进集体评选	苏省基础教育课程改革先进集体	省级	江苏省教育厅
	2023 年	青少年科技教育先进	江苏省青少年科技教育先进学校	省级	江苏省中小学教研室
	2017 年	中国好教育联盟联合	江苏六朝联盟副理事长单位	省级	中国好教育联盟

第一节　理论成果

"125"课堂教学模式改革是反转课堂教学理论和建构主义学习理论的延伸运用。它通过小组提前预学，深度反馈凝练问题，以及讨论释疑—交流展示—师生点评，在深度互动过程中完成对知识的理解和建构，以及能力素养的提升。

进一步完善以生为本、以教为辅的课堂建设评价体系。"125"课堂教学改革的分段逐级推进过程，彻底改变了传统的"框架式"评价和结果评价，推出了更加细致的"125"课前深度预学评价、小组合作学习评价、课堂讨论展示点评质效评价以及课堂内涵评价（包括能力素养培养和三观育人评价等），还建立了"125"考核的"逆进式"机制，即课改小组考核—教科处考核—年级部考核—教研组考核—备课组考核—学习小组自主考核。对好课堂的内涵、本质及评价方式等基本理论有了新的理解和定位。

为精准实施核心素养、立德树人提供独特的本校智慧和制度成果。反转自主预学、凝练"三案"设计、精准高效互动、激励展示生成，育生促师，育心育德，为新时期核心素养培养提供了有益启示，对立德树人理论和方法的完善具有积极意义！

第二节　实践成效与成果

持续近十年的"125"课堂教学改革，使学校师生面貌、教学生态、校园文化等发生了深刻变化。

1. 课堂效率和教学质量快速提高，教学生态和师生面貌焕然一新，课堂教学的育人价值不断提升。

多次深入课堂的当代好课堂专家冯恩洪盛赞"125"说："响中 125 课堂走出来的学生，自信、阳光又大方，走到哪里都会很优秀！"许多教师由衷感叹："原来课堂教学还可以这样搞！响中课堂真的有创意、有活力，是真正的高效生态课堂！"时任盐城市教科院院长顾俊琪称"125"为"盐城市课堂教学改革一张靓丽的名片"。2018 年赵娜娜、杨吉华分别获得"中国好教育"同课异构全国冠军总决赛特等奖、一等奖，艺惊四座！曹相月、常永兴等 5 位青年教师在江苏省青年教师教学基本功大赛中斩获一二等奖；沈爱华、仇巍巍等 7 位老师获得盐城市优质课一等奖；从 2017 年高考本一本二实现双突破开始，2018—2023 连续六年本一新跨越。《江苏教育教研》专版登载了《"125"课堂教学模式的校本建构》一文。

2. 教科研生态发生了质变，青年教师迅速成长，课改校园文化丰富多彩。

教师从畏惧、抵触课改到认知、理解、参与、创新课改，学校科研状态发生了质变。教研活动再不空闲懒散，而是围绕小组学习和"5 环节"过程，反复研讨。多年的实践形成了独特的"走、请、引、长"骨干教师培育模式，全校有省市级以上骨干教师 72 人。近 5 年就有 268 位教师在省市县赛课获奖。

近5年，有省市级课改课题12项，其中两项获批江苏省"十三五"教育科研规划课题（编号B-a/2016/02/19和D2020/03/27），发表课改论文200余篇，校本课程和课改资料16册。小组建设和教室外墙文化享誉市县区，各类社团60余个，承办大型教改活动15次。

3. 形成了分段打造、分层推进、逐级推广的构建体系，区域示范辐射作用显著增强。

（1）构建了高中三个年级循序渐进的"125"实践体系，形成了"仿模—建模—入模—优模—出模"分段演化系统。

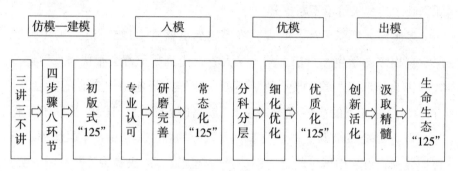

（2）从校内示范，到县市级展示，与课改名校开展教学竞赛；从承办市级以上课改活动到省市级学校交流，再到与中国当代好课堂深度合作，形成了可复制的"125"逐级推广体系。目前有30余所学校推广"125"教学模式。

（3）学校获评"盐城市基础教育课程改革先进集体""江苏省教科研先进学校"等8项教科研表彰。成功举行了盐城市"让学引思"课改现场推进会和"中国好教育联盟"第三届同题异构教学活动。至今共有14000余人次来观摩学习了"125"课堂教学。

取得的主要实践成果有：

1. 总结出一套系统的"仿模—建模—入模—优模—出模"的课堂模式建构体系和发展机制（"125"评价体系和"逆进式"考核机制），探索出"学校自主实践—骨干和专家引领—高端机构合作"的"三位一体"

课改建构模式；

> 高中三个年级"125"课堂样式构建的实践体系。
>
> 高一侧重宣传发动教育和师生"125"模式培训，特别是小组建设与教学五环节训练。
>
> 高二侧重开展针对"125"各个具体环节的调研和分析，不同课型的125模式构建与探索，以及"125"课堂的"走出去，请进来"活动。
>
> 高三侧重跳出"125"的"框框"，汲取其核心理念和课堂精髓，让"125"课堂常态化，实现真正意义上的创新教研，深度教学。

> **"125"课堂展示歌**
>
> 我自信，我最棒，聚焦点处来亮相。胸挺立，头高昂，面带微笑喜洋洋。
>
> 嘴里说，心里想，脱稿不再看师长。吐字清，声洪亮，嗯啊口语别带上。
>
> 一握拳，一挥掌，肢体语言来帮忙。面朝前，身侧旁，千万莫把黑板挡。
>
> 展示完，忙退让，褒贬评价记心上。

2. 构建高中三个年级循序渐进的"125"课改实践体系。

3. 形成了"走出去学、请进来教、引过来做、长出来带"的人才培育模式和教师能力提升机制。

4. 形成了多样化的"125"成果体系。课改论文、课题、课件、三案、荣誉表彰、校本课程以及阶段性实施和辐射推广的资料。例如："125"课堂展示歌、《构建高效课堂模式培训与初期建设途径》《"125"课堂改革二期方案》《"125"课堂教学量化考核方案》《基础学科不同课型的"125"课改方案和精品课例汇编》《"125"课堂教学改革的总结与思考》《课改成果汇总》《建设快乐高效的课堂文化》等。

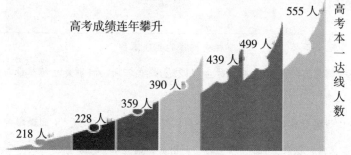

高考成绩连年攀升

高考本一达线人数

218 人　2017 年
228 人　2018 年
359 人　2019 年
390 人　2020 年
439 人　2021 年
499 人　2022 年
555 人　2023 年

课改相关论文与课题

在《中国知网》搜索关键词"125 课堂""响水中学"可以搜到以下 7 篇发表论文：

序号	论文名称	作者	发表刊物	日期
1	基于学科核心素养的高中思想政治课"125"课堂教学模式研究	杨陶	南京师范大学学报	2020-03-20
2	"让学引思"引领下课堂教学模式改革的背景、理念、成果	邵艳红于从明	中学课程辅导（教师通讯）	2018-08
3	"让学引思"引领下"125"课堂教学模式的校本建构	魏佳兵	江苏教育研究	2018-03
4	"125"课堂教学模式引导下的教育教学改革实践	邵艳红潘衡跃	考试周刊	2017-11
5	"125"英语课堂 改变教学样态	孙俊雅	教育家	2017-04
6	修复教学生态 打造高效课堂——从"125"英语教学模式做起	孙俊雅	教育家	2017-02
7	打造"125"思想政治让学引思真课堂	史素君	中学政治教学参考	2019-04

在《中国知网》搜索关键词"课堂教学""响水中学"可以搜到发表论文 327 篇；在《中国知网》搜索关键词"响水中学"可以搜到发表论文 710 余篇。

2015 年以来响水中学"125"相关省市级研究课题 13 项

课题名称	作者	时间	课题类别
《高中 125 高效课量模式的实践和评价研究》	魏佳兵 于从明	2017.12	盐城市教育科学"十三五"规划课题
《基于"让学引思"思想下的高中物理教学研究》课改相关课题	杨吉华	2016.1	教育部中国智慧教育"十三五"规划课题（结题）
《基于"让学引思"的高中学生小组合作实效性研究》	王建祥 赵娜娜	2016.12	盐城市教育科学"十三五"规划课题
《在高中化学实验课中实施心理教育的研究》	陈仕功 李宗来	2016.12	江苏省中小学教研室研究课题
《互联网＋背景下地理生态课量的建设研究》	于从明	2016.12	江苏省教育学会"十三五"教育科研规划重点课题
《探究式教学法在中学英语教学中的应用研究》	黄欣风	2016.12	盐城市教育科学"十三五"规划课题
《基于"让学引思"的高考复习有效课量创建研究》	邵艳红 王加洋	2016.12	盐城市教育科学"十三五"规划课题
《深度学习视域下高中生多元学习活动的案例研究》	张大春 于从明	2020.04	江苏省教育科学"十三五"规划立项课题
《盐城农村基础教育高质量研究》盐城市政府社会科学基金项目课题	张大春	2021.06	盐城市教育科学"十三五"规划课题
《中学地理课堂教学模式及其操作基本流程的研究》	于从明	2015.12	盐城市教育科学"十三五"规划课题
《高中英语教学中立德树人实践与评价研究》	于从明 邵艳红	2019.04	盐城市教育科学"十三五"规划课题
《"让学引思"引领下情感策略在教学中的应用研究》	邵艳红 潘衡跃	2018.11	盐城市教育科学"十三五"规划课题
《高中思想政治议题式教学策略的实践研究》	董文汇 史素君	2019.04	盐城市教育科学"十三五"规划课题

2016年以来响水中学课改部分省市级研究课题立项证书

15-2020响中教研合影

响中教研125专版封面

响中教研2015封面

响中教研2018封面 001

2016年以来响水中学课改类校本教材和《响中教研》

343

响中教研2018封面   响中教研2019   响中教研2020封面   响中教研20182期封面

2016年以来响水中学课改类校本教材和《响中教研》（续）

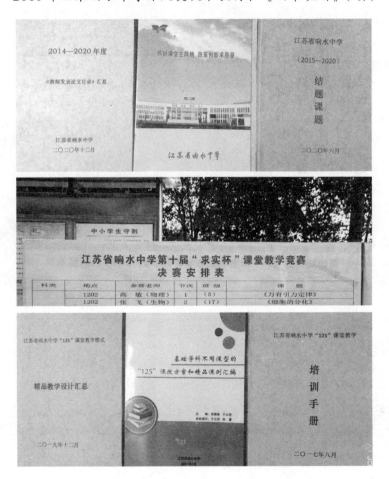

江苏省响水中学2014—2021年课改材料汇总

曹相月、赵娜娜等 5 人获江苏省教学基本功大赛、优质课大赛和中国好教育冠军总决赛一、二等奖。

　　学校近五年有市级以上获奖课件 168 节，市级以上获奖课改论文 230 多篇。涌现了一批领军型教研人才，如江苏省特级教师、中学正高级教师、江苏省教学名师、市学科带头人、市教学能手等，计 72 人。

学校获评"盐城市基础教育课程改革先进集体""江苏省教科研先进学校"等 12 项教科研表彰。获评市县名师工作室、市级"四有"好教师团队 16 个。

第三节　课改成果展示与推广

1. 承办市级以上课改活动

（1）承办盐城市"让学引思"教学改革现场推进会。

2017 年 12 月 19—20 日，盐城市教科院院长带领各学科研究员和全市所有高中学校的校长、金太阳专家以及本县中小学校长、部分教师，共 1000 余人，一起现场见证了江苏省响水中学 40 多节"125"新课堂展示课，与会人员对"125"课堂教学模式给予了充分的肯定，大家赞不绝口。许多教师由衷感叹："原来课堂教学还可以这样搞！响中课堂真的有创意、有活力，是真正的高效生态课堂！"时任盐城市教科院院长顾俊琪称"125"为"盐城市课堂教学改革一张靓丽的名片"。

"125"课堂模式响水中学的课堂教学改革推进会现场　　　"让学引思"课堂改革推进会与会代表观摩响水中学的"125"课堂教学

"125"课堂模式响水中学的课堂教学现场学生点评　　　"125"课堂模式响水中学的课堂教学师生讨论现场

盐城市"让学引思"现场推进会响水中学课堂教学师生讨论现场

（2）联合金太阳教育集团开展"同科会课""同题异构"活动。

（3）主办江苏省普通高中高品质发展"七校创新联盟""江苏六朝联盟"活动及人民教育家培训对象"牵手乡村教育活动"，展示"125"课堂。

2. 与国内外学校合作交流"125"课堂教学改革

东台市富腾中学　　　　　　　　　省"九三"学社代表

盐城市第一中学　　　　　滨海八滩中学　　　　　盐城市明达中学

已有 14000 余人次来观摩学习"125"课堂教学，30 余所学校推广了"125"教学模式。

3. 从一年一度的"求实杯"县内示范，到省市级对外开课活动

4. 与课改名校开展教学竞赛

江苏省响水中学第五届"求实杯"课堂教学竞赛决赛结果

根据各组成绩统计结果，现将决赛结果公布如下：

一等奖（5 人）：单春霞　冯　议　王东方　李　英　王建祥

二等奖（10 人）：王玉莉　蒋　瑶　刘　启　吴冬梅　卜志明　邵艳红

　　　　　　　　曹相月　彭贞珍　熊　洁

三等奖（17 人）：殷　明　王通才　任青雅　肖甫春　黄玲玲　范连兵

　　　　　　　　李长梅　梁洪花　姚　建　王金宇　卜利萍　薛　峰

　　　　　　　　黄志和　高明明　董文汇　解学文　张　志

2016 年 1 月 8 日

5. 与中国当代好课堂及著名教育专家深度合作，向省外推广

6. 在 30 余所学校推广"125"教学模式

证　明

2017年10月23日，我校领导和部分青年教师赴江苏省响水中学，现场观摩学习了10市"125"情态课，教学过程中，学生大脑质疑，大力点拨，思维多，方法多，生成多。课堂富有弹性、张弛有度、高潮迭起，同时愉悦心灵，兴趣盎然、回味无穷。既提升学习兴趣，提升思维品质，养成思考习惯，又能提高综合能力，促进师生多元发展。我们深为响中课堂中的学生表现折服。

相信经过"125"课堂密陶的学生自信自律，阳光又大方，走进大学，走进社会，善于表达和合作，勤于学习，善于自主反思，走到哪里都会很优秀！活动结束后，我们还参加了现场精彩的评课活动，大家对在打造高效课堂过程中取得的丰硕成果赞誉。

回来以后，借鉴了"125"课堂的优点，对我校的课堂方案作进行了优化，并将与其校本课程在我校推广使用，受到师生普遍好评，对教科研发展和课堂效益提升的作用很大。

响水县响水中学
二○一九年八月十五日

证　明

2019年11月22-25日，我校部分青年教师赴江苏省响水中学，现场观摩学习18市"125"情态课，学科素质研周展开的置学习分析题"反物常识"启动，每次素质学习交流及至正式的"哈学帮"，启入展"进取问题"上步，教师课让他心能心自注相交各知整题，未同达成起，第三教用社会，解读、悬疑，点评多小组活动，全师于研成果至，完善见克，行化和节，熟整包私，进行"甚无问题"，"自有点化"，"七点美思研评价"，患内引你，诊评多，信用之评，增和互动，课堂也了竞争意识，素养能力教养生。

我们很为响中学学堂中的师生教授服被，为你校弄得追进这些优过程中综等到的丰硕成果。

2020年至今我们推出了"125"课堂的优点，对我校的课堂方案进行进行了优化，并与其校本优选与我校推广使用，受到师生普遍好评，对教科研发展和课堂效益提升的作用巨大。

河北省衡水武中学
二○二○年八月十八日

践行学思融通优理念打造灌江中学好课堂

——响水县灌江高级中学举办课堂教学改革推进研讨活动

为大力践行学思融通理念，打造适合学生发展的"125"好课堂，灌江高级中学于12月15—17日举办课堂改革推进研讨活动，本次活动邀请盐城市"研学创优"好教师团队参加，学校全体文化课老师参与。

7.《响中教研》《灌河教苑》《盐城教育研究》《江苏教育研究》专版专刊宣传报道

8. 在省市级活动中开设"125"课改讲座

第四节 当代好课堂

——冯恩洪校长在"125"课堂交流活动中的讲话
（根据讲话录音整理）

一句话叫"最好的话要到最后才说"，实际上，凡是经历过的人都感觉到的是"最好的话到最后难说"，因为前面的说话太精彩。魏书生老师，他是一篇散文，但是他形散，本质上却不散。我第三次听魏老师的"我懂付出的意愿"，这就是回归教育的本质，回到原点，问道方圆，回归教育的本质。教育该怎么办呢？答案不是复杂的，不需要1234。我刚才和灌江高级中学的副校长在说，第24、第25届应养成举办现场会的好习惯，我们会组织有兴趣的各个学校一起去现场观摩，因为每年现场会都是10月19号，是辽宁盘锦最适合开会的季节。教育不是复杂，教育被不懂教育的人搞得复杂。我们现在的责任是回到原点，回到教育的根本，长期坚持。你看他说的7点也好8点也好，实际上不需要折腾，我们就能提高教育的社会获得感。今天上午我出席了揭牌仪式，桑副县长主持了揭牌仪式，郭县长发表了热情洋溢的致辞，感谢书生校长也给予了三点鼓励。同学们，我是今年5月到洛阳魏书生中学，我在魏书生中学两天的考察，受益良多。我懂得了抓住根本、问道方圆、守正初心的根本原因。

一个人的名字可能是一个生命的符号；一个人的名字，也有可能成为一种文化的标识。人要追求生命的长度，人还要追求生命质量的宽度。所以，为什么我会到中学来，我早就说我到过40多个国家，进过168所世界名校。我走过的地方都告诉我，中国教育有中国教育的优点，西方教育有西方教育的长处，判断教育的对错实际上是看教育能不能服务科技进步、经济增长、社会发展，只要能服务于推动社会进步、经济发展的这些都是动力。我们中国不是只有长处没有短处，西方的教育也不是只有短处没有长处。因此，人类最好的教育，就是在互联网时代出现一个融合，把西方最好的和东方最好的组合在一起。

瑞士一所私立大学的副校长在上海问了一个有趣的问题，中国的学生还没学会学习怎么都跑到国外去了？这样的投资不是一种浪费吗？我说，你能说得具体一点吗？他说，你们中国提出让学习发生，让学习发生在我们瑞士的大学里是这样发生的：我们提前两周布置学生或者图书馆借阅或者书店购买两周后要使用的教材，要求学生两周之内阅读完毕，阅读完毕以后，你没看懂的地方请提出问题，老师收集了来自学生的问题以后，看最有价值的提纲、核心问题在哪里，然后选出最有价值的问题；学生合作、自主探究、组织交流，各小组之间发现问题的时候老师及时解说。因此，我们的学习是指没有问题的时候，要让问题发生，遇到了有价值的问题，再解决有价值的问题，从有问题到没有问题的过程发生这叫学习。因此，他给了我一个很重要的习惯，那就是教学设计。我们聚焦教学设计，并且，现在我们都很重视一点，就是一个知识点怎么讲就能设计。这是对的，这是重要的，但是，教学设计不是只重视知识点，更有价值的问题不能丢掉，这就是我今天要讲的课——课堂讲究。

课堂价值要不要设计？如果我没有知识点讲述过程的设计，只有课堂价值的设计，会不会捡了芝麻丢了西瓜？各位师长，我认为课堂价值是首要的教学设计。我指的课堂价值是指全世界的课堂都由三个要素组成，这三个要素，第一个是教材，第二个是学生，第三个是教师。国外的教材是老师自己选择，是老师根据教学目标选择适合本班学生的教材；中国的教材是政府编写的，我们不能选择，我们只能执行。国外教师自选教材的原因是国外是去文本化考试，教的永远不考，考的永远不教。因此，学习是要培养学生阅读能力、分析能力、理解能力、表达能力等能力的迁移。面对你从来没接触过、老师没教过的文章，在这个时候，你的能力得以展示，这是文本化考试和去文本化考试的根本区别。

因此，各位老师，我们一节课的教学设计是三要素的关系，是老师、学生、教材三要素的关系。怎么整合这个问题不能掉以轻心，不能忽略。也就是说，支撑了环大西洋经济增长的教育，它的教材、教师、学生三要素的关系是老师带着学生走向这里，老师带着学生发现真理、认识真理、发展真理。我们忽略了教学设计，忽略了在课堂价值上的教学设计，最后，我们的课堂变成了老师带着真理走向学生。老师带着真理走向学生，其价值是知识的教授。而老师带着学生走向真理是在知识认知、生长的过程当中培养学生发现问题、解决问题的能力，这才能走进书生校长讲的叶圣陶先生的那句话，就是"为了不教"。

今天，疫情和疫苗的关系至少给我们一个深刻的启发：原来，战胜疫情的疫苗不再是现有的知识，在昨天的知识库里是找不到的。需要我们用知识的库存来解决，找到对症下药的新的方法。这一场疫苗的研发在告诉我们，知识的积累是重要的，知识的应用比知识的积累更重要。没有疫苗、没有这些含辛茹苦的科技工作者，我们怎么能实现大国责任、大国担当。所以，首先，我们要问自己：我是带着真理走向学生，还是我是带着学生走向真理？这是第一。第二，才是基于知识点，是"学生在哪里？学生到哪里？学生怎么能到？学生到了吗？"的教学过程设计，因而这个问题很重要。我强调一句话：今天的教育家，就是10年以后的响水公民；今天，一个区域公民价值的缺失，实际上就是10年前课堂价值的缺失，这就是我们的教学设计。小的方面，我们要抓住知识点设计，搞清学生在哪里、到哪里以后，设计怎么到；我们的教学设计如果说得高一点，今天的课堂价值是决定着10年以后我们本地区的公民素质。

在海南，我遇到一件事，我很不习惯。省级实验性示范性高中在天气37℃时，老师穿着人字的夹脚拖鞋，学生也穿着人字的夹脚拖鞋。我想，海南的气候气温和香港、澳门是相同的，但是，在香港、澳门的每一个学校里，小学、中学、大学学生都没人穿着夹脚拖鞋。香港明确规定只有两双鞋可以进校：第一个是白色的旅游鞋，第二个是黑色的大头皮鞋，除了这两双鞋，其他鞋子谢绝入校，这是香港学校的规矩。所以，香港我的感觉是香港的学生味特别强。海南的这个学校叫屯昌高级中学，我和屯昌高级中学的校长说：如果你们的学生把这个习惯带到北京、带到上海，走进大学、走进教室，教授、同学会以异样的眼光把你从头看到脚。在屯昌习以为常的事情，到了北京、上海等文化发达的地方，人们会以异样的眼光打量我们，这就是课堂价值的缺失。你们用的是屯昌标准不是文化标准。所以，我今天上午在揭牌仪式上讲到了一件事。2018 年 5 月 8 号，当时我的课堂服务于贵州，那时的三县指挥部在六盘水市，这是一个大山深处的地级市。在那里，我小学推得很快，从中指挥得很成熟，但是，高中步履蹒跚。有一次晚餐上，我说了一句话：带你们 3 所高中，带得我累死，还不如我自己办一所高中，做给你们看。第二天，所有在场领导都叮嘱我这一句话：欢迎好课堂实验中心落地。我的指导思想很鲜明：我做好课堂实验中心不是做精英教育，而是做大众教育，大众教育起点高冷，水涨船高，一定会成精英。因此，到招生的时候，因为市长大力支持，所以，我谢绝了政府的好意，放弃了贵州省第一批省级实验性示范性高中招生的机会。既然省级投档我都放弃，我同样很潇洒地宣布放弃第二批地级市的实验性示范性高中的投档机会，这样，我变成了第三批。普通高中入学的时候，我遇到了问题。那就是在四十所普通高中，我又没有时间宣传招生。我们当时投档线的第 1 名和第 240 名，我分成 40 人一个班的小班，共 6 个班级，第 1 名和倒数第 1 名有 321 分的差距。也就是说，这对我是一个考验。在就近入学的情况下，我能不能结束起点决定终点的历史？我自己思考，如果过程相同，起点一定决定终点。但是，我志在对传统过程中守正初心。

老师的一桶水和学生一杯水的关系是有道理的。但是，在传统课堂当中，中国的课堂是没有教学设计的，我们的老师从上课到下课都是讲，因此，我把老师带进"三讲三不讲"的教学设计过程。

三不讲：第一，全班都对的、都会的，老师不讲。全班都会的，如果老师再讲，教师本身的学术魅力就会缩水。第二，看书能纠正的错，老师不讲。就让学生带着问题看书。第三，是合作能纠正的错，让学生自己教自己。但是，如果错误集中，这个时候，解决问题的方法是老师的传道授业解惑。所以，我大胆地运用我在全国两千多节课当中所听到的、学到的东西，这样，我定能改变过程，让过程守正初心。最后，我们用六盘水市倒数第一名的招生录取线交出了三次模拟考试超过六盘水市首批录取的第4所省级实验性示范性高中的成绩，用第三批生源教出了超过六盘水本地4所省级实验性示范性高中的成绩。这个结果大大地在我的期望之中、意料之外。三年前的开学典礼上我说了一句话：我一辈子都没加过一节课，没补过一天课。因此，在受了增加权限时，我起立跟全体老师鞠躬，拜托各位老师不要让本校长为难。我追求的是学习的时间冲的结果，这叫绿色评价，这叫追求效益，我不允许低效益的课堂延伸，我刻意追求课堂教学的有限时间的有效利用。

现在想想，我在改变过程当中改变了4点。我们让贵州六盘水市最低投档县的普通高中最后交出了超过4所省重点高中的模拟考试质量。看来，找准一个支点是能够把整个地球撬起。那这个支点是什么？我先解剖，我抓了以下4件常规的教学质量管理忽略的事情。第一点，我培养学生的学习能力。学会学习完全可以通过训练达成。作为原生态的自然人，我的学生在大山深处，比不上北京、上海的学生，但是，那是自然人的状态。教育的四大手段中，第一是熏陶，第二是课程，第三是训练，第四是明教。如果通过训练学生的学习能力，结束学生自然人的学习状态，结果会怎么样？因此，我考虑一下，把8天的军训延长3天，我们原来的军训叫军事训练和政治训练，我延长3天，加上学会学习的培训。我曾要求的第一个目标，是学会有效地逆袭。第二，学会发现问题；第三，学会合作探究；第四，学会合适表达。这4个学会，我们训练了3个。全国11个省的教育参观队参观我的六盘水的好课堂实验中心，书生老师 2019 年 5 月也去了，大家看了以后赞不绝口。北京石景山区的左区长，他是北大历史系的毕业生。他看了以后告诉我，你的生源比石景山的生源好。我听了以后说：谢谢左区长，这句话对我是莫大的鼓励。我们的学生连高铁都没见过，个人学习能力怎么会超过皇城分校？因为北京的学生是皇城根下的自然人，我的学生是教化过的人。你今天给我的鼓励是：教化过的人可以超过原生态的北京同龄人，这一点就是文化的力量。你这个鼓励太及时了，我太需要。

4 个学会，本质上是相信学生有潜能。教育的真谛，优秀的教育，就是发现并发挥孩子们的潜力。4 个学会培训的结果他出来了一个课堂，课堂教学为 15+30 的模式。一节课中老师点播，引导，讲授的时间不超过 15 分钟，学生准备，交流合作，展示，课堂生成的时间不少于 30 分钟。因此一年以后，我们建立了一个 15+30 的高压箱，一节课如果超过讲授 10 分钟，我们所有评委不打分。发展学生的学习要靠引导，还要靠管理。中国的晚自修老师是习惯进场，甚至变成课堂的延伸，我说要让晚自修体现自学本质回归。老师在办公室里，学生个别来访、答疑，让学生自己管理自己。但是第一年第一个月下来，我们很不成功，有 37 个学生自己管不了自己，还影响到晚自修的秩序。老师不能天天起得最早，睡得最晚，老师也要有体面的人生。这个环节冲破了体面人生，什么虚幻虚拟，实事虚办。我召开 37 个学生的家长会，我跟家长讲养不教父之过。203 个学生，和你们孩子的同龄人能自己管理自己，怎么你们的孩子自己管不住自己？我们分析下，为什么同样的老师教有不一样的结果？因为同样的老师教，面对不一样的家长，作为父母你们失职了。因此我决定开放第七教室，这 37 个同学晚自修离开本班教室集中管理，请你们 37 个家长自己排好班轮流来值班。我哪知道 37 个孩子的其中的一个父亲是当地教育局的副局长。他告诉我说："你的批评害的我灰头土脸，我承认养不教父之过，但是我们这些人只有上班的时间，没有下班的时间，你叫我来值班我实在力不从心。"我说："你力不从心，你花钱雇保安带，"

咬紧牙关撑了一个月"。最后家长第一个没面子，第二个要掏"票子"，这个结果让他心疼。第一月结束以后产生了极大的效果，37个同学初步养成了自学的习惯，回到班级教室。之后到现在三年没有出现过第二次。

第二就是精准分析学情。中国老师很有责任心，但是中国老师备课的时间错了。这个做教学设计的时间要按照目前的习惯后一步，也就是说老师的备课是在接触教材的时候就开始了，或者我把它叫作一备。一备的特点是把知识问题化，把知识问题化有利于发现学生问题在哪里。二备是从知识问题化以后，我们的老师批改过导学案、分析学情以后，知道哪些知识点不用讲，哪些知识点带着问题看书能纠错，哪些知识点合作能纠错，哪些知识点需要老师传道授业解惑。这样才有课堂教学的真正的效益。今天我在灌江高级中学高一听了李老师的数学课。我在看学生合作的时候，我无意中翻了6个学生的书，我发现都有批阅痕迹。所以下课以后我问老师是否改过导学案，他说改过。我说你的教学设计和导学案是什么先后关系？他说当然导学案在先，教学设计在后。我说棒极了，我给你点个赞。因为这一句话，说明灌江高级中学李老师的心里，已经走出教书，走进用书教。因为走进用书教必须精准分析学情，是这是我抓的第二点。

我抓的第三点，就是合作。一个人不能解决的问题，不等于4个人6个人不能解决。合作是一种能力，是一种成功人生，幸福生活必不可少的一种能力。这种能力不靠遗传，要依靠训练。这就给我们提出了一个要求，就是老师要诱发合作的需要、组织合作的进程、享受合作的成果、养成合作的习惯。没有积极的合作行为，永远不可能变成习惯。

我们抓的第四个要点，那就是让我们的老师学生是集体的，老师不应该是个体。中国的老师言是虚的，教是实的。支撑老师个体面对学生集体的最好的幕后活动就是老师形成教研共同体。这个时候，课堂效率才会变成最高效率。教研共同体做什么？起到以下两个作用。第一个是知识点和合适点。知识点是国标，全国相同，但不是合适点，当灌江高级中学与响水高级中学投档线不是一个投档线就决定了一点。合适点是校标，甚至于是班标，永远不可能是国标，没有差异的，学生要进一步，进一步让他们进行一些合适的教育工作。我们发现响水中学是咱们本地区教育干部培养的黄埔军校。我在响水中学课堂里看到的学生的行为习惯、学习习惯，在灌江高级中学也全看到，这些行之有效。所以正确的就要发扬光大。但是响水中学的最近发展区和灌江高级中学的最近发展区，不应该也不可能是同一个发展区。正因为不可能，我们才要研究合适点在哪。响水有响水的特色，灌江有灌江的特色。现在说接轨上海，响水向上海学习，这个结果也包含上海应该向响水学习。所以这个2个合适点不能掉以轻心。霍林斯基的观点，最近发展区的观点，人的发展是在最近发展区里实现，因此我们倡议学校要找到适合本校学生发展的最近发展区。第二，我强调了教研共同体，那就是研磨课型，控制题型。一门学科题型有多少种，没有一个老师能一下子讲清楚，题目总是做得越多越好。但是刘斌，原来教育部基础教育的副部长，有一次在北京请我到他家里做晚餐。他跟我说原来的文件叫精讲精炼，让我们老同志们说勤能补拙呀，干吗要精讲精练呢，要精讲多练。一字之差，影响全国，这不是老领导主动承担责任，实际上还与中国的文化背景有关系。你初中教平行四边形，围绕这个知识点常见题型有多少种？一个人回答不了这个问题，但是一个团队能回答这些人。对不对？这就是教师共同体。题目是做不完的，但题型是可控的，我们在这个可控的这里能卡住他，举一反三，触类旁通，这样题目就不是要做的越多越好。数学课型有3种，新授课练习课和复习课。理化生，课型有四种4种加上1种实验课。英语课最复杂课型有6种，生词课语法课、阅读课写作课、练习课复习课。如果高中面临高考，我们要有一个试卷分析，试卷回答的课型研究，那么即是高中常见的几种课型。因此4800节课是没法抓的，但是4800节课抓住常见的几种课型，我们能不能举一反三，触类旁通？所以到灌江高级中学，我第一次在魏书生校长的鼓励下，他支持我建立一个研基地，我知道这里没有给我做吃不准的工作。但是我们用我们在贵州六盘水市的第三批投档的生源超出了当地省级实验性示范性高中，而且我们不是超一点点，不是完胜，我即使用他本科最好的学校来看，我还超了他6个百分点。6个百分点是有意义的。就是人不能没有梦，没有梦的生活是枯燥乏味的，梦的价值在于追求，梦的实现全靠奋斗。我更关注的我还有一个梦。融汇中心的课堂应该是什么呀？融汇中心的课程应该是什么呀？融汇中心的评价又应该怎么样？一句话融汇中心的中心的管理。我想互联网时代是融汇中心的时代。谁能把西方最好和东方最好成功的组合在一起，就能搭建融合教育时代人类教育的平台。我多么希望这个平台和响水相关联。

最后，我特别强调：要发展学生的学习能力；要建设好课堂文化模型；要找出学生最近发展区；要逐步建立教研共同体。

今后在响水各所中学，跟这里的同仁们志同道合。我们来到地球上不能白白走一趟，人生为你大势而来！请各位同仁们，帮助我们实现在响水县建设教育时代的教育高地我们的教育梦！

结束语

在当前应试教育、知识教育仍然占据重要位置的时代，站在"终身发展""神圣课堂"的角度，反思"125"课堂教学模式的构建过程，依然有许多有待完善和改进之处。

从学生学习角度来看，课堂探究和点评的深度、灵活度以及生成度，还不能保持课课尽善尽美；学生探究时间和生成问题的处理程度，与课堂容量大小和目标的达成度互有冲突；

从学生成长的角度来看，"125"模式注重合作探究、质疑点评，对于头脑灵活、性格活泼外向、语言表达能力好的学生是一种享受。但是，对于内向腼腆、不善言辞的部分学生则有为难之处。长此下去，可能影响其个人发展。

从教师教学角度来看，教师参与课改主动性和个人能力，直接影响教学效果和育人质量。间或有部分教师被动应付，敷衍执行"5环节"的现象。

从"125"的发展角度来看，主观地将其分为四个阶段，并分学科、分层次、分年级进行打造各个阶段的"125"模式。逻辑上、学术上都未必科学严谨。另外，对于所有学科或同一学科的不同课型，"125"课堂教学模式并不能保证都是最好的。同时课改尚未实现高一、高二、高三年级之间的有效贯通。

与新课标、新课程、新高考相匹配的"125"科学构建体系和评价机制尚不完善。

"125"课改需要进一步探索的主要问题有：

如何构建科学系统的，符合不同学校、不同学生特色的课堂教学模式体系，如何建立适应性更好更广，能实现高中年级有效贯通的新课堂模式，这是项目组今后面临的主要问题。

如何破解教学中对学生探究和生成问题的处理程度，与课堂容量大小和目标的达成度之间的矛盾。

能不能将新课改、新新课标、新高考和新时期的"三程"建设与"125"新课堂模式构建有机融合，相辅相成，打造与时代要求高度契合的"生命生态"课堂，这是项目组今后研究必须解决的重大课题。

正如社会创新学院创始人顾远老师指出，很多所谓的"教育创新"更像是给现有教育"续命式"的创新。如何改变这种"补丁"的教育创变？是什么阻碍了教育的真正创新及创新推进流程？如何突破技术层面，让理想的教育变化真正发生，使我们教育改革者共同的追求！

遵循教育的底层逻辑，培养教育的顶层思维。如何点燃孩子的求知欲望与唤醒生命的力量，使孩子自信自觉自主地成长和积极探索未知的世界，应该作为"125"超越核心素养培养目标以上的新目标！

与所有的科研活动一样，教育教学要不断更新理念，创新实践，教育发展才有希望。有想法有思考才会有创新，敢于实践总是胜于墨守成规。唯有行动才是真实践、真探索。"125"课堂逐步辐射省内外，面向"三新"、"三程"和"立德树人"，正在积极融合新时代云数据和信息技术，创新教学教研，创新育人育师，阔步向前！

课改是一片广袤的天空，教无止境，学无止境，课改亦无止境！坚持在持续的改革实践中探索课改新思想，在长期的交流学习中提升课堂新境界，延续创新教学的不懈追求，为学生成长、教师发展、教育进步注入不竭的动力，是课改的境界和使命！我们愿做一个行走者，欣赏者，体验者，思考者，我们会坚定不移地走下去！

后 序

江苏省响水中学　张大春

课堂是实施教育的主阵地，课改是教学发展中永恒的主题。沉思课改，深思课改。其形式上的千变万化，掩盖不了实质上的殊途同归。去异存同，去粗取精，课堂教学改革大多是改进改善师生关系，让学控教，调整并优化师生角色，做到美乐教学，美化课堂。只有深切理解课堂在人的成长中的神圣地位的教师，才会真正敬畏课堂，才会真正持续研究课堂！

细细总结下来，学校课堂教学改革主要从以下五个方面入手：1. 改教学理念（看法、思想、认识、观念等）；2. 改教学管理（相应规则、体制、政策等）；3. 改教师培训（内容、方式、方法等）；4. 改教学模式（流程、方法、结构等）；5. 改课堂文化（师生关系、室内外环境、小组建设、小组互动、学案设计、情感交流、思维碰撞等）。

按照《深度思维》的解释，如果要创新课改，追求课改的层次和境界，则既要注意横向发展，拓展改革的切入角度（学生、教师、教材、教具、教法、平台及背后的理念），又要注意纵深推进，就某一切入角度向前推进（深入研究，深度打造，深化成果）。科学运用"前人栽树，后人乘凉"的逻辑思维方法，既要注意收集传承，沿袭传承，整合以往经验，传经送宝，更要注意延伸、发展、传承。

作为课改的倡导者与领导者，还要具有系统（整合）思维和宏观（整体）思维意识与能力。要能在看似复杂无序的理论和实践中，保持清醒的思路，抓住重点，控制进程和方向，有时需要及时止损；同时，要有大局观念，从整体上引领课改，科学实施，稳步推进。既要注重经验总结、内涵建设，更要注重理念创新、实践创新。

"125"课堂教学模式改革立足于已有的"271""四步骤八环节"和"三讲三不讲"等课堂教学模式进行深度改革，不断地推陈出新，不断地尝试推进深度课改。例如：鼓励全体教师利用好"125"课改平台，创新拓展，深度推进，走进"125"课堂教学模式；鼓励教师打磨优质课例、课件、学案和设计，完善"125"课堂教学模式；鼓励教师吸纳兼容其他模式，优化"125"课堂教学模式；鼓励教师从"125"课堂教学模式中出模，取其精髓，常态化推广；打造"125"生态化课堂，让"125"变成一种成熟的自然而然的教学范式，变成一套成熟的教学风格，一种优秀课堂文化！

"125"课堂教学模式改革始终坚持与时俱进原则。在不断调整改进师生互动方式的基础上，坚持与素质教育、新课程标准、"三程"（课程、教程、学程）建设、"三新"发展相融合；不断提升学校课堂文化和校园文化内涵，提升教师"教"的境界和学生"学"的境界；由倡导学生主体到实施到多样化创新实施；由倡导课改到实施到追求完善和创新课改；由课堂延伸到课外，由教学改革延伸到教研教育改革，带动对教学本质、教改人性的二次追求和教学正义、教学哲理伦理的深刻反思和反省；从而带动学校文化和师生精神面貌的深刻变化，包括师生精神、理念和自由创新品质的改变。

关于"125"课堂教学改革的反思。我们也清醒意识到"125"新课堂正处于发展过程中，还有许多问题等待我们去思考、去分析、去解决。如"125"的局限性在哪里？如何建立课改的科学评价机制？如何做到对课改深度反思，是否就是站到哲学高度反思教学，反思课改？！"125"目前还仅限于教学模式与学习方式的改革，对于精神层面、思想道德和终身发展层面的改革虽有促动，但稍显肤浅。后期推进进程缓慢，推广力度不足，终极目标不够明确！

我个人认为对课堂教学的认识、研究和探索不可能有终点，永远在路上。"125"新课堂表面上看是一种模式，实际上是一种理念，一种思想。所以如何依据不同学科、不同年级学生的特点、背景，把"125"新课改的思想科学、灵活地运用到课堂中，使课堂不仅取得高效，更能散发出生命的光辉，才是"125"新课堂追求的更高目标。

怎样让"125"新课堂从有形走向有神，再从有神走向有道。这是"125"新课堂的发展方向。我们还可以加以动态视频包装，让"125"持续扬光！一个改革创新的理念＋一位坚强有为的领导＋一套科学系统的制度＋一批推进得力的措施＝今天的"125"，生动·生态·生命课堂，让"125"成为常态下的习惯，变成一种成熟自然的教学范式，形成一套成熟的教学风格，一种优秀课堂文化，促进学校内涵发展，以教学文化催生新的教育文化！是"125"追求的至高境界！

心之所向，行之所往。老子道德经：天之道，利而无害；人之道，为而不争！对于教师而言，听从内心的声音，追求教育的本真，回归学生成长的人性；对于学校而言，脚踏实地的实践，就是对"课堂改革"最好的回应。走到今天的"125"课堂教学模式改革，带来了学生学习生态的变化、教师教育生态的变化，必将带来整个中国教育生态的变化。

虽然探索征程布满荆棘，但课改之路漫漫，漫漫征途，我们将持续付出感情和汗水，定会收获不断，硕果累累！吾辈责无旁贷，心无遗憾，甘心负重，承载使命，永不言弃！

"125"课堂，是新时代的生成·生态·生命课堂。假以时日，"125"足以腾飞，必将在教学领域持续绽放光芒！

2023 年 8 月

编后记

根据教育界同仁的提议，今年春节和课改领导小组几位同志协商，初步计划年内完成首版反映响水中学十年"125"课堂教学改革历程的书籍。特别委托教科处牵头，其他部门协同，张大春同志负责策划、联络、统筹计划和审编等工作。于从明同志负责组织统稿、编写。

关于书名，刚开始定位《课改反思录》，但是经过课改领导小组的同仁讨论，认为本书侧重反映的是学校课改的实施之路，以时间为线索详实地记录了全校上下以项目化建设为目标，逐步由浅入深、由表及里、由形式到本质进行四期课改的全过程，包括研究计划、制定方案、成立机构、阶段总结、反馈整改和合作、展示、交流、推广等各环节的具体措施和对策，还穿插了一些工作思路、教育思想、教学理念的及时感悟和调整。期间，还伴随着教育倡导素质教育到立德树人的发展，教学倡导三维目标到学科素养的转化，"125"也不断与时俱进，因时因势而变。但是，坚持"1个理念、2个关键、5个环节"的本色始终未变，追求课堂教学改革步伐，不断提升课堂质效，促进学生终身发展的初心永远不改。

因此，经过多次交流，最后确定出版"125"书名为《项目赋能，向高品质课改深度前行》，副标题是《江苏省响水中学"125"课堂教学改革十年实践与思考》。虽然名称长了点，但是，真实反映了我校十年课改的心路历程和实施过程。

本书内部结构按照前瞻性项目的形式呈现给大家，就是：一课改前奏、二实践征程（一到四期）、三课改教研、四课改成效成果与课改交流推广。其中，重点放在二实践征程（一到四期）部分。以图示形式向广大教育同仁汇报"125"课改的建设框架，正文则按照建设框架安排的四个阶段，从"仿模建模—入模—优模—出模"，依次打造初版式"125"、常态化"125"、优质化"125"和生命生态"125"。一到四期都是重点介绍各期的行动计划、实施方案、交流协作、阶段反思与总结等内容。为了突出重点，节省版面，对于具体的活动安排表、处室分工等细节部分没有一一呈现。

由于时间仓促，对于我校课改的四期划分及深度解读上有许多不到位、不贴切的地方；同时，由于客观条件的限制，以及跨越时间较长，部分材料佐证的图片不够清晰，或者画面与内容的贴合度不太好，敬请大家理解和谅解！如果再版，我们一定继续加以完善和整改。争取让她和"125"课堂一样，越来越完美，越走越精彩！

本书的出版，要感谢江苏省响水中学的全体教育工作者和课改领导小组的全体同仁，特别感谢教育局魏佳兵局长多年的身体力行和大力支持！同时，也要感谢多年来一直和响水中学合作的金太阳、中国好教育联盟、当代好课堂等专业教育机构的领导和朋友们！感谢曾经在响水中学一线工作的领导和同仁，你们曾经的付出支持，一同形成"125"不断进步和成长的不竭动力！谢谢大家！

《项目赋能，向高品质课改深度前行》编写组

2023 年 8 月